本书著作权归上海瑞毅企业管理咨询有限公司所有

# 劳动人事
# 数字化操作实务（初级）

Digital Operation Practice of
Labor and Personnel

王晓玲　黄春欢 / 主　编
魏晓平　孙跃飞 / 副主编

立信会计出版社
LIXIN ACCOUNTING PUBLISHING HOUSE

图书在版编目(CIP)数据

劳动人事数字化操作实务 / 王晓玲，黄春欢主编
. —上海：立信会计出版社，2023.11
ISBN 978-7-5429-7239-2

Ⅰ. ①劳… Ⅱ. ①王… ②黄… Ⅲ. ①企业管理-人力资源管理-数字化 Ⅳ. ①F272.92-39

中国国家版本馆 CIP 数据核字(2023)第 249826 号

策划编辑　　毕芸芸
责任编辑　　张翠芳　秦思慧
美术编辑　　吴博闻

## 劳动人事数字化操作实务
LAODONG RENSHI SHUZIHUA CAOZUO SHIWU

| 出版发行 | 立信会计出版社 | | |
|---|---|---|---|
| 地　　址 | 上海市中山西路 2230 号 | 邮政编码 | 200235 |
| 电　　话 | (021)64411389 | 传　　真 | (021)64411325 |
| 网　　址 | www.lixinaph.com | 电子邮箱 | lixinaph2019@126.com |
| 网上书店 | http://lixin.jd.com | | http://lxkjcbs.tmall.com |
| 经　　销 | 各地新华书店 | | |
| 印　　刷 | 苏州市古得堡数码印刷有限公司 | | |
| 开　　本 | 787 毫米×1092 毫米　　1/16 | | |
| 印　　张 | 12 | | |
| 字　　数 | 330 千字 | | |
| 版　　次 | 2023 年 11 月第 1 版 | | |
| 印　　次 | 2023 年 11 月第 1 次 | | |
| 书　　号 | ISBN 978-7-5429-7239-2/F | | |
| 定　　价 | 60.00 元 | | |

如有印订差错，请与本社联系调换

# 编委会

（排名不分前后）

**主　编**　王晓玲　黄春欢

**副主编**　魏晓平　孙跃飞

**编委会成员**　吴施琦　张　宁

　　　　　　　薛伟晶　蔡　懿

　　　　　　　张静媛　潘胜杰

# 序 PREFACE

习近平总书记在主持第十九届中央政治局第三十四次集体学习时强调,数字经济事关国家发展大局。这是指导新时代经济发展方向的重要论断。

数字经济的一个重要维度就是传统行业的数字化改造以及在此基础上的创新发展。人力资源作为传统行业,在我国已形成庞大的产业规模和较成熟的管理模式,但随着数字化时代的到来,人力资源行业面临着相当严峻的挑战,数字化技术带来了颠覆式创新。抓紧推动行业数字化转型、抓住转型发展带来的新风口已刻不容缓。目前,加强关键核心技术攻关、加快新型基础设施建设、推动数字经济和实体经济融合发展,是引导行业转型发展的重要行动指南,而加快人力资源数字化应用人才的培养,则是行业当前面临的紧迫任务。

培养人才,离不开优质教材建设。因此,上海市计算机行业协会邀请协会内的专家、高校研究者分享他们的宝贵经验,共同参与完成了《劳动人事数字化操作实务》教材的编写。

《劳动人事数字化操作实务》是一部探索性的教材。较之于传统人力资源管理类的教材,这部教材立足"数字化",面对当前就业模式多样、结构性就业问题严重、劳动关系复杂等新形势,汇聚劳动人事数字化经办操作流程,重新审视行业发展需要,吸纳各方最新研究成果,是一部紧扣时代脉搏、适应时代需要的教材。

本教材既具有很好的应用性、实操性,又有一定深度的理论分析。其可供广大人力资源管理行业工作者使用,也可作为大中专院校相关专业学生和培训机构的参考用书。

裘维东

上海市计算机行业协会

# 前言 FOREWORD

编者多年前在中国上海人才市场学生就业工作部的工作经历见证了高校毕业生从计划分配转变为市场配置的过程。在高校毕业生就业服务工作中,本人深感高校教育培养的毕业生一般都有着很强的考试能力和一定的理论基础,但是明显缺乏对所学专业实际工作岗位的认知和了解,很多用人单位对所招募的毕业生得出了"分数高、能力低"的评价。为了解决上述问题,建设产教融合的现代化应用型人才培养机制,拓展毕业生的就业渠道,我们开设了"劳动人事数字化操作实务"的课程,同时根据课程的设置和要求编写了本书。

本书为瑞毅人事实务系列培训教材,"劳动人事数字化操作实务"课程主要是为了培养毕业后有意从事人力资源工作的学生。本书可用作广大人事专员岗位工作人员的培训教材。本书着重从以下方面对人力资源工作岗位的主要内容做了介绍。首先,本书对从事人力资源工作岗位的相关基础理论知识做了阐述,如人力资源管理概念、社会保险制度、劳动仲裁和劳动监察等基本知识,这些知识的掌握有利于入职人力资源岗位的学生或人事专员岗位的工作人员初步了解岗位工作内容。其次,本书对人力资源工作岗位涉及的实务操作也做了比较详细的介绍,通过对这些实操知识的学习,学生或人事专员在入职或上岗以后可以快速适应工作岗位,帮助学生或人事专员较快地完成到职业身份转变。最后,本书结合目前数字经济发展的特点,将人力资源工作中数字化的转型方案、实际应用和操作也做了专门的介绍和讲解,帮助学生或人事专员在以后实际工作中具备数字化思维的基本能力。本书编写的具体分工如下:第一章、第二章:王晓玲;第三章至第六章:黄春欢、吴施琦;第七章:孙跃飞、薛伟晶、蔡懿、潘胜杰;第八章、第九章:魏晓平、黄春欢、张静媛、张宁。

培养人才,离不开优质教材建设。因此,我们邀请了企业专家、高校研究者、专业律师等贡献他们的宝贵经验和智慧,共同参与完成了《劳动人事数字化操作事务》教材的编写。课程设置和本书编写内容均体现了我们利用产教融合政策,助力用人单位扩大人才来源和储备渠道,帮助更多学生和人事专员顺利就业并且拥有良好的职业发展路径的初心,也欢迎大家对本书的编写提出修改和完善的意见,帮助我们把工作做得更好。同时感谢本书所有的编者,为编著本书付出的辛勤劳动。

孙跃飞
2023 年 10 月 25 日

# 目录 CONTENTS

**第一章 劳动力资源市场和劳动法** ... 1
 第一节 劳动力资源市场 ... 1
 第二节 劳动法 ... 9

**第二章 人力资源管理概述** ... 13
 第一节 人力资源管理的主要内容 ... 13
 第二节 人力资源管理者的类型及能力要求 ... 21
 第三节 人事专员的工作内容及职责要求 ... 23

**第三章 招聘、用工与退工** ... 25
 第一节 招聘 ... 25
 第二节 用工与退工 ... 33
 第三节 外国人与中国港澳台地区人员就业 ... 34
 第四节 几种特殊情形 ... 35

**第四章 社会保险制度** ... 36
 第一节 社会保险发展变革 ... 36
 第二节 社会保险基本制度 ... 38

**第五章 住房公积金制度** ... 88
 第一节 住房公积金政策法规概述 ... 88
 第二节 住房公积金网上自助经办平台操作实务 ... 89

**第六章 人事人才制度** ... 112
 第一节 居住证制度 ... 112
 第二节 居住证网上经办操作实务 ... 116
 第三节 落户制度 ... 124
 第四节 人事档案管理实务 ... 133

## 第七章　电子劳动合同 ... 138
### 第一节　电子劳动合同概述 ... 138
### 第二节　电子劳动合同的优势及技术支持 ... 141
### 第三节　电子劳动合同签署实务 ... 144

## 第八章　劳动人事争议及其处理 ... 159
### 第一节　劳动人事争议概述 ... 159
### 第二节　劳动人事争议处理的基本制度和基本原则 ... 160
### 第三节　劳动人事争议仲裁 ... 163

## 第九章　劳动保障监察 ... 170
### 第一节　劳动保障监察概述 ... 170
### 第二节　劳动保障监察的事项、形式和程序 ... 175

## 参考文献 ... 181

# 第一章 劳动力资源市场和劳动法

## 第一节 劳动力资源市场

### 一、劳动力资源市场概述

劳动力资源是指一个国家(或地区)在一定时点或一定时期内,拥有的具有劳动能力的劳动年龄界限内的人口。通常,劳动力资源的含义分为三种:第一,劳动力资源是指人的劳动能力;第二,劳动力资源是指有劳动能力并从事劳动活动的人,也就是提供劳动力的劳动者;第三,劳动力资源是指一个国家、一个地区或一个部门的劳动者的总和。劳动力资源在我国的定义为:劳动年龄内具有劳动能力的全部人口以及在劳动年龄以外实际常年参加社会劳动的人口总和。

在生产力发展的过程中,劳动力资源是必然存在且非常活跃的生产要素。马克思在《资本论》中阐述,劳动力是人所具有的并在物质资料生产过程中所运用的体力和智力的总和,也称劳动能力。它是社会生产力的主要因素之一。劳动力是生产的能动性因素、主导因素,任何社会生产都不可能没有劳动力。生产资料只有在劳动力的运用下,才能在物质资料的生产中发挥作用。随着经济的不断发展,劳动力资源不仅是劳动者体力与智力的总和,还包括劳动力的道德、品质、性格及对环境变化的适应性等因素。

劳动力资源既有数量需求,也有质量需要。影响劳动力资源数量的直接因素是人口,具体包括人口总量以及人口的出生率、死亡率、自然增长率,人口年龄构成及其变动,人口迁移。劳动力资源的质量主要包括体质和智能两个方面,体质是智能存在和发展的生理基础,一般来说,遗传、营养、习惯、教育、自我努力程度等因素会直接影响劳动力资源的质量。

#### (一) 劳动力资源市场的含义

在经济学层面,劳动力资源市场也称人才市场,并且劳动力资源市场有广义和狭义之分。广义的劳动力资源市场是指在市场机制基础上对劳动力资源进行配置和调节的经济关系,主要包含劳动契约、劳动就业、工资分配、社会保障、劳动立法、职业培训、职业安全等方面的内容。狭义的劳动力资源市场是指劳动力供求双方选择、交换劳动力资源的场所,以及运用市场机制调节劳动力供求关系的组织形式。

不同地域或不同行业的劳动力资源市场是存在差异的,但是劳动力资源的供求双方都需要通过价格机制、竞争机制和供求机制发挥作用,从而实现劳动力资源的有效配置。劳动力资源的交换,可以在人才市场、职业中介机构等有形的场所进行,也可以通过法律服务中心、信息中心、互联网等无形的场所实现。不论交换场所有形还是无形,劳动力资源都需要通过供求竞争确定价格,也就是工资。劳动力资源市场与其他生产要素市场是相互联系的,其运行会受到行政参与和社会观点等方面的影响。

#### (二) 劳动力资源市场的构成

从市场角度看,劳动力资源市场主要由劳动力、用人单位(雇主)、工资、劳动力市场组织者等要素构成。

1. 劳动力

劳动力是劳动力资源市场的供给方,即雇员。劳动力在市场上搜寻自己能够胜任并适合自己的工作岗位,并通过工作获得工资收入以满足自己和家庭的各种需要。

2. 用人单位(雇主)

用人单位是劳动力资源市场的需求方,即雇主。用人单位主要包括企事业单位、国家机关、社会团体及城乡居民个体等。用人单位在劳动力资源市场上提供工作岗位,招聘适合单位工作岗位的劳动者,以便从事相关工作或利润最大化的生产。

3. 工资

工资是劳动力资源市场的价格。工资是劳动力资源市场活动中劳动力资源进行交换时的支付手段,能够起到调节劳动力供求关系的作用。在劳动力资源市场上,工资是劳动力资源市场运行的重要指标信号,它的高低直接影响着劳动力的供给和需求,并间接影响到社会的物价水平。

4. 劳动力资源市场组织者

劳动力资源市场组织者通常是指劳动力资源市场机构,可以是有形的,也可以是无形的。它是劳动力资源市场的供求双方之间的洽谈、双向选择等活动发生的场所,是最直接体现劳动力资源市场的组织形式。劳动力资源市场组织者在提供服务的同时也对市场的规范运行起到了重要的支持作用。

**(三)劳动力资源市场的特性**

劳动力资源市场的生产要素是劳动力资源,劳动力资源只附属于劳动者身体,不能通过买卖转化为买方自有的劳动力。与其他市场相比,劳动力资源市场是使用价值具有创造价值功能的市场,劳动是价值创造的唯一源泉,而劳动力资源使用价值的表现形式是劳动,因此劳动力资源市场具有其他市场所没有的创造价值的功能。劳动力资源市场与其他生产要素市场相比,是一个比较特殊的市场,有其自身的特点。

1. 劳动力资源市场的交易关系是契约关系

在劳动力资源市场中,买卖双方进行交易的并非劳动力,而是劳动力使用权的转让和租借,劳动者只能被雇佣或租借。在劳动力资源市场的交易中,需要有能够保证双方权利、义务以及责任等归属问题的媒介,这个媒介就是契约。在双方自愿约定的期限内,契约包括劳动力资源的价格、双方的权责利等具体事项。在严格遵守劳动法律法规的前提下,双方可以自行商议和协调。双方签订契约,有利于明确双方的权利、义务和责任,为双方交易关系的确立提供保证。

2. 劳动力资源市场的供求关系更复杂

其他要素市场的供求双方在市场交换或交易之后会出现关系的结束或转换,如商品市场供求双方在商品所有权发生转移后会暂时结束,债券市场供求双方在债券所有权发生转移后转换为债权债务关系。劳动力资源市场的供求关系在市场交换完成后依然存在,因为劳动力资源的需求方需要供给方持续提供劳动力来实现购买的目的。

3. 劳动力资源市场的交易活动受多种因素的影响

劳动力资源市场的供求会形成价格,即工资。劳动力资源的价格并不限于提供体力或脑力劳动所得的报酬,还包括劳动者接受教育或培训等方面人力投资应得到的报酬。劳动力必须依附于劳动者本身而存在,因此劳动者是具有主观能动性与主动意愿的。在劳动力资源市场供求过程中,工资是直接影响其交易活动的因素,但是公司环境、工作强度、自我价值的实现程度等因素也会影响供求双方,尤其是提供劳动力资源的供给方。

4. 劳动力资源市场的交易主体地位不对称

在劳动力资源市场中,市场价格通常取决于需求方,这并非表明供给方的劳动力资源质量存在问题,而是劳动力资源的供给者在市场上通常处于相对弱势的地位。在市场交换中,劳动者数量较多且比较分散,信息渠道和获得信息的能力有限,导致其在劳动力资源市场上比较被动。劳动力要素使用价值的实现,必须发生在人力资本和生产要素结合后。因为与其他生产要素相比,劳动力资源不能被储存或报废,所以如果市场需求出现不足,劳动力资源供给者处于不利的地位。

**(四) 劳动力资源市场的类型**

在现代经济社会中,劳动力资源市场的类型多种多样,市场按照不同的标准,可以有不同的划分。

1. 按照劳动力资源市场的范围划分

(1) 区域劳动力市场。这是根据买卖双方彼此搜寻的地理范围划分的劳动力市场形式,如乡村劳动力市场、城市劳动力市场、国内劳动力市场、国际劳动力市场等。

(2) 产业劳动力市场。这是根据劳动力资源需求者产业范围的不同划分的劳动力市场形式,如建筑业劳动力市场、煤炭业劳动力市场等。在产业劳动力市场中,存在同一产业内不同厂商之间的竞争。

(3) 职业劳动力市场。这是根据交易的职业,即工种范围划分的劳动力市场形式,如家政服务市场、教师市场、职业经理人市场等。在职业劳动力市场中,劳动力供给者共同面对同一市场,同种职业的供给者存在竞争。

(4) 企业内部劳动力市场。企业内部出现职位空缺时,企业人力资源部门通过提拔晋升、调换岗位、调整工作方式、调整工作强度等方式补足或部分补足空缺,就形成了企业内部的劳动力市场形式。

2. 按照劳动力资源市场的竞争程度划分

(1) 完全竞争市场。这是一个理论型市场,市场的交易活动完全通过市场自身规律进行调节,理论上不受非市场因素的影响。完全竞争市场要求具备完全的劳动力市场信息条件,供求双方的信息基本相同,信息交流对称,双方根据自己的意愿去选择交易的方式、数量和价格。符合这些条件的市场基本上是难以实现的。因此,如果劳动力市场的交易活动能够建立在市场信息和公平交易的基础上,劳动者能够按照自己的意愿进行决策,就可以认为其是完全竞争市场。

(2) 垄断市场。这是一个与完全竞争市场相对的极端市场类型,该市场分为买方垄断市场和卖方垄断市场两种,市场上的信息严重不对称。买方垄断市场是指面对大量的劳动力供给者时,就业信息和机会只被少数劳动力需求者掌握。此时,市场上供求双方的地位不平等,买方基本控制了就业机会和价格水平,劳动者只能被动接受。卖方垄断市场是指劳动力供给者是极少数,或者是劳动者被组织起来拥有极强的谈判力量,在面对巨大的劳动力需求时,劳动力供给者能够掌握主动权,最终使自身处于有利地位。鉴于垄断市场比较特殊,行政干预就显得很有必要。

(3) 不完全竞争市场。前述两个市场的形成比较严格,也比较特殊,而不完全竞争市场是现实中比较常见的一种市场类型。这是一个市场力量和非市场力量能够同时起作用的市场竞争格局。劳动力供给者和需求者双方既要受到市场因素的引导,也会受到行政因素的约束,其竞争是有限度的。

## 二、劳动力的需求与供给

**(一) 劳动力需求**

1. 劳动力需求的含义

劳动力需求是指一定时期内,在某种工资率的条件下,企业或雇主愿意并且能够雇用到的劳动力数量。为了进一步理解,还需要注意以下几个方面:

(1) 劳动力需求意愿和实际支付能力的统一。劳动力需求的基础是劳动力需要,必要条件是实际支付能力。只有需要没有货币支付能力，或者有货币支付能力但是不需要，这都不是最终的劳动力需求。因此，劳动力需求必须同时具备意愿和实际支付能力两个条件。由于每个企业的实际支付能力不同，最终雇用到的劳动力数量也存在差异。

(2) 劳动力需求是派生需求。商品和服务的需求是一种绝对需求，劳动力与其他生产要素结合能够提供需求的产品和服务，因此劳动力需求是建立在产品和服务基础上的，并随之发生变动。企业需要劳动力，是因为市场需要产品和服务，这些产品和服务必须经过附着于劳动者身上的劳动才能产生。也就是说，如果市场上需要更多的产品和服务，劳动力需求就会随之增加，反之亦然。由此可以认为劳动力需求的理论是关于生产的理论。

(3) 劳动力需求与劳动力价格呈反向关系。市场上的劳动力价格通常表现为工资水平，在其他条件都不变的情况下，工资提高会使劳动力需求减少，工资下降会使劳动力需求增加。实际上，企业雇用劳动力的目的是获得更大利润，当市场对产品和服务的需求增加时，企业是否会真实增加劳动力需求则要通过收益和成本之间的对比分析才能够确定。

2. 劳动力需求的影响因素

劳动力需求会受到价格、企业利润率、时间长度、社会生产规模、技术进步、制度等因素的影响。

(1) 价格。这里的价格包括两个含义：劳动的价格和其他投入品资源的价格。劳动力市场的价格表现为工资水平，在其他条件不变时，劳动力需求与劳动力价格呈反向关系。其他投入品可以是资本、土地、原材料等，它们对劳动力需求的影响是有差异的。按照生产函数，如果企业设定一个既定的产出水平，当劳动和资本的弹性系数不变，劳动和资本在生产过程中是可以相互替代的，即在生产中可以使用较多的资本和较少的劳动，或较少的资本和较多的劳动。因此，如果资本的价格出现了下降，企业生产中就会出现资本和劳动之间的替代，以及劳动力需求的下降。如果原材料的价格下降，企业会购入更多的原材料进行生产，对劳动力的需求则会上升。

(2) 企业利润率。企业生产经营的目标是实现最大利润率。企业会在既定的成本下尽可能实现最高产量，或在既定的产量下尽可能采用最小的成本进行生产。因此，企业对劳动力的需求会根据其对劳动力付出的成本和所增加的收益进行比较分析，边际收益大于边际成本才能确保企业已有的利润率不会下降，也就是边际劳动生产率为正数时，企业才会增加劳动力需求。

(3) 时间长度。时间长度对劳动需求的影响是通过其对生产函数的影响体现的。短期生产函数和长期生产函数可能是存在差异的，不同的时间长度就会导致不同的劳动需求。生产函数受到三个因素的影响：劳动、资本和生产技术。通常认为，劳动调整所需时间少于资本调整的时间，劳动和资本调整时间都少于技术变动的时间。因此，若要提高产出，短期内只能通过改变劳动投入数量实现，资本数量不发生改变；在长期内可以通过改变劳动和资本投入的数量实现，但是时间长度不足以改变生产技术；在超长期下，劳动、资本和生产技术的投入数量都能够发生改变。

(4) 社会生产规模。国家或地区的宏观经济发展水平决定了其社会成员对产品和服务的总体消费水平，这从根本上决定了劳动需求的总量。一般来说，国民收入总体水平高、工业化、自动化、信息化程度高的国家主要需要具有高科学文化素质的劳动者，也需要大批经过正规专业训练、具有较强技术创新能力和组织经营能力的科技人才及经营管理人员。

(5) 技术进步。技术进步对劳动力需求的影响主要表现在两个方面。一方面，其表现为技术进步的创造就业效应，即技术进步时的生产水平和生产效率得到极大提高，从而扩大生产规模、增加投资和扩大经营范围，创造更多的就业岗位，增加劳动力需求。另一方面，其表现为技术进步的就业损失效应，即技术进步会促进劳动生产率的提高和增强资本对劳动力的替代，缩减就业岗位，从而减少劳动力需求。

(6) 制度。影响劳动力需求的制度因素有正式制度和非正式制度两种。正式制度是指一定的经济体制及其相应的就业制度、用人制度、工资制度、福利制度等。非正式制度是指对人们的意识和行为有潜在规范作用的社会意识形态、伦理道德、习惯等。在劳动力资源市场上,正式制度对劳动力需求的影响更显著,这些制度保障了市场的良好运行,但也会对企业产生一定的约束,这些制度约束可能会有利于企业在当时的环境下追求利润最大化,也可能使企业行为偏离或短期偏离利润最大化。

3. 劳动力需求的假设

劳动力需求的基本假设包括生产技术的假设、组织目标的假设、市场环境的假设、劳动力是否同质的假设。

（1）生产技术的假设：或假设技术条件不变,或假设技术条件可变。

（2）组织目标的假设：在生产组织中,生产目标是其根本目标。企业的生产目标也是设计劳动力需求基本模型的一个重要条件。有关生产目标的假设,不外乎有三种情况：利润最大化、人均产量最大化和总产量最大化。

（3）市场环境的假设：分析劳动力需求还要考虑不同的市场状况。市场状况分为完全竞争性市场、垄断性市场和不完全竞争性市场三种。最常见的是假定市场处于完全竞争的状态。

（4）劳动力是否同质的假设：劳动力供给基本模型假设劳动力是同质的,也就是说劳动力具相同的质量。但事实上劳动力的异质性是劳动力市场最主要的特征。

4. 劳动力需求变化和需求曲线

（1）劳动力需求量的变化。劳动力需求量的变化是指在其他因素不变的情况下,仅因为劳动要素的价格,即工资率的变化而引起企业的劳动力需求数量的变化,表现为劳动力需求曲线上点的移动。如图 1-1 所示,通过点从 $A$ 到 $B$ 的变动可以看出,工资率与劳动力需求量成反比关系,当工资率从 $W_A$ 降低到 $W_B$ 时,劳动力需求从 $L_A$ 增加到 $L_B$,表现为工资率的下降使企业对劳动力需求的数量上升。

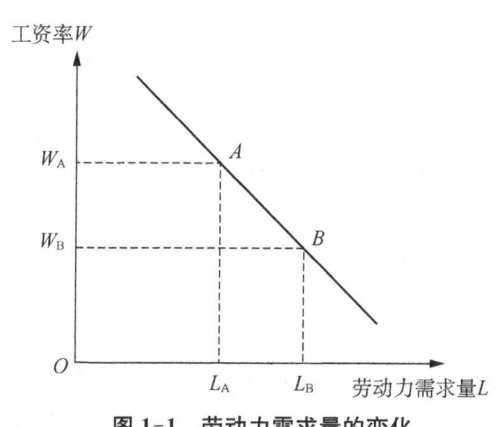

图 1-1 劳动力需求量的变化

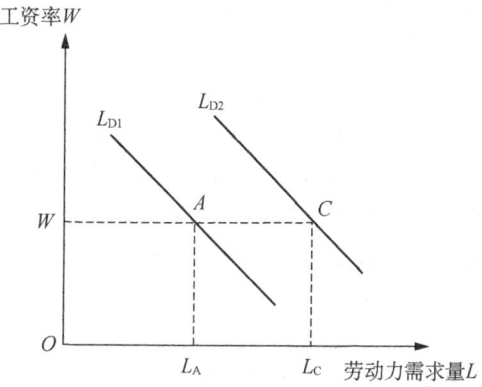

图 1-2 劳动力需求的变化

（2）劳动力需求的变化。前述分析影响劳动力需求的因素有很多,除工资之外,其他因素也会影响劳动力需求。若用 $L_D$ 表示劳动力需求,$x_i$ 表示影响劳动力的各种因素,那么劳动力需求函数就可以表示为：

$$L_D = f(x_1, x_2, \cdots, x_i)$$

劳动力需求的变化就是指在工资率不变的情况下,其他因素发生变化引起的企业劳动力需求数量的变化,表现为劳动力需求曲线的平行移动。如图 1-2 所示,通过点从 $A$ 到 $C$ 的变动可以看出,当工资率 $W$ 保持不变的情况下,曲线从 $L_{D1}$ 平移到 $L_{D2}$,劳动力需求量从 $L_A$ 增加到 $L_C$,表现为工资率不变的情况下企业对劳动力需求的数量上升。

**(二) 劳动力供给**

1. 劳动力供给的含义

劳动力供给,从本质上讲是指在一定的劳动条件下,劳动力供给主体(个人或家庭)自愿对存在于主体之中的劳动力使用权的出让,从量上表现为劳动时间(如工时),如果劳动时间是既定的,就可以用劳动者的数量来表示。这一概念需要注意以下几个方面:

(1) 劳动力供给是个体决策。劳动力是附属于劳动者的,因此劳动者对其身上的劳动力有充分的自有使用权和处置权,拥有通过直接提供劳动或出租劳动力使用权而获得劳动报酬的权利。因此,劳动力供给主体会在一定条件下作出供给决策,即决策是由单独的劳动者个人或家庭作出。

(2) 劳动力供给是个体意愿。劳动力供给的意愿性有两个含义:一是劳动力供给受到多种因素的影响,如工资水平的高低、工作时间的长短、个人和家庭的经济状况、人口规模和结构等,因此会出现在现有工资水平下,一部分劳动者不愿意提供劳动力供给,即劳动力供给量不等同于劳动力资源数量。二是劳动力供给量不等同于劳动力的实际使用量(也称实际就业人数),即在现有工资水平下,一部分愿意提供劳动力的劳动者没有找到工作。

(3) 劳动力供给是时间要素。劳动力供给既包括劳动力的数量,又包括劳动者愿意提供的劳动时间和强度。劳动经济学家通常假设所有劳动力供给都是满足社会规定的工作时间和工作效率要求的标准供给,即把劳动力供给等同于劳动力数量。对劳动力供给的分析在时间上也分为短期和长期,但是这一划分只是相对而言,并没有一个严格且确切的时间概念。

2. 劳动力供给的影响因素

影响劳动力供给的因素主要体现在人口、经济发展和社会制度三个方面。

(1) 人口因素,表现为人口规模、人口结构和人口自身条件。在其他条件不变的情况下,一个经济体的人口规模越大,劳动力供给就越充分。人口规模只在长期一段时间内起作用,人口规模的形成和改变在短期内不易实现。

人口结构包括人口的性别结构、年龄结构和民族结构。通常,男女劳动力的参与率存在差异,人口的性别结构会间接影响劳动力供给。国际上将人口年龄结构划分为年轻型、成年型和老年型,一般来说,如果一个国家或地区处于老年型或年轻型人口结构,则会出现短期的劳动力供给短缺。由于民族传统、民族习惯等原因,不同民族的劳动力供给状况会有所不同。

在一些发展中国家,第一、第二产业所占的比重较大,这些产业的工作对工人的身体条件及劳动强度都有较高的要求,如果不符合要求,就无法形成有效的劳动力供给。此外,劳动力受教育的时间增加会推迟其进行劳动力供给的初始时间,相应减少就业的时间。

(2) 经济发展因素,表现为宏观经济发展状况和劳动者的工作偏好。宏观经济的周期性波动会影响劳动力供给。当经济快速增长,处于复苏或繁荣状态时,市场对产品和服务的需求会增加,企业生产会扩张,劳动力需求的增加会产生更多的就业机会,劳动力供给随之增加。当经济处于衰退或萧条状态时,市场消费需求降低,企业生产萎缩,劳动力需求的减少会导致劳动力供给的减少。

不同的劳动者对工作取得的收入和闲暇带来的享受的态度是不同的。偏好工作的人认为工作能够给其带来更大的效用,他们会将更多的时间和精力投入到工作中。喜欢闲暇的人认为休息能够带来更大的价值,其在工作上就会投入相对较少的时间和精力。因此,不同劳动者对工作和闲暇的不同选择会影响劳动力供给。

(3) 社会制度因素,包括工资水平和社会保障制度。工资水平是调节劳动力供给与劳动力需求的经济杠杆,工资变化是影响短期劳动力供给的主要因素。在市场经济条件下,工资水平直接影响劳动力的供给。从宏观上看,工资水平越高,劳动力供给增加。对于个人而言,工资水平的变化到底是促进劳动供给增加,还是使劳动供给减少,要通过替代效应和收入效应的比较来进行分析。

社会保障制度会直接影响劳动力参与率,进而影响劳动力供给。实行福利保障制度的国家,其劳动力供给者即使不参加劳动也不会出现生活特别困难的情况,因此劳动力供给者的就业意愿就不强烈。

3. 劳动力供给的假设

劳动力供给是由一系列复杂因素共同作用的结果。在具体的研究中,我们可以进行一些必要的假设,从而能够更准确地把握某一主要因素对劳动力供给的影响。因此,在分析劳动力供给时,通常有以下假设:

(1) 劳动者是理性经济人。劳动者作为劳动力供给主体,在进行劳动力供给决策时,能够充分权衡利弊,追求效应最大化目标。

(2) 劳动力供给市场结构。一方面,假设劳动者出售劳动力的市场是竞争性的,即劳动者是劳动价格的被动接受者,劳动者面对的劳动力价格是由市场决定的;另一方面,假定劳动力市场是非竞争性的,即要么是劳动者影响价格,成为价格的决定者,要么是买方影响价格,成为价格的决定者。

(3) 劳动力同质。假设劳动力资源供给市场上的劳动力只有数量上的区别,在质量上是没有差别的。

4. 劳动力供给变化和供给曲线

(1) 劳动力供给量的变化。劳动力供给量的变化是指在其他因素不变的情况下,仅因为劳动要素的价格,即工资率的变化而引起劳动力供给数量的变化,表现为同一条劳动力供给曲线上点的移动。如图1-3所示,通过点从$A$到$B$的变动可以看出,当工资率为$W_A$时,劳动力供给量为$L_A$,当工资率提高到$W_B$时,劳动力供给量随之增加到$L_B$,说明工资率的上升引起劳动力供给量的增加。因此,劳动力供给量与工资率成正比关系。

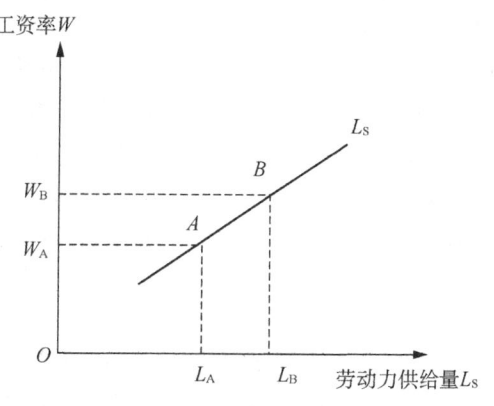

图1-3 劳动力供给量的变化

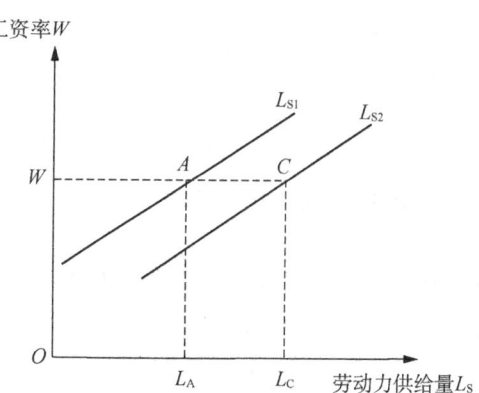

图1-4 劳动力供给的变化

(2) 劳动力供给的变化。前述分析有很多因素会影响劳动力供给,除工资外,其他因素也会影响劳动力供给。若用$L_S$表示劳动力供给,$y_i$表示影响劳动力供给的各种因素,那么劳动力供给函数就可以表示为:

$$L_s = f(y_1, y_2, \cdots, y_i)$$

劳动供给的变化就是指在工资率不变的情况下,其他因素发生变化引起的劳动力供给数量的变化,表现为劳动力供给曲线的平行移动。如图1-4所示,通过点从 $A$ 到 $C$ 的变动可以看出,当工资率 $W$ 保持不变的情况下,曲线从 $L_{S1}$ 平移到 $L_{S2}$,劳动力数供给量从 $L_A$ 增加到 $L_C$,表现为工资率不变的情况下劳动力供给数量的上升。

### 三、劳动力价格的确定

前文单独分析了劳动力资源市场的供给和需求,在需求和供给的相互作用下确定劳动力的价格。劳动力价格即工资,对于个人而言,工资是其劳动贡献所得,有利于劳动力的生产与再生产;对于企业,工资既可以保证企业合理利润,又可能促进企业发展。科学合理的工资制度是吸引、激励和发展人才的重要工具。

为了简化分析,假定劳动力市场是出清的,即它是一个完全竞争市场。在这个市场上,有大量的卖者(劳动力供给者)和买者(劳动力需求者),任何一个买者和卖者都不能对劳动力价格(工资)施加任何影响,工资率和就业水平仅取决于劳动力市场供给曲线和需求曲线的交点。分析结果建立在以下假设条件的基础上:

第一,双方是理性的,卖者追求效应最大化,买者追求利润最大化;

第二,双方在市场上都享有充分的信息;

第三,劳动力供给是同质的,劳动力需求在工作机会、工作条件等非货币特征上是同质的;

第四,双方都是工资的接受者,不是制定者;

第五,劳动力市场流动无障碍,流动成本忽略不计。

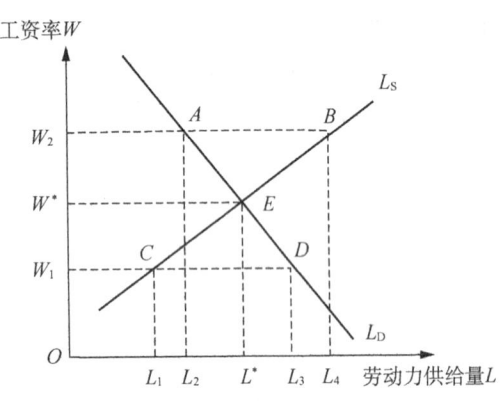

图1-5 劳动力价格形成

如图1-5所示,劳动力供给曲线 $L_S$ 和需求曲线 $L_D$ 的交点 $E$ 就是均衡的工资率 $W^*$ 和均衡的劳动量 $L^*$,即 $E$ 点表示劳动力市场是处于均衡的,此时的劳动力价格为 $W^*$,恰好劳动力资源的供给量等于需求量,此时市场是出清的。当工资为 $W_1$ 时,与劳动力供给曲线相交于 $C$ 点,劳动供给量为 $L_1$,同时与劳动力需求曲线相交于 $D$ 点,劳动需求量为 $L_3$,且 $L_3>L_1$,说明此时劳动力市场上出现供给短缺,企业自然会出现提高工资的动力,直到供给与需求相等时,这种动力才会消失。如果工资为 $W_2$,与劳动力需求曲线相交于 $A$ 点,与劳动力供给曲线相交于 $B$ 点,此时劳动需求量 $L_2$ 小于劳动供给量 $L_4$,说明劳动力市场上出现供给过剩,为了获得就业机会,劳动者会降低工资标准提供其劳动服务,直到工资降低到均衡点 $E$ 对应的 $W^*$,工资下降的动力会消失。

劳动力市场供给出现短缺的时候,我们可以采取相应的方法来保证社会生产的顺利进行。例如:将部分企业因劳动力短缺而停产;对产品的产量和品种进行调整;改变工艺和相应的技术和装备;对劳动力降低要求。劳动力市场短缺具有累积效应和溢散效应。累积效应是指劳动力短缺使劳动力市场成为卖方市场,助长懒惰、工作不负责、服务水平下降等弊端,进一步感觉劳动力短缺;溢散效应是指某工厂的劳动力短缺引起减产,使以这个工厂的产品为原材料的工厂发生原材料短缺,由于缺乏市场调节,这一短缺是不可克服的。

劳动力过剩又称劳动力过度供给,在日常生活中表现为存在部分待业人员与失业人员。待业人员与失业人员的存在,带来两方面的影响:一方面,劳动力过剩使劳动力价值发生扭曲,对已就业人员工资水平造成压力,如有些企业利用政策或制度的漏洞不与员工签订正式劳动合同或不缴纳社会保险;另一方面,待业人员与失业人员的生活难以得到保障,社会保障面临解决这两类人员困难的情况。

# 第二节 劳动法

## 一、劳动法概述

### (一) 劳动法的概念

劳动法是调整劳动关系以及与劳动关系密切联系的其他社会关系的法律规范的总和。劳动法是以保护劳动者权益为宗旨,融实体法与程序法为一体的独立法律体系。自1995年1月1日起,《中华人民共和国劳动法》(以下简称《劳动法》)正式实施,这是我国第一部规范劳动关系的全国性法律,将劳动合同引入企业和劳动者的雇佣关系,改变了终身雇佣制度,要求用人单位与职工实行劳动合同制度,以消除正式工与临时工的区别。当前,包括《劳动法》在内的一系列法律法规,如《中华人民共和国劳动合同法》(以下简称《劳动合同法》)、《中华人民共和国社会保险法》(以下简称《社会保险法》)、《中华人民共和国就业促进法》、《中华人民共和国工会法》(以下简称《工会法》)、《人力资源市场暂行条例》、《保障农民工工资支付条例》等在全国范围内实施,在立法层面规范了雇佣关系,提高了对劳动者权益的保护。

### (二) 劳动法的主要调整对象

劳动法的主要调整对象是劳动关系,但并非所有社会劳动关系均由劳动法调整,劳动法调整的劳动关系是劳动者与用人单位之间在实现劳动过程中发生的社会关系。其特征包括以下几方面:

第一,劳动关系的当事人一方是劳动者,另一方是用人单位。

第二,劳动关系是在实现劳动过程中发生的社会关系。所谓实现劳动过程,就是劳动者到某用人单位去劳动,与用人单位提供的生产资料相结合,而不是劳动者同自有的生产资料相结合。强调劳动过程,就是强调劳动力和生产资料相结合的生产过程,从而有别于物物交换的关系。后者属于民法的范畴,与劳动过程没有直接联系,因而不受劳动法调整。

第三,劳动关系具有人身关系与财产关系的双重属性。劳动者向用人单位提供劳动力,就是将其在一定时间内交给用人单位支配,因而劳动关系具有人身属性。这一属性也决定了用人单位对劳动力的使用、管理,直接关系到劳动者的人身,关系到其生命和健康,因而劳动力使用者应负责提供劳动安全及卫生条件。劳动关系的人身属性决定了劳动者应遵守用人单位的内部劳动规则,按照劳动力使用者的要求进行劳动。劳动关系具有财产关系的属性是指劳动者有偿提供劳动力,用人单位向劳动者支付劳动报酬,由此缔结的社会关系具有财产关系的性质。这种财产关系与民法调整的财产关系有一定区别。民法所调整的财产关系主要是主体之间因交换物化了的劳动而发生的财产流转关系,而劳动法调整的是活劳动和物化劳动相交换的关系。但是,民法范围内以提供劳务为标的的合同,如委任合同、演出合同,与劳动关系有相似之处,在某些情况下也可以适用劳动法的有关规定。

第四,劳动关系具有平等关系、隶属关系的属性。在市场经济条件下,劳动关系是通过双向选择确立的,双方当事人在建立、变更或终止劳动关系时,是依照平等、自愿、协商原则进行的,因而劳动关系一经确立,劳动者一方就从属于用人单位一方,成为用人单位的职工,须听从用人单位的指挥和调度,双方形成管理与被管理、支配与被支配的关系,因而具有隶属关系的性质。

### (三)劳动法调整的与劳动关系密切联系的其他社会关系

在现实生活中,有些社会关系本身不是劳动关系,但它们或者是发生劳动关系的必要前提,或者是劳动关系的直接后果,也可能是伴随劳动关系而产生的其他社会关系。总之,这些关系的形成与劳动关系有密切联系,因而也成为劳动法的调整对象。与劳动关系密切联系的其他社会关系如下。

1. 劳动力方面的社会关系

劳动力方面的社会关系是指人力资源和社会保障部门(以下简称劳动保障行政部门)与用人单位和职工之间因招收、流动、职业教育和培训等问题而发生的社会关系。

2. 社会保障方面的社会关系

社会保障方面的社会关系是指参加社会保障的单位和劳动者与社会保障机构之间发生的关系。

3. 职工组织与用人单位之间发生的关系

职工组织与用人单位之间发生的关系是指工会履行职责,为保护劳动者合法权益而与用人单位或劳动者发生的社会关系。

4. 处理劳动争议方面的关系

处理劳动争议方面的关系是指处理劳动争议的调解机构、仲裁机构和司法机构与劳动争议当事人之间在处理劳动争议过程中发生的社会关系。

5. 监督劳动法执行方面的关系

监督劳动法执行方面的关系是指国家有关机关因监督劳动法的执行而与用人单位之间发生的社会关系。

## 二、劳动法的内容

1995年1月1日起实施的《劳动法》经过2009年和2018年的两次修改,包括总则和附则在内的共13章、107条的内容,涵盖了合同、工资、职业培训、劳动争议等多方面的内容。2008年1月1日起施行的《劳动合同法》《全国人民代表大会常务委员会关于修改〈中华人民共和国劳动合同法〉的决定》(已由中华人民共和国第十一届全国人民代表大会常务委员会第三十次会议于2012年12月28日通过,自2013年7月1日起施行),从构建和谐稳定的劳动关系出发,其立法定位向劳动者倾斜,但在本质上维护了企业和劳动者双方的合法权利。

### (一)劳动合同

1. 劳动合同的概念和原则

劳动合同是劳动者与用人单位确立劳动关系,明确双方权利和义务的协议。

订立劳动合同,应当遵循合法、公平、平等自愿、协商一致、诚实信用的原则。依法订立的劳动合同具有约束力,用人单位与劳动者应当履行劳动合同约定的义务。

2. 劳动合同的内容

劳动合同的内容是对劳动者和用人单位权利与义务的具体约定。它是双方当事人切身利益的反映,也是国家劳动法律、法规和政策的体现。劳动合同应包括以下内容:

(1)劳动合同期限。这是指劳动合同的有效时间。劳动合同的期限分为有固定期限、无固定期限和以完成一定的工作为期限。劳动合同还可以约定试用期,试用期最长不得超过6个月。在劳动合同期限内,当事人双方要受劳动合同的约束,不得违反劳动合同所约定的义务。

(2)工作内容。这是指劳动者为用人单位提供的劳动或完成的工作,包括工种和岗位、工作地点和场所。关于工作的数量、质量标准，若不宜具体约定，应作出原则性约定。

（3）劳动保护和劳动条件。劳动保护是用人单位对劳动者在劳动过程中的安全和健康给予的技术措施和组织措施。劳动条件是为完成工作任务，由用人单位向劳动者提供的、不得低于规定标准的必要的环境条件和物质条件。

（4）劳动报酬。这是指劳动者在完成约定的工作任务后，有权从用人单位取得的劳动收入，是用人单位主要义务在劳动合同中的体现。劳动报酬支付的形式有工资、津贴、奖金等。劳动合同应明确工资数额，津贴、奖金发放标准，支付的方式以及获取的条件等。

（5）劳动纪律。这是指用人单位为使劳动者顺利完成劳动任务要求必须遵守的规则和秩序，包括国家法律、行政法规规定的规则和用人单位按照合法的程序制定的内部劳动规则。

（6）劳动合同终止的条件。劳动合同终止的条件是导致或引起合同关系消灭的原因，包括法定终止条件和约定终止条件。合同期限届满、约定义务完成属于法定终止条件；双方当事人根据各自的实际情况，经与对方协商一致，将一定情形的发生作为合同终止的法律事实，当约定的事实出现时劳动合同自行终止，属于约定终止条件。

（7）违反劳动合同的责任。这是指劳动合同一方当事人违反合同约定的义务而承担的法律责任。劳动合同一经订立，对劳动者和用人单位即具有法律效力，任何一方违反劳动合同所约定的义务，均应承担相应的责任。第一，用人单位侵犯劳动者利益的情形及相应的责任。第二，因劳动者原因而导致劳动合同不能顺利行使，劳动者应承担的责任。劳动者和用人单位必须在劳动合同中明确约定违反劳动合同的法律责任。

**（二）劳动争议**

1. 劳动争议的概念

劳动争议是指劳动关系双方当事人围绕劳动权利与劳动义务问题而发生的纠纷。劳动争议的范围被明确地界定为以下情形：

第一，因企业开除、除名、辞退职工和职工退职、自动离职而发生的争议；

第二，因执行国家有关工资、保险、福利、培训、劳动保护的规定而发生的争议；

第三，因履行劳动合同而发生的争议；

第四，法律、法规规定的应当按照相关规定处理的其他劳动争议。

妥善、正确处理劳动争议，对于发展良好、健康的劳动关系，维护劳动者的合法权益，保障用人单位生产任务的顺利完成，促进经济的发展等具有重要的现实意义。近年来，随着《劳动合同法》的贯彻实施，劳动争议数量有上升的趋势，表明越来越多的劳动者和用人单位已经拿起法律武器保护自己的合法权益。

2. 劳动争议处理的程序

（1）协商。劳动争议发生后，双方当事人可以采用协商的方式解决争议，协商可以在劳动争议发生后，采取其他方式之前采用，也可以在采取其他方式过程中采用。

（2）调解。调解是企业内部处理劳动争议的基本方式，但不是劳动争议处理的必经方式。必须本着自愿原则进行，当事人是否向企业调解委员会申请调解，可由争议双方自主选择。

（3）仲裁。劳动争议发生后，当事人任何一方都可直接向劳动争议仲裁委员会申请仲裁。

（4）诉讼。当事人对仲裁不服的，可自收到仲裁裁决书之日起15日内向人民法院提起诉讼。

**（三）其他有关规定**

1. 最低劳动标准

最低劳动标准包括最低工资标准、最长劳动时间标准和其他劳动条件标准等。

最低工资标准又称最低工资率，是国家依法规定的单位劳动时间的最低工资数额，通常以法律形式颁布，是各国政府对劳动力市场进行宏观调控的重要手段之一。最低工资水平应与当地的经济发展水平、劳动生产率水平相适应，同时应考虑本地区的一般工资水平、生活费和社会保险津贴等，应高于失业保险金水平。《劳动法》第四十九条规定，确定和调整最低工资标准应当综合参考下列因素：(一)劳动者本人及平均赡养人口的最低生活费用；(二)社会平均工资水平；(三)劳动生产率；(四)就业状况；(五)地区之间经济发展水平的差异；第四十八条规定，国家实行最低工资保障制度。最低工资的具体标准由省、自治区、直辖市人民政府规定，报国务院备案。用人单位支付劳动者的工资不得低于当地最低工资标准。

最长劳动时间标准是国家通过立法规定的工时制度、延长工作时间的条件及最高限额、休息休假制度等。我国的工时制度经历了几次变化，现行《劳动法》第三十六条规定，国家实行劳动者每日工作时间不超过八小时、平均每周工作时间不超过四十四小时的工时制度。关于延长工作时间的条件和休息休假制度，《劳动法》第四十四条规定，有下列情形之一的，用人单位应当按照下列标准支付高于劳动者正常工作时间工资的工资报酬：(一)安排劳动者延长工作时间的，支付不低于工资的百分之一百五十的工资报酬；(二)休息日安排劳动者工作又不能安排补休的，支付不低于工资的百分之二百的工资报酬；(三)法定休假日安排劳动者工作的，支付不低于工资的百分之三百的工资报酬。

其他劳动条件标准主要是最低就业年龄标准和女工特殊保护。各国劳动法对未成年工进行特殊保护，一般体现在限制最低就业年龄、限制工作时间的延长，以及对夜间工作和繁重工作劳动方面进行限制。我国劳动法规定 16 周岁是最低就业年龄，年满 16 周岁未满 18 周岁的劳动者属于未成年工。为了保护未成年工，《劳动法》第六十四条规定，不得安排未成年工从事矿山井下、有毒有害、国家规定的第四级体力劳动强度的劳动和其他禁忌从事的劳动；第六十五条规定，用人单位应当对未成年工定期进行健康检查。对女工的特殊保护主要体现在劳动强度、经期、孕期及哺乳期的工作安排，产假时长等方面，从法律上对女工提供保障和保护。

2. 社会保障

社会保障制度已经存在多年，众多国家实施了社会保障制度，各国出台了一系列关于社会保障的法律法规，我国也不例外。除了《劳动法》《社会保险法》等法律规定，我国相关法规还有《工伤保险条例》《失业保险条例》《全国社会保障基金条例》《社会保险费征缴暂行条例》等。社会保障制度能够增加社会经济的有序性，为劳动力市场的正常运行创造良好的环境，保障社会经济持续、稳定、均衡地发展。

3. 工会

在我国，工会是中国共产党领导的职工自愿结合的工人阶级群众组织。工会的基本职责是维护职工合法权益，同时兼顾维护全国人民的总体利益。《中华人民共和国工会法》规定了工会的权利和义务。总的来说，工会有以下权利：

第一，工会有参与国家社会事务管理和参加用人单位民主管理的权利；

第二，工会有维护职工合法权益的权利；

第三，工会有代表职工和企业、事业单位、社会组织签订集体合同的权利；

第四，工会有权参与劳动争议的调节和仲裁；

第五，工会有监督用人单位解除劳动合同的权利；

第六，工会有监督用人单位制定有关工资、社会保险、工作时间、劳动保护、安全卫生规程、女职工特殊保护和其他有关改善生活条件和劳动条件等方面的劳动法律法规的权利；

第七，工会有要求用人单位为工会办公和开展活动提供经费和必要物质条件的权利。

# 第二章 人力资源管理概述

## 第一节 人力资源管理的主要内容

人力资源管理是指在企业战略的指导下,运用科学的、现代化的方法与技巧,对与一定的物力相适应的人力资源进行合理的配置和使用,同时对人的思想、心理和行为进行恰当的引导、预测和控制,做到人尽其才、才尽其用,充分实现组织目标。

人力资源管理可以理解为"量"和"质"的综合管理。

1. 对人力资源"量"的管理

它是指根据企业内外部环境、发展现状,对人力、物力和财力高效配比的管理,即在充分了解人力、物力和财力及其相关变化的基础上,恰当地组织、协调其数量,充分发挥人力资源的功能,从而实现组织目标。

2. 对人力资源"质"的管理

它是指对人的心理和行为的管理,既要使个体发挥主观能动性,提升工作积极性,又要最大限度地发挥群体的组织功能,使一致性的群体思想观念及协作统一的行动降低可能出现的群体内耗,实现"1+1>2"的效果。

人力资源管理部门在组织的管理实践中,一般通过模块划分的方式对组织人力资源管理工作所涵盖的内容进行管理,主要包括人力资源规划、人员招聘与配置、人力资源开发与培训、绩效管理、薪酬管理和员工关系管理六大模块。这六大模块建立起一套科学的人力资源管理体系,每个模块的工作各有侧重点但又紧密联系在一起,成为人力资源管理部门的六项职能。

### 一、人力资源规划

**(一) 人力资源规划的含义**

人力资源规划也称人事计划,是组织通过分析和预测未来环境和目标任务对组织的要求,提供相应的人力资源,通过职务编制、员工招聘、测试选拔、培训开发、薪酬设计和人员配置等人力资源管理手段,实现组织的经营目标和经济规划,也包括个人利益。这样的规划可以促使组织在未来发展中实现人力资源的合理配置,并对员工形成有效激励。人力资源规划是组织进行人力资源管理的根本,也是人力资源战略的表现。

人力资源规划的内容分为总体规划和业务规划两方面。总体规划是指对计划期内规划结果的总体描述,主要内容包括劳动力供求的缺口、规划期内各种人力资源的需求及资源配置框架、人力资源方面的主要政策和原则、人力资源投资预算等。业务规划则更加具体,是对总体规划的分解和实施的计划,包括员工关系规划、人力资源补充规划、人力资源替代与储备规划、人力资源培养与开发规划、员工激励及职业发展规划等。

**(二) 人力资源规划的过程**

人力资源规划是人力资源管理工作的基础性、首要性工作,是一系列工作汇总起来的系统工程。人力资源规划的流程如图 2-1 所示。

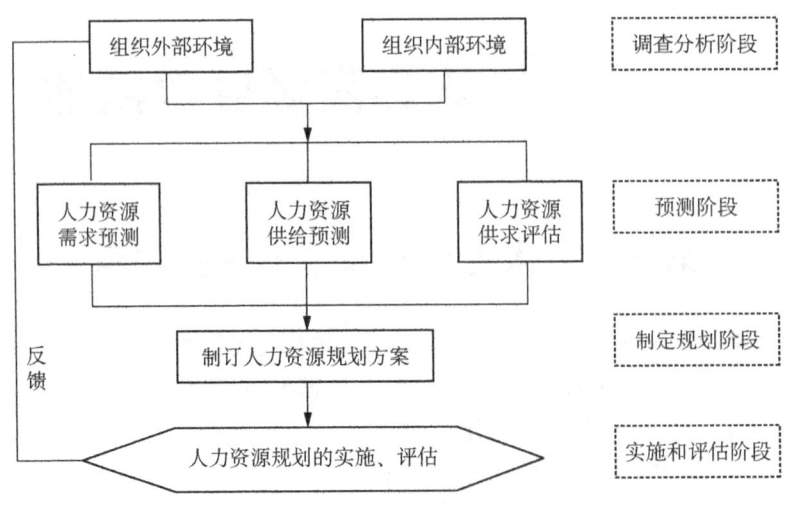

图 2-1 人力资源规划的流程

1. 调查分析阶段

在了解企业总体发展战略目标的前提下,要搜集和调查相关信息,尤其是内外部环境的变化趋势,以确保信息的质量。与人力资源规划有关的信息包括组织外部环境信息和组织内部环境信息。外部环境信息主要包括经济发展形势、政治环境、自然环境、科技发展水平、文化水平等;内部环境信息的内容范围较广,主要包括组织架构、财务能力、产品竞争力、内部规章制度、市场经营区域、利润目标及内部人力资源状况等。在调查分析阶段,信息可以多渠道获取,外部环境信息通常较易获得,而内部环境信息可以通过人事统计表、调查表、员工档案、人力资源信息系统等获得。

2. 预测阶段

预测主要包括人力资源需求预测、人力资源供给预测和人力资源供求评估三项内容。

人力资源需求预测是基于企业的发展实力和战略规划,估算人力资源需求的量和质。在进行预测时需综合考虑预测的要求和预测的成本。通常情况下,组织的内在需求是人力资源需求的直接影响因素。

人力资源供给预测是基于劳动力市场状况和组织内部人力资源状况,通过外部供给和内部调整进行预测。在进行预测时需要综合考虑多方面因素,有些供给组织能够控制,有些却难以控制。在实际操作中,通常将已有的、成熟的预测技术适当地进行修改,以便更有效地完成预测。

人力资源供求评估是在人力资源需求预测和供给预测的基础上对人力资源供求平衡状况进行预测。在供求平衡下,组织只需要保持已有的人力资源管理政策。供求失衡,即供大于求或供小于求时,就需要组织调整相应的政策,以实现平衡。

3. 制定规划阶段

人力资源规划既有总规划,也有子规划。总规划是组织从总体上进行统筹安排,做全局规划;子规划可以将总规划落地具体实施,组织内部不同的人力资源模块对应不同的人力资源子规划。一份完整的人力资源规划是企业人力资源管理的基础和核心,企业的人力资源其他管理工作以其为核心不断展开。通常,人力资源规划的主要内容包括与人力资源管理有关的各项政策、策略及有关说明,人力资源净需求状况及分析,业务发展的人力资源计划,组织发展和管理计划,员工招聘计划,组织人员退休、解聘、裁减计划,员工培训和职业发展计划,企业生产率提高计划等。

4. 实施和评估阶段

人力资源规划的实施、评估，就是按照企业的人力资源规划来逐步建立或完善现有的人力资源管理体系，同时需要对规划的具体落实情况进行必要的监督和评估。在人力资源管理体系实施和执行的一个相对周期内，对人力资源规划的实施情况进行必要的分析和评估，根据组织内外部环境和组织战略目标的变化进行调整，更切合组织实际运行的要求，进而更好地促进自主目标的实现。因此，人力资源规划始终伴随着组织的发展，成为一个连续的动态过程。

## 二、人员招聘与配置

### （一）人员招聘的目的和原则

1. 人员招聘的目的

人员招聘是在人力资源规划基础上，为了满足企业自身的发展需要，制订相应的职位空缺计划，通过科学的人员甄选方法找到符合任职资格条件的员工的过程。招聘最基本的目的有两个：一是填补企业出现的职位空缺，为组织获得现在需要的人才；二是建立人才的战略或战术储备，为组织获得未来需要的人才。此外，人员招聘还可以改善企业的人力资源素质与结构，保障企业的可持续发展，并且有利于提高企业的管理效率。

2. 人员招聘的原则

（1）公平公正原则。这是人员招聘的首要原则，是保证企业招聘到合格优秀人才的前提，也是树立良好的企业形象的关键。在人员招聘的各个环节都要恪守这一原则。在招聘过程中，要公开招聘信息，如招聘岗位、空缺人数、任职条件、任职资格等；要公开竞争，对所有应聘者一视同仁，不能有性别、地域等歧视，不能有岗位要求之外的其他限制性条款，严格招聘考核程序和方式；要确保公平，包括程序公平和结果公平。

（2）匹配原则。匹配原则能够体现人力资源管理的专业水平。不同岗位的人员招聘要求是不一样的，同一岗位在企业不同发展阶段对人员的要求也会存在差异，因此应根据实际情况，制订合适的招聘方案，招聘合适的人员。人力资源从招聘到任用、培养等都需要付出一定的成本，并且人的能力也在不断提升中，在进行人员招聘时没有必要追求最好的人才，只要做到量才适用，做到人尽其才、才尽其用、人事相宜即可。

（3）适度弹性原则。适度弹性原则是指在员工数量和实际需求之间要留有一定余地，即实际用人数量要略大于岗位需求。因为有些岗位的工作内容比较复杂，如果企业实际用人的数量严重小于岗位所需人员数量，员工就会出现超负荷运转，会产生工作压力和心理压力。长此以往，这不利于员工的身心健康，不利于保证工作成果的高质量。

### （二）人员招聘的渠道

人员招聘是一个循序渐进的过程，需要制订一套招聘计划，然后选择合适的招聘渠道发布信息，接着对应聘者进行考核，最终决定录用与否。在这一系列过程中，人员招聘的渠道选择是非常重要的一环。企业可以通过内部招聘和外部招聘两个渠道进行。

1. 内部招聘

内部招聘是将空缺或新增的职位信息向本企业员工公布，从企业内部选拔合适的人才进行补充，鼓励员工竞争上岗。内部招聘主要有以下几种形式：

（1）内部选拔。内部选拔是对企业内部员工按照其具备的能力进行合理的岗位配置，在大规模企业中比较常见，主要包括内部提拔和内部调用两种形式。内部提拔是企业充分确认内部员工的工作能力和业绩后，将其从一个较低等级的岗位提拔到一个较高等级的岗位。内部调用是企业出现新的岗位,或岗位层次相同而部门不同时,将员工安排在相应岗位上,即工作调换或工作轮换。内部选拔有利于形成企业文化,有利于调动大部分员工的积极性,留住人才,还能够减少员工对岗位的适应时间,让员工有更多的锻炼机会。

（2）返聘。返聘是指当企业有岗位空缺时,聘请曾经主动离职或退休的员工回企业工作。返聘人员对企业的制度和文化较为熟悉,对工作岗位也比较熟悉,能够比较快地上岗,对企业有较强的忠诚度,工作积极性也会更高。接受返聘的离职员工一般对企业会有较强的认可,通常不会再次离职。接受返聘的退休员工可以充分发挥余热,将丰富的工作经验带入工作中,有助于其他员工的成长。

（3）公开招聘。公开招聘是人力资源部门通过文件或广告的形式在组织内部发布职位空缺相关信息,号召现有员工根据信息公布的岗位要求决定是否争取这一岗位空缺。这能够为内部员工的发展和晋升提供机会,并以比较低的成本填补职位空缺,当然也可能对落选员工造成一定影响。

内部招聘可以增强企业内部员工的流动性,减少企业对新员工的培训成本;增加员工晋升和换岗的机会,激励员工的工作积极性。但是,内部招聘也存在一定的不足,过多的内部招聘容易造成原有员工形成一定的思维惯性,使组织缺乏活力,新思维和新视角的冲击会相应减少。

2. 外部招聘

外部招聘是根据组织制定的标准和程序从组织外部选拔符合空缺岗位要求的人员。

（1）现场招聘。现场招聘是在第三方提供的场地,企业和人才面对面沟通和了解,现场完成面试。现场招聘能够缩短筛选简历的时间,与其他方式相比能够降低招聘成本,主要有招聘会招聘和人才市场招聘两种方式。招聘会一般是由政府和人才中介机构组织的,比较正规,并且大多数招聘会有特定的招聘主题,对应聘者的知识技能、学历层次等进行划分,有助于企业选择适合自己的专场招聘人才。人才市场招聘是长期分散式招聘,人才市场的地点通常固定,企业有更多的机会找到长期招聘职位的人才。

（2）网络招聘。网络招聘是通过技术手段,在企业自己的网站或第三方招聘网站等机构发布招聘信息,完成简历筛选、笔试甚至面试等环节及程序。与其他招聘方式相比,网络招聘主要具有以下优势:招聘信息发布范围不受地域限制,覆盖面广;不强求时间和空间上的绝对一致,便于双方时间的选择,可以随时更新,时效性强;对于应聘者来说更加便捷,企业的招聘成本也更低。当然,网络招聘也存在信息真实度低、成功概率不高等不足之处。

（3）校园招聘。校园招聘是企业从学校招聘应届毕业生的一种招聘形式,通常有较强的计划性。企业通过在校园内举办招聘会进行宣传,结合自身的人力资源规划或发展战略,选拔并获得优秀人才。企业也可以和学校签订合同,定向培养学生,获得人才。通过校园招聘获得的员工,通常缺乏工作经验,可塑性强,能够在短时间内适应工作,具有很大的发展潜力,企业需要对他们进行塑造和培养。

（4）职业中介。职业中介可以是企业和高精尖人才之间的中介,也可以是帮助企业和低学历劳动者建立联系的中介。前者是以猎头招聘为代表,通过猎头公司帮助企业寻找中高端人才的一种招聘方式,是一种目标感极强的外部招聘,向企业收取较高费用;后者以职业介绍所为主体,政府通过职业介绍所,运用市场机制帮助劳动者实现就业或转换工作,为企业提供的大多数人才是一些低学历、专业技能不高的劳动者,少收取或不收取企业费用。

外部招聘能够帮助企业找到相应的人才,新引进的人才会给企业带来新思想、新方法,提高组织的创新性,激发组织活力。与内部招聘比较,外部招聘存在成本较高、风险大等问题。

## 三、人力资源开发与培训

### (一) 人力资源开发

1. 人力资源开发的含义

人力资源开发的含义可以从两个角度来理解。从个人角度看,人力资源开发也称人员开发,是组织提供给员工的一个教育或学习的机会,帮助员工提高技能,使其得到提升;从企业角度看,人力资源开发是指企业根据企业战略目标和组织结构的变化,对人力资源进行调查、分析、规划和调整,提高组织或团体现有管理水平,为组织创造更大的价值。人力资源开发可进一步理解为:

第一,人力资源开发是一种有组织、有目的的人力资本投资活动;

第二,人力资源开发的对象是人的智力、才能,即人的聪明才智;

第三,人力资源开发要借助于教育培训、激发鼓励、科学管理等手段来进行;

第四,人力资源开发是对特定人员的培训和教育活动;

第五,人力资源开发是持续性的,没有止境;

第六,人力资源开发是组织和个人双重发展的过程。

2. 人力资源开发的原则

(1) 差异性原则。人力资源开发是全员性的,由于个体在客观上是存在差异的,应当将工作重点明确,对重点部门和人员有所偏重,同时结合企业的具体情况和员工的差异化特征,制定不同的开发内容,采用不同的开发方式。

(2) 可操作性原则。人力资源开发需要企业投入一定的经费,进行此项工作时需要充分考虑当前的财务状况,同时还要考虑人力资源开发过程中可能出现的一些负面影响,如过分分散员工精力、工作效率降低等。

(3) 强化非智力开发原则。智力因素和非智力因素对一个人的成功都很重要,如果一个知识面宽、技能高的人,缺乏积极向上的价值观、与人合作的能力、尊重他人的态度等良好品质,其已有的知识和技能会难以充分发挥,甚至还会出现工作的失败。因此,人力资源开发是智力因素和非智力因素的共同开发,且要针对性地对员工心理、行为等方面进行科学的引导,确保人力资源开发工作的有效性。

(4) 持续性原则。员工的积极性和创造性被调动起来后,受晋升失败、重大疾病等各种因素的影响,这种状态很难保证会一直持续,员工的积极性也会受挫。因此,企业在人力资源开发中要持续关注员工动向,进行持续性开发。

3. 人力资源开发的方式

(1) 正规教育。正规教育项目包括专门为员工设计的脱产和在职培训计划、由专业顾问或大学提供的短期课程,甚至包括住校学习的非常正规的大学课程计划。设计实施正规教育项目的主要目的是使目标人才获得系统的理论体系、专门知识、特殊技能等。正规教育项目要针对不同的对象,开发不同的内容。

(2) 人员测评。人员测评是在收集信息的基础上为员工提供有关其行为、交流类型、技能等方面的反馈。人员测评不仅是员工招聘、选拔的重要手段,也是人力资源开发的有效途径之一。人员测评通常用以衡量员工的管理潜能、晋升潜力及测评现任人员的能力强项和弱项,在组建团队时也可以通过测评来衡量每位团队成员的优势和不足,分析团队成员搭配是否恰当、互补性如何。常见的人员测评工具有评价中心、基准化、绩效评估和全方位反馈系统等。

（3）在职体验。在职体验是有目的、有计划地把目标人才配置在特定岗位，使其在工作中承担主要任务，面对各种难题和不同需求，以帮助其锻炼才干、积累经验的做法。在职体验的主要类型包括工作扩展、岗位轮换、工作丰富化和职位升迁等。

（4）人际互动。人际互动是指通过人与人之间的帮助或辅导而提高目标人员综合素质的方法。企业特意安排富有经验的资深人员充当导师，对目标人员进行多方面指导。多数情况下，导师可以发挥指导、示范、保护、提携、心理辅导、挽留人才等作用。当一个导师面对多名人才时，人才可以向导师学习，也可以相互学习，开展良性竞争；当多个导师面对一名或多名人才时，多名导师可以从不同角度辅导人才，这样能够快速培养人才的多方面能力。

### （二）人力资源培训

**1. 人力资源培训的含义**

人力资源培训是指企业根据实际工作需要，为提高人员的素质和能力，有目的、有计划地对其实施培养和训练。培训是人力资源开发的一种方式，两者的侧重点不同。人力资源培训以提高员工当前工作技能为主要目标，而人力资源开发是为员工将来的发展而帮助员工学习与当前从事的工作不直接相关的内容。人力资源培训可以优化人才梯队，并持续提升企业绩效。

**2. 人力资源培训的方法**

（1）演示法。演示法是指将受训员工作为信息（培训内容）的被动接受者的一些培训方法。它主要包括讲座法、视听法、观摩法三种类型。

讲座法是指培训讲师主要用语言表达的方式来传授培训内容的方法。这种培训方法可以在短时间内传授大量的信息，通常不限制培训人数，成本比较低，因此被许多企业采用。

视听法是以视听设备为主要信息载体的培训方式，可以重复播放，有助于员工对培训内容的重点和难点的理解和掌握。

观摩法是指在特定的环境中，通过组织员工观摩培训师现场操作来实施培训的方法。观摩的环境安排可以是真实环境，也可以是模拟环境。观摩法主要被应用于难以用语言简单描述的操作过程的培训。

总的来说，演示法更多的是强调单项的信息传递，该方法可以在短期内向员工传递大量信息。这种方法互动性差，会降低培训效果，因此常和其他形式的培训配合使用。

（2）参与式教学法。参与式教学法强调员工的参与和互动，可以进行多项信息传递，能够增强员工的学习兴趣。参与性教学法加强了培训的反馈功能，便于培训的及时调整与改进。参与式教学法有以下几种形式：

① 自我指导学习。自我指导学习是指在尽量减少企业控制的情况下，员工按照自己的偏好灵活自如地掌握自己的学习方法，在预定的时间内完成预定的学习内容。

② 师傅带徒弟。师傅带徒弟是一种课堂教学与在职培训相结合的方法，这样能够锻炼员工的实践能力，既保证了学习效率，又不会影响工作的开展。

③ 仿真模拟。仿真模拟是一种尽量模拟现实情况的培训方法，让员工在一个风险和成本较小的环境下模拟工作，可以降低企业的损失和员工受到伤害的可能性。

④ 案例研究。这是一种较高层次的培训，将相关资料的个案展示给受训员工，由他们以小组或个人的方式提出解决方案，最后再由培训者进行总结和点评。

⑤ 角色扮演。角色扮演是设定一个最接近现实状况的培训环境，指定或随机决定被培训人员扮演某种角色，以演练培训内容的培训方法。这种方法对传授人际关系技巧性质的培训具有较强的适用性。

## 四、绩效管理

### （一）绩效管理的含义

绩效管理是指企业为了实现组织的战略和战术目标，运用一定的程序和方法，对员工工作绩效进行制度化、规范化的管理，以期提高和改善员工的绩效，从而提高组织绩效和实现组织战略目标的过程。

绩效管理能够促进管理流程和业务流程优化，合理的绩效管理能够起到鼓励和激励员工的目的，帮助员工对自己的优势和不足有更清楚的认识，最终促进组织和个人绩效提升，实现组织战略目标。

### （二）绩效管理的流程

绩效管理主要分为三个阶段，分别是绩效计划制订、绩效评估和绩效反馈。

第一阶段：绩效计划制订。首先，确定绩效目标，说明在考核期内，员工应履行的工作职责和完成的工作目标；其次，确定绩效指标，明确考核工作的内容，该内容根据岗位不同设定有所差别；最后，确定绩效关键指标的具体标准，要制定可以衡量的标准，尽可能具体、量化或行为化。

第二阶段：绩效评估。这一阶段需要对照工作目标或绩效标准，针对性地采用科学方法，评估员工在一定期间内的工作任务完成情况、工作职责履行程度及其他方面工作表现。先选定好评估人，然后选用适当的绩效评估方法，最后进行评估。

第三阶段：绩效反馈。虽然这是最后一个阶段，但它是绩效管理非常重要的环节。考核者就被考核者在考核周期内的绩效情况与之进行沟通，根据员工的绩效表现与绩效标准之间的差距对员工提出期望和要求，并与员工共同开发下一绩效期间的行动方案。

### （三）绩效评估方法

（1）关键指标考核法，也称KPI考核法。这是企业常用的一种绩效评估方法。关键指标能够将企业战略转化为内部过程和活动，将企业的关键业绩与组织战略挂钩。通常先确定关键业绩指标，然后进行考核技术准备，最后实施日常目标管理。

（2）平衡记分卡法。这是一种将财务与非财务指标结合起来进行评价的方法，包括顾客、内部流程、学习与发展、财务四个考核维度。这种方法将财务指标和战略目标联系起来支持业务目标，弥补了企业以往只关注财务指标的缺陷，实现了广泛的有机协调和平衡。但是在实际运用中，因为指标太多，指标体系的构建比较困难，所以其难以真正实施。

（3）比较法。比较法就是员工之间进行相互比较得出绩效排序，最终确定考核结果。该方法简单易行，但是如果绩效评估值都处于中间状态，对员工之间绩效的差别就不好区分。

（4）评级量表法。这种方法在明确评估内容和评估项目后，将每个评估项目（或指标）分成几等，然后赋予每个等级一定的分值，最终将各项目的得分累计加总得到最终的绩效总评分，再换算成绩效评定等级。采用这种方法评估比较全面，但是等级的划分会存在一定的主观性。

此外，绩效评估方法还有关键事件法、行为锚定评分法、全方位反馈评价法、强制分布法等方法。

## 五、薪酬管理

### （一）薪酬与薪酬管理

薪酬是指企业向为之提供劳动的员工给予的各种形式的回报，是支付给员工的劳动报酬。它包括按照一定标准以货币等形式向员工支付的经济薪酬及非经济性薪酬。

人力资源管理部门进行合理有效的薪酬管理,能够补偿员工的劳动消耗,给员工一定的安全感,更好地激励员工努力工作。薪酬体系的设计还能够有效地配置人力资源,妥善应对人才竞争。

### (二) 薪酬体系管理的内容

(1) 制定薪酬管理战略目标。这是在薪酬水平、薪酬结构、薪酬支付等方面作出总体规划,明确薪酬管理运行的目标、任务及方式,对员工薪酬采取的方针和策略。企业可以综合整体发展战略和人力资源战略合理制定薪酬管理战略目标。

(2) 设计薪酬体系。薪酬体系设计是一个系统工程,涉及薪酬管理的诸多方面。在薪酬体系设计中,可以根据职位、能力或技能、绩效的不同分别设计薪酬体系。通常情况下,较少有企业会运用单一的薪酬体系,混合型和多元组合型薪酬体系可以更好地实现薪酬管理的目的。

(3) 确定薪酬水平。企业在确定薪酬水平的过程中,可以在对自身发展阶段、经营特点、经营战略即财务承受能力进行分析的基础上,通过薪酬调查,参考同行业的平均薪酬水平,对本企业薪酬水平的市场定位进行战略性决策,保证企业的薪酬水平符合自身的战略发展需要。常见的策略有三种:市场领先策略,即薪酬水平高于市场平均水平;市场跟随战略,即薪酬水平与市场平均水平持平;市场滞后战略,即薪酬水平低于市场平均水平。

(4) 设计薪酬结构。合理的薪酬结构是薪酬体系管理的核心内容。薪酬结构是指不同的工作或职位的薪酬水平之间的比例关系,包括不同层次工作之间报酬差异的相对比值和绝对水平。薪酬结构主要包括薪酬等级、薪酬幅度、薪酬级差、薪酬重叠、薪酬模式五个方面。薪酬等级是指根据工作的复杂度、责任、性质等不同而归入不同的等级,对应不同的薪酬水平;薪酬幅度是指在一个薪酬等级内最低报酬和最高报酬之间的差额,也就是每一个薪酬等级可能支付的范围;薪酬级差是指相邻两个薪酬等级的薪酬标准相差的幅度;薪酬重叠是指相邻的薪酬等级之间薪酬额度的重叠;薪酬模式主要是指工资制度的制定标准,主要分为结构工资制、岗位等级工资制、岗位薪点工资制和绩效工资制。

(5) 确定支付方式。薪酬的各个构成部分有特定内容,也有特定的计量方式。例如,工资、奖金等是直接薪酬;养老保险、住房公积金等是间接薪酬;带薪休假、病事假等是其他货币性薪酬;弹性工作时间、舒适的工作环境等是非货币性薪酬。

## 六、员工关系管理

### (一) 员工关系管理的含义

员工关系管理是指在企业人力资源体系中,各级管理人员和人力资源职能管理人员,通过最佳管理实践与信息技术变革的融合,拟订和实施各项人力资源政策和管理行为,为企业的战略、组织和信息系统提供人性化的解决方案,从而实现组织的目标并确保为员工、社会增值。员工关系管理主要是协调员工和管理者、员工与员工之间的关系,倡导积极向上的企业文化,营造健康舒适的工作环境。

### (二) 员工关系管理的内容

所有涉及企业和员工、员工与员工之间的相互联系和影响的方面,都是员工关系管理的内容,具体包括:

(1) 劳动关系管理。员工上岗、离岗面谈及手续办理,处理员工申诉、人事纠纷和意外事件。

(2) 员工纪律管理。引导员工遵守公司的各项规章制度、劳动纪律,提高员工的组织纪律性,在某种程度上对员工行为规范起约束作用。

(3) 员工人际关系管理。引导员工建立良好的工作关系,创建利于员工建立正式人际关系的环境。

（4）沟通管理。保证沟通渠道的畅通，引导公司上下及时地双向沟通，完善员工建议制度。

（5）员工情绪管理。组织员工心态、满意度调查，谣言、怠工的预防、检测及处理，解决员工关心的问题。

（6）企业文化建设。建设积极有效、健康向上的企业文化，引导员工树立正确的价值观，维护企业的良好形象。

（7）服务与支持。为员工提供有关国家法律法规、公司政策、个人身心等方面的咨询服务，协助员工平衡工作与生活。

（8）员工关系管理培训。组织员工进行人际交往、沟通技巧等方面的培训。

**（三）员工关系管理的关注点**

（1）心理契约。心理契约是指在员工和企业的相互关系中，除了正式体现雇佣合同中的经济契约约定的内容，还存在隐含的、非正式的、未公开说明的相互期望和理解构成的契约。心理契约的主体是员工在企业中的心理状态，主要有工作满意度、工作参与和组织承诺三个基本衡量指标。在构建心理契约时，企业需要以自身的人力资源和个人需求结构为基础采用一定的激励方法和管理手段来满足相应的员工需求，促使员工以相应的工作行为为回报，并根据员工的反应在激励方法上作出适当的调整；员工依据个人期望和需求的满足程度，确定自己的定位，并因此判断自己的工作绩效。这样就形成了人力资源管理的心理契约循环过程，也是员工关系管理的核心内容。

（2）员工压力管理。压力管理是指员工对感受到的挑战或威胁性环境的适应性反应。员工压力管理中主要处理的是工作压力，管理的最终目标并不是将员工的压力全部消除，而是让员工学会一套有效的压力应对方法，并且能够缓解、调节和分散压力。压力管理的内容主要包括：减少或消除不恰当的环境因素；缓解和疏导情绪、行为及生理等方面的症状；克服个体自身的弱点。

（3）工会的参与。工会是代表和维护劳动权益的组织，《劳动法》和《工会法》中对其都有明确规定，"工会代表和维护劳动者的合法权益""维护职工合法权益、竭诚服务职工群众是工会的基本职责"。工会维护劳动者合法权益主要通过劳动合同和集体协议两个重要的契约制度来实现。工会享有监督权利，对企业落实员工民主管理权和依法经营管理的状况进行监督。当出现劳资纠纷时，工会作为劳动力供给方的利益代表，承担着与管理方进行沟通和协调的职能，有效地发挥调节劳动纠纷、协调劳资关系的作用。

（4）劳动关系的法制化管理。员工关系是一种法律关系，体现为劳动者与管理方通过法律规定的劳动合同的形式缔结的权利义务关系。因此，依法进行员工关系管理是对组织的基本要求。

# 第二节 人力资源管理者的类型及能力要求

企业人力资源管理者的类型主要有四种：事务型人力资源管理者、专家型人力资源管理者、顾问型人力资源管理者、左膀右臂型人力资源管理者。

## 一、事务型人力资源管理者及能力要求

通常，在业务简单、规模不大的企业中，人力资源管理者属于事务型人力资源管理者。这类企业的业务复杂度不是很高，技术性不是很强，且多为劳动密集型企业，因此人力资源管理者从事的工作多为事务性内容，主要发挥薪酬管理和绩效管理等职能，如统计工资、考勤、奖金、绩效，办理社保等工作。因为企业经营业务比较简单，企业主不愿意在人力资源管理上投入太多的时间和资金，比较忽视人力资源管理在企业中的地位，所以这种类型的人力资源管理者通常不制定人力资

源规划,仅完成企业主交代的工作,在人力资源管理上即使发现问题也不主动提出解决方案,工作的主动性和积极性不强。

在这种类型的人力资源管理者的工作中行政性工作占主体,因此从业能力要求通常是在核心能力和通用能力的基础上具备基本的专业能力。核心能力主要有:工作中积极进取,敬业诚信,求真务实,并且有创新精神,能够与他人较好地合作等。通用能力主要有:工作中所需的口头和书面沟通能力,团队合作精神,能够进行团队管理和员工管理,分析和解决问题能力等。

### 二、专家型人力资源管理者及能力要求

通常,对于规模较大、业务较为复杂的企业,人力资源管理是模块化管理的,如本章第一节中提到的人力资源管理的六大模块:人力资源规划、人员招聘与配置、人力资源开发与培训、绩效管理、薪酬管理和员工关系管理。模块化管理可以强化各个模块的专业性,但是过分强调模块化会导致各个模块之间的关联性变弱,出现顾此失彼的情况。专家型人力资源管理者通常精通各个模块的方法及模型,可以用更专业的方法来完成各项人力资源工作。

专家型人力资源管理者通常会集中全部精力进行人力资源工作而忽视企业的运营。人力资源管理的意义和价值是确保企业能够保持长期稳定的发展,同时以适宜的成本去获取和使用足够高质量的人力资源。从这个意义上讲,人力资源管理是为企业的经营服务,因此专家型人力资源管理者应该是为企业业务全面服务,而不仅仅是为人力资源管理服务。

专家型人力资源管理者除了具备前文所述的核心能力和通用能力,还需要具备较强的人力资源管理的知识技能和丰富的人力资源管理经验。

### 三、顾问型人力资源管理者及能力要求

市场经济条件下,企业在竞争中求得生存和发展,人力资源是最宝贵的战略资源,是企业在竞争中生存和发展的最重要的物质基础,它既是制定企业战略的重要依据,又是实施企业战略的支撑点。人力资源管理者对人才的各方面管理就变得极其重要。顾问型人力资源管理者不能局限于传统人事工作,需要用战略的眼光看待人力资源管理中招聘、选拔、调配、激励等一系列工作。因此,顾问型人力资源管理者不仅需要具备扎实的人力资源管理专业知识,而且能够深入企业的业务和运营管理过程中,以专业视角观察和审视企业的业务问题和管理问题,并能够通过人力资源管理的方案来辅助解决。顾问型人力资源管理者运用人力资源开发与管理的理论和方法,对企业人力资源开发和管理进行分析,找出薄弱环节并加以改善,合理并科学地管理人力资源,为企业创造永续的竞争力。

### 四、左膀右臂型人力资源管理者及能力要求

在我国经济、文化、法律等社会环境变迁的大背景下,企业的人力资源管理既要满足企业和员工不断变化的需求,也要更好地应对新形势下企业面对的发展困境。这就对人力资源管理者提出了更高的要求,让其更加职业化,真正能够成为经营和发展中企业负责人的左膀右臂。

能否成为左膀右臂,不仅取决于人力资源管理者的知识、技能和经验,还取决于其自身的角色定位。左膀右臂型人力资源管理者是公司战略的参与者,明确企业发展方向,平衡企业长期利益和短期利益,提供基于企业战略定位的人力资源管理系统解决方案,并推动战略落实。左膀右臂型人力资源管理者是组织变革的推动者,能够确定合理的企业发展架构,进行精确的配置,优化员工队伍,消除变革阻力,持续凝聚人心,为组织变革提供人力资源管理帮助。左膀右臂型人力资源管理者是知识管理的创新者,通过鼓励和推动知识创新和知识共享,让员工得到成长,使组织发展

潜力持续增强,建立创新平台,促进内部知识推广。左膀右臂型人力资源管理者是业务单元的好伙伴,通过提高各业务单元运行的质量和效率,运用专业知识和技能开发人力资源管理产品,为各业务单元提供专业化支持。左膀右臂型人力资源管理者是广大员工的贴心人,能够为员工及时提供个性化咨询和专业化支持,帮助员工找到合适的发展方向,增强员工敬业度,使其在工作中产生成就感。

## 第三节　人事专员的工作内容及职责要求

### 一、人事专员的工作内容

人事专员是人力资源助理,是指执行并完善公司的人事制度与计划、培训与发展、绩效评估、员工社会保障福利等方面工作的专业从业人员。

1. 与人力资源规划有关的工作内容
(1) 组织制定公司人事规章制度,并督促、检查制度的贯彻执行。
(2) 组织设计和完善公司的组织结构,做好定岗定编,合理有效配置人力资源。
(3) 组织开展岗位(工作)分析,编制职位说明书与岗位规范,建立健全岗位责任制。

2. 与人员招聘与配置有关的工作内容
(1) 负责公司各类人员的招聘及初步面试工作。
(2) 负责人员招聘,通过多种渠道为公司寻求合适的人才。
(3) 协助领导做好各部门的人员调配工作。
(4) 负责公司各部门人数的统计。

3. 与人力资源开发与培训有关的工作内容
(1) 进行人力资源开发,制定员工职业生涯规划和制订人才梯队计划。
(2) 负责制订公司培训计划,组织人员参加培训,评估培训效果。

4. 与绩效管理有关的工作内容
(1) 负责公司各部门的考勤汇总。
(2) 负责组织实施绩效考核,统计考核结果。
(3) 负责公司人事变更、岗位考核的具体实施和操作。

5. 与薪酬管理有关的工作内容
(1) 负责核定各岗位的工资标准,编制年度薪资调整方案,核算每月员工工资。
(2) 负责公司员工奖惩、差假以及升、降、调、辞等人事调整手续办理。
(3) 负责社会保险及商业保险的办理。

6. 与员工关系管理有关的工作内容
(1) 做好本部门的法律法规搜集工作。
(2) 负责员工劳动合同的签订、续签、变更、解除、争议等工作。
(3) 负责公司员工劳动关系的转移,员工入职及离职手续的办理。

7. 其他人事工作
(1) 负责代表公司与员工签订劳动合同及其保管工作。
(2) 负责建立健全员工的人事档案。
(3) 负责对内外部信息的交流、协调,做好记录和统计工作,并定期向各部门传达。
(4) 协助领导对公司质量、环境、职业健康安全管理体系目标所涉及的部门实施定期检查和监督。

## 二、人事专员的职责要求

（1）熟悉相关法律法规和政策。作为人事专员，其要熟悉两方面内容：一是国家法律法规和地方人力资源相关规定，如《劳动合同法》、当地最低工资、当地社会保险缴费基数及变更时间、公积金缴费基数及变更时间等。二是企业相关政策和流程。人事专员要熟悉办理人事招聘、人才引进、职称评定、内部调动、解聘、退休等事宜的政策和流程，执行并完善员工入职、转正、异动等相关政策及流程。

（2）掌握人力资源管理的相关知识，如招聘、薪资福利、培训及员工发展、绩效考核等，并理解各项人力资源相关功能之间的联系和配合。

（3）具有优秀的书面、口头表达能力和极强的亲和力与服务意识，沟通领悟能力和判断决策能力强。

（4）具有较强的应变能力和内外沟通能力，工作细致认真，原则性强，有良好的执行力及职业素养。

（5）具备良好的计算机水平，熟练操作办公软件，能够胜任对员工档案的维护，核算员工的薪酬福利等事宜。

# 第三章 招聘、用工与退工

## 第一节 招 聘

招聘是用人单位为了发展的需要,根据人力资源规划和工作分析的要求,面向社会寻找、吸引那些有能力又有兴趣到本单位任职的人员,并从中选出适宜人员予以录用的过程。

### 一、招聘流程

(1) 制订招聘计划。招聘计划是招聘的主要依据,有效的招聘计划包括对环境的分析、成本分析、招聘人数、招聘流程、应聘人员估计等。

(2) 确定招聘策略。由于招聘的岗位不同,招聘所需要制定的策略也不尽相同,即根据不同层次的岗位制定相应的招聘策略。

(3) 发布招聘信息。发布招聘信息是获取大量的优秀人员应聘的前提。

(4) 招聘测评与筛选,包括审查求职人员申请表和个人简历、有目标地选拔面谈、考试和素质测评、品行能力检查、重视招聘状况的信息反馈等。

(5) 招聘面试,指在特定的时间、地点所进行的,有着预先精心设计好的明确目的和程序的谈话,通过招聘者与应聘者面对面的观察、交谈等双向沟通的方式,了解应聘者的素质特征、能力状况及求职动机等方面情况的一种人员甄选与测评技术。

(6) 招聘录用。应聘者通过了选拔,之后就是录用。这一阶段的工作内容包括通知录用者、签订劳动合同、办理用工登记备案手续、员工的初始安排等。

### 二、录用手续的办理

用人单位招用劳动者,应自招用之日起 30 日内向本市人力资源社会保障经办机构(以下简称经办机构)办妥招工登记备案手续。登记信息包括用人单位名称、社会信用证代码、招用员工姓名、居民身份证号码、与职工签订劳动合同的起止时间、用工形式、职业工种等各项内容。用人单位可通过网上办事渠道办理招工登记备案手续,也可到经办机构线下办理招工登记备案手续。

### 三、《就业创业证》简介

1995 年 5 月,我国开始实行劳动手册制度。2011 年 7 月,劳动手册改为《就业失业登记证》,2015 年 1 月全国统一更名为就业创业证。该证用于用人单位记录劳动者就业和流动以及办理招工和退工登记备案手续、地区人力资源和社会保障部门记录失业和领取失业保险金等情况的凭证,也是失业人员应聘求职、就业登记、申领失业保险金的主要凭证。持有该证的劳动者在个人基本情况(包括户籍和常住地址情况、学历情况、职业资格和专业技术职务情况等)发生变化时,应持该证和相关证明材料到户籍所在街道或乡镇公共就业服务机构办理相应的信息变更。

该证的相关页面记载已满的,应及时到户籍所在街道或乡镇公共就业服务机构(一般为街道、镇社区事务受理服务中心)办理申请换发等手续。该证在劳动者失业期间由本人保管,在职期间由用人单位保管。

### 四、上海公共招聘平台及操作实务

上海公共招聘平台由上海人力资源和社会保障部门打造,实现了接入"一网通办"账户体系、全流程贯通招聘求职、全过程记录就业服务举措等功能,以市场化就业的平台、延伸公共就业服务的平台、公共就业服务机构和经营性人力资源服务机构有机链接的平台、劳动力市场供需状况分析的平台为发展定位。用人单位和求职者都可以在平台上匹配真实可信的信息,16个区的公共就业服务机构通过平台提供"一站式"服务指导。

用人单位在上海公共招聘平台上发布职位如何区分"自主招聘"和"代理招聘":招聘单位自行发布招聘职位,属于"自主招聘",单位"自主招聘"只能收到求职者主动投递的简历;招聘单位委托管理所属区公共就业服务机构代理发布招聘职位,属于"代理招聘",单位"代理招聘"不仅能收到求职者主动投递的简历,也能收到管理所属区公共就业服务机构主动推荐的简历。(注:代理招聘的职位如需下架,招聘单位需联系管理所属区公共就业服务机构并说明原因,由管理所属区公共就业服务机构操作下架)

使用平台的招聘单位直接前往管理所属区公共就业服务机构,携带本单位营业执照、代理招聘职位的招聘简章(加盖公章)、单位代表身份证复印件、用人单位委托证明,提出平台代理招聘的申请。经审核确保上述材料准确无误后,招聘单位可与管理所属区公共就业服务机构签订代理招聘协议,协议签订完成后即可进行"代理招聘"。"代理招聘"不收取任何费用。

**(一)登录**

单位用户凭本单位法人一证通(CA证书)或电子营业执照扫码登录上海公共招聘平台(因系统不断更新完善,一切操作界面以实际为准)。

选择"单位登录",点击"去登录",如图3-1所示;点击"一网通办入口登录",如图3-2所示;点击"法人登录",选择"市场主体扫码登录"或"法人一证通登录",如图3-3所示。

图3-1 单位登录上海公共招聘平台

**(二)单位信息维护**

登录公共招聘平台后,需维护单位信息,单位基本信息为灰色字段,无须填写。选择管理所属区、行业类别,填写单位联系地址及联系人,并简单介绍本单位,如图3-4所示。

填写招聘负责人,招聘工作人员姓名及联系方式,确认无误后,点击"保存",如图3-5所示。

图 3-2　一网通办入口登录

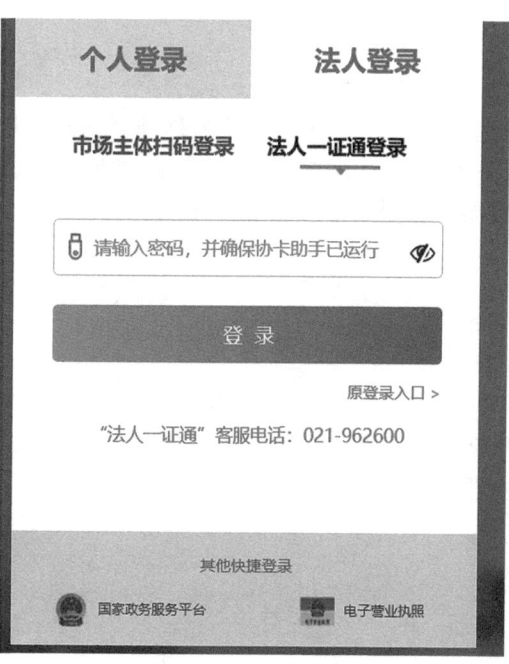

图 3-3　法人登录

图 3-4　单位信息维护

图 3-5　招聘负责人信息

## (三) 职位管理

### 1. 发布职位

选择工作性质,填写职位名称、职位分类、年龄上下限、工作地址、工作班时、工资支付方式、薪酬上下限、工作年限要求、学历要求、招聘人数、职位描述、招聘类型及职位有效期,确认无误后,点击"发布",如图 3-6 和图 3-7 所示。

图 3-6 发布职位信息

图 3-7 发布职位要求

### 2. 草稿箱

草稿箱内可查看暂存职位。

若发布职位,可点击"编辑",跳转回发布职位,修改无误后可点击"发布",则发布职位。

若删除职位,可勾选不需要的职位信息,点击"删除"则删除职位,如图 3-8 所示。

### 3. 已发布职位

点击"已发布职位",可查看已发布职位。点击"查看",可查看职位详情。

图 3-8　草稿箱

勾选职位,可选择"置顶"或"下架",如图 3-9 所示。

图 3-9　已发布职位

**4. 已过期职位**

点击"已过期职位",可查看已过期职位信息,如图 3-10 所示。

图 3-10　已过期职位

**5. 已下架职位**

点击"已下架职位",可查看已下架职位。点击"编辑",可跳转回发布职位,修改信息后可点击"发布"发布职位,如图 3-11 所示。

图 3-11　已下架职位

### (四) 应聘管理

**1. 收到的简历**

选择搜索条件,如年龄、职位名称、工作年限、学历等,可筛选出自己所需要的简历,如图 3-12 所示。

图 3-12　收到的简历

界面内可查看不同状态的简历信息,任何状态下的简历信息都能进行操作聊天,如图 3-13 所示。

图 3-13　聊天界面

根据简历与职位的匹配度,可以选择收藏或反馈结果(可批量反馈),即"通知面试""意向录用""通知不录用",如图 3-14 至图 3-16 所示。

图 3-14 通知面试

图 3-15 意向录用

图 3-16 通知不录用

对于通知已录用的人员,可查看通知详情及一键链接办理就业参保登记业务,如图 3-17 所示。

图 3-17 一键办理就业参保登记

2. 已收藏的简历

选择搜索条件,如年龄、职位名称、工作年限、学历等,可筛选出自己所需要的简历,并查看近期简历修改时间及登录时间,收藏中的简历信息可进行聊天、取消收藏、邀约面试操作,如图 3-18 所示。

图 3-18 已收藏的简历

## 第二节 用工与退工

### 一、用工

劳动用工形式是指用人单位和劳动者个人签订劳动合同,使劳动者成为用人单位的成员,在用人单位的管理下提供有偿劳动。

从签订劳动合同的期限来划分,用工形式有三种方式。

(1) 固定期限用工,指劳动合同中有明确的用工起止时间的用工形式。固定期限用工可以按照生产需要和工作岗位的不同要求来确定合同期限。

(2) 无固定期限用工,指劳动合同中无用工截止时间的用工形式。

(3) 以完成一定工作任务为期限的用工,指用人单位与劳动者签订劳动合同,约定以某项工作的完成为合同的期限的用工形式。

从工作制度来划分,用工形式有三种方式。

(1) 标准工时工作制,适用于工作时间固定的人员,即每天工作的最长工时为 8 小时,周最长工时为 40 小时。

(2) 不定时工作制,适用于因工作无法按标准工作时间衡量,执行弹性工作时间的人员。

(3) 综合计算工时工作制,适用于以周、月、季、年等为周期,需要连续作业或工作的人员。

另外,还存在以下几种灵活用工方式:

(1) 劳务派遣方式用工。派遣单位即为用人单位。劳动者与用人单位签订劳动合同,其工资福利、社会保险关系在用人单位。劳动者被用人单位派遣到用工单位工作,用工单位向用人单位支付劳动者的工资等费用。若用工单位使用劳务派遣公司派遣的劳动者,由劳务派遣公司负责办理招工和退工登记备案手续。

(2) 非全日制用工。非全日制用工又称小时工,指劳动者在用人单位从事非全日制工作,即在同一用人单位平均每日工作时间不超过 4 小时或者累计每周工作时间不超过 24 小时。工资按小时计发,结算支付周期最长不得超过 15 天。可以订立口头协议,双方当事人不得约定试用期,任何一方都可以随时通知对方终止用工。终止用工,用人单位不向劳动者支付经济补偿金。男性未满 60 周岁、女性未满 55 周岁的本市户籍非全日制人员,可以按灵活就业人员缴纳基本养老、医疗保险费,由用人单位为其缴纳工伤保险,并享受相应的工伤保险待遇。

(3) 共享用工。共享用工是不同用工主体之间为调节特殊时期(如疫情期间)阶段性用工紧缺或富余,在尊重员工意愿、多方协商一致且不以营利为目的前提下,将闲置员工劳动力资源进行跨界共享的新型合作用工模式。与关联企业之间的借调委派不同,共享用工发生在没有关联关系或合作关系的用工主体之间。共享用工中,原企业与劳动者协商一致,将劳动者安排到缺工企业工作,不改变原企业与劳动者之间的劳动关系。

### 二、退工

用人单位与劳动者解除或终止劳动关系后,应在 15 日内向经办机构办妥退工登记备案手续。用人单位可通过网上办事渠道(如上海"一网通办"平台)办理退工登记备案手续,也可到经办机构线下办理退工登记备案手续。该具体事项包括:

(1) 用人单位填写单位退工证明,并加盖公章。

(2) 用人单位按国家和本市档案管理的有关规定,负责做好劳动者人事档案的转移工作。

（3）用人单位在办理持有劳动手册、就业失业登记证或就业创业证的劳动者退工手续时，还应在这些证件和劳动力登记表内做好相应的退工日期记载并盖章。劳动手册、就业失业登记证或就业创业证以及第三联退工证明交给被退劳动者本人。

## 第三节　外国人与中国港澳台地区人员就业

### 一、外国人就业

外国人就业是指没有取得定居权的不具有中国国籍的人员，在中国境内依法从事社会劳动并获取劳动报酬的行为（包括劳动报酬来源于境外，受派遣在本市工作3个月以上的行为）。

为加强外国人在中国就业的管理，外国人在中国就业实行就业许可制度。用人单位与被聘用的外国人应依法订立劳动合同。劳动合同的期限最长不得超过5年。劳动合同期限届满即行终止，但按规定履行审批手续后可以续订。

被聘用的外国人与用人单位签订的劳动合同期满时，其就业证即行失效。如需续订，该用人单位应在原合同期满前30日内，向劳动行政部门提出延长聘用时间的申请，经批准并办理就业证延期手续。

外国人被批准延长在中国就业期限或变更就业区域、单位后，应在10日内到当地公安机关办理居留证件延期或变更手续。

被聘用的外国人与用人单位的劳动合同被解除后，该用人单位应及时报告劳动、公安部门，交还该外国人的就业证和居留证件，并到公安机关办理出境手续。

用人单位支付所聘用外国人的工资不得低于当地最低工资标准。在中国就业的外国人的工作时间、休息休假、劳动安全卫生以及社会保险按国家有关规定执行。

外国人在中国就业的用人单位必须与其就业证所注明的单位相一致。外国人在发证机关规定的区域内变更用人单位但仍从事原职业的，须经原发证机关批准，并办理就业证变更手续。

外国人离开发证机关规定的区域就业或在原规定的区域内变更用人单位且从事不同职业的，须重新办理就业许可手续。

因违反中国法律被中国公安机关取消居留资格的外国人，用人单位应解除与其的劳动合同，劳动部门应吊销其就业证。

用人单位与被聘用的外国人发生劳动争议，应按照《中华人民共和国劳动法》和《中华人民共和国劳动争议调解仲裁法》（以下简称《劳动争议调解仲裁法》）处理。

### 二、中国港澳台地区人员就业

中国港澳台地区人员就业是指中国港澳台地区人员依法应聘受雇于内地（大陆）用人单位（包括个体工商户）从事劳动并取得劳动报酬或经营收入的行为。中国港澳台地区人员在内地（大陆）就业实行就业证制度。在内地（大陆）求职、就业的中国港澳台地区人员，可使用港澳台居民居住证、中国港澳地区居民来往内地通行证、中国台湾居民来往大陆通行证等有效身份证件办理人力资源社会保障各项业务，包括就业登记、失业登记及求职招聘服务，以工商营业执照、劳动合同（聘用合同）、工资支付凭证或社会保险缴费记录等作为其在内地（大陆）就业的证明材料。本市行政区域内的各类用人单位招用中国港澳台地区人员，应按规定办理用工登记备案手续；与中国港澳台地区人员终止或解除劳动关系后，应按规定办理退工登记备案手续。中国港澳台地区人员终止就业后，符合失业登记条件的，可到就近的街道（乡镇）公共就业服务机构办理失业登记手续。中国港澳台地区人员办理失业登记后,可按规定申请享受失业保险金,领取失业保险金期间的基本医疗保险、丧葬补助金和抚恤金等失业保险待遇。相关申请发放条件、待遇标准、期限和给付形式与本市户籍失业人员一致,但失业保险待遇享受期限最长不超过其持有的相关有效证件有效期(有多个有效证件的,以最晚到期的证件为准)。中国港澳台地区人员未领取失业保险金的期限按规定予以保留。

自2018年7月28日起,中国港澳台地区人员在内地(大陆)就业不再需要办理《台港澳人员就业证》;8月23日起,各地不再受理《台港澳人员就业证》申请。2018年12月31日前,处于有效期内的《台港澳人员就业证》仍可同时作为中国港澳台地区人员在内地(大陆)就业证明材料;自2019年1月1日起终止使用。

## 第四节　几种特殊情形

若用人单位使用劳动者构成特殊劳动关系的、以非全日制劳动合同形式使用劳动者的,与普通情形同样办理录用手续。特殊劳动关系是现行劳动法律调整的标准劳动关系和民事法律调整的民事劳务关系以外的一种用工关系,其劳动者一方在用人单位从事有偿劳动、接受管理,但与另一用人单位存有劳动合同关系或不符合劳动法律规定的主体条件。根据现有规定,此类人员主要有:协保人员、专业劳务公司输出人员、退休人员、未经批准使用的外来人员等。

需更加注意的是,新就业形态劳动者和企业双方符合《关于确立劳动关系有关事项的通知》(劳社部发〔2005〕12号)规定的相关情形的,双方应建立劳动关系。对不完全符合确立劳动关系情形但企业对劳动者进行劳动管理,劳动者的劳动过程要遵守平台企业确定的算法等相关规则的,企业应当与劳动者订立书面协议,承担维护劳动者权益的相应责任。个人依托平台自主开展经营活动、从事自由职业的,按照民事法律调整双方的权利义务。

若无上级主管部门的用人单位已注销营业执照、被吊销营业执照、迁往外省市或确认业主逃匿的,可由经办机构办理退工登记备案手续。

若用人单位无正当理由拒办招工和退工登记备案手续的,劳动者可向市人力资源和社会保障局执法总队或各区人力资源和社会保障局执法大队(劳动保障监察机构)投诉,由上述执法部门责令用人单位为其办理招工和退工登记备案手续。用人单位仍拒绝办理的,劳动者本人可凭责令整改文书(复印件)及本人身份证明到经办机构按规定办理相关登记备案手续。

案例

### 公司发了录用通知书就要承担责任吗?

小黄大学毕业后应聘到一家大型国有企业,企业为小黄提供了专业技术培训,双方约定了5年服务期。2年以后,小黄认为国企待遇过低,便悄悄去应聘某外企的工作职位,并很快收到了录用通知,其中还注明了工作岗位、工资报酬、工作地点、报到日期等。小黄立即用电子邮件通知该外企的人力资源经理,表示将准时前去报到。随后他辞去了在国企的工作,并向国企支付了违约金。然而,就在他准备前去这家外企公司报到时,该外企公司由于找到了更好的人选,便告知小黄公司没有正式录用小黄,双方也尚未签订劳动合同,公司此前发出的录用通知无效,小黄也不必来公司报到了。小黄非常气愤,将该外企告到法院,要求法院判令该外企与其签订劳动合同,否则要承担违约责任,赔偿其经济损失6万元。

# 第四章 社会保险制度

## 第一节 社会保险发展变革

### 一、我国社会保险的发展历程

中华人民共和国成立初期,劳动保障法制初步建立。改革开放以后,逐步从自我封闭的单位保障制走向开放式的社会保障制。至今,我国尚未实现全国统筹,全国各地社会保险缴费比例不尽一致,故本文对此不再阐述。

1949—1958年,制度初创阶段。这一阶段的重要标志是1951年原政务院颁布的《中华人民共和国劳动保险条例》(1953年和1956年都进行了修改),主要成就是初步创建了城镇劳动保险制度、农村"五保"制度和农村合作医疗制度。

1959—1966年,制度调整阶段。在城镇,公费医疗和劳保医疗随着覆盖面扩大,逐渐出现费用上涨趋势,给财政造成巨大压力。为了减轻财政负担,中央政府出台了一系列限制性措施,逐渐设立了干部特权和等级制度以控制费用上涨。

1967—1978年,蜕化为企业保险阶段。这一阶段,城镇的"国家—企业保险"完全瘫痪并蜕化为"企业保险",职工的生、老、病、死完全成为企业内部事务。

1978—1992年,反思传统社会保障制度并探索新制度阶段。这一阶段,城镇社会保障事业面临恢复被严重破坏的社会保障制度、探索新型社会保障制度以适应多种所有制形式和多种分配制度等新环境要求的两大任务。由于用工制度的改革,20世纪80年代中期以后中国失业人数越来越多;为此,中国于1986年实施了国营企业职工待业保险制度。

1993—1998年,现代社会保障制度思路形成与目标模式选择阶段。1993年,中国共产党第十四届中央委员会第三次全体会议通过了《中共中央关于建立社会主义市场经济体制若干问题的决定》,提出"建立多层次的社会保障体系"以及城镇职工养老保险和医疗保险"实行社会统筹和个人账户相结合"的制度目标。以此为标志,中国社会保障制度改革进入顶层设计、模式选择的阶段。

1999—2012年,现代社会保障体系初步形成和完善阶段。这一阶段,中国现代社会保障制度的框架进一步完善、覆盖范围进一步扩大、法制化程度进一步提高。其主要改革内容包括:建立了覆盖城乡的多层次养老保险体系;初步建立覆盖城乡的医疗保障体系;失业保险制度取代待业保险制度;完善了覆盖城乡的最低生活保障制度。

2013年以来,现代社会保障制度全面深化改革阶段。中国共产党第十八届中央委员会第三次全体会议以来,现代社会保障制度的整体框架基本搭建完成,缴费型制度和非缴费型制度相互配合构成了完整的制度体系。

2017年,中国共产党第十九次全国代表大会报告提出,要加强社会保障体系建设,按照兜底线、织密网、建机制的要求,全面建成覆盖全民、城乡统筹、权责清晰、保障适度、可持续的多层次社会保障体系。在保障项目上,坚持以社会保险为主体,社会救助保底层,积极完善社会福利、慈善事业、优抚安置等制度;在组织方式上,坚持以政府为主体,积极发挥市场作用,促进社会保险与补充保险、商业保险相衔接。要积极构建基本养老保险、职业(企业)年金与个人储蓄型养老保险、商业保险相衔接的养老保险体系,协同推进基本医疗保险、大病保险、补充医疗保险、商业健康保险发展,在保基本基础上满足人民群众多样化多层次的保障需求。

2021年12月30日,国务院发布《"十四五"国家老龄事业发展和养老服务体系规划》。该规划明确,要不断扩大基本养老保险覆盖面。尽快实现企业职工基本养老保险全国统筹。实施渐进式延迟法定退休年龄。落实基本养老金合理调整机制,适时适度调整城乡居民基础养老金标准。大力发展企业年金、职业年金,提高企业年金覆盖率,促进和规范发展第三支柱养老保险,推动个人养老金发展。完善基本医保政策,逐步实现门诊费用跨省直接结算,扩大老年人慢性病用药报销范围。

## 二、社会保险与商业保险的区别

(1) 目的性质不同:社会保险具有公共保障性,不以营利为目的;商业保险具有经营性,以追求经济效益为目的。

(2) 建立基础不同:社会保险由国家立法建立,强制实行;商业保险遵循"契约自由"原则,企业和个人自愿投保。

(3) 资金来源不同:社会保险的基金由国家、企业、个人三方面统筹;商业保险的保费只有投保人缴纳的单一来源。

(4) 保障范围不同:社会保险为所有劳动者提供基本生活和基本需要的保障;商业保险仅为投保人提供约定的保障水平。

(5) 保障时间不同:社会保险是稳定的、可持续的政府行为;商业保险是一次性或短期的企业行为。

(6) 管理体制不同:社会保险由政府职能部门管理;商业保险由企业性质的保险公司经营管理。

(7) 适用法律不同:社会保险依据社会保险法及其配套政策;商业保险依据经济法、商业保险法及其配套文件。

## 三、上海社会保险的发展变革

1986年,上海开始对全民所有制企业实行退休费统筹,改变了单位自行负担退休费支出的局面。1993年,上海率先在全国实行社会保险缴费制度,实施城镇职工基本养老保险制度改革,将原本的"单位保障"扩大为了"社会化保障",保障资金也从原来的单位小自筹变成了社会大统筹,在帮助养老负担较重的企业公平参与市场竞争的同时,通过政府投入加快保障资金的积累,确保退休人员养老金按时足额发放。"统账结合"模式推行后,"先履行缴费义务后享受退休待遇"的社会共识逐渐落地生根。1995年,原在中国人民保险公司上海市分公司缴纳养老保险费的"三资"企业,应从1995年2月1日起按上月在职中国职工工资总额的30%向所在区、县养老保险事业管理中心缴纳养老保险费,企业可从1995年3月1日起向养老保险事业管理中心缴纳养老保险费,并对1995年已缴纳的养老保险费按规定予以清算。1996年,为保障农村劳动者年老时的基本生活,上海市政府颁发了《上海市农村社会养老保险办法》。2002年以后,随着城镇化发展,上海先后推出"外来从业人员综合保险""小城镇社会保险"等具有普遍福利的社保制度,形成了"城保""镇保""综保""农保"四位一体的社会保险制度。2011年,《社会保险法》正式实施,将党中央建立健全社会保障体系的重大决策和战略部署转化为根本性、稳定性的国家法律制度。这是一部着力保障和改善民生的法律,标志着我国社会保险制度发展全面进入法制化轨道,具有里程碑意义。各类人才自由流动、劳动者在地区之间和城乡之间流动就业的制度性障碍被破除,"广覆盖"递进到了"全覆盖"。上海的社会保险政策在国家顶层设计框架下做了重大调整,"综保""镇保"并轨到城镇职工养老保险,坚持"老人老办法,新人新办法,中人过渡办法"的原则,采取自然过渡的方式平稳转换,并于 2016 年实现城镇职工社会保险不再区分户籍,统一缴纳"五险"。

## 第二节　社会保险基本制度

我国建立基本养老保险、基本医疗保险、工伤保险、失业保险、生育保险等社会保险制度,保障公民在年老、疾病、工伤、失业、生育等情况下依法从国家和社会获得物质帮助的权利。其中,基本养老保险制度包括职工基本养老保险制度、新型农村社会养老保险制度和城镇居民社会养老保险制度;基本医疗保险制度包括职工基本医疗保险制度、新型农村合作医疗制度和城镇居民基本医疗保险制度。

### 一、社会保险的登记缴纳

用人单位应当自成立之日起 30 日内凭营业执照、登记证书或者单位印章,向当地社会保险经办机构申请办理社会保险登记。用人单位的社会保险登记事项发生变更或者用人单位依法终止的,应当自变更或者终止之日起 30 日内,到社会保险经办机构办理变更或者注销社会保险登记。市场监督管理部门、民政部门和机构编制管理机关应当及时向社会保险经办机构通报用人单位的成立、终止情况,公安机关应当及时向社会保险经办机构通报个人的出生、死亡以及户口登记、迁移、注销等情况。

用人单位应当自用工之日起 30 日内为其职工向社会保险经办机构申请办理社会保险登记。未办理社会保险登记的,由社会保险经办机构核定其应当缴纳的社会保险费。

自愿参加社会保险的无雇工的个体工商户、未在用人单位参加社会保险的非全日制从业人员以及其他灵活就业人员,应当向社会保险经办机构申请办理社会保险登记。

国家建立全国统一的个人社会保障号码。个人社会保障号码为居民身份证号码。

### 二、缴费基数的确认

当年个人缴费基数应按职工本人上年度月平均工资性收入核定。用人单位应当如实申报职工上年度月平均工资性收入,用于确定当年度的缴费基数。这里的职工上年度月平均工资性收入对应的是上一自然年,即上年的 1~12 月期间,单位支付给职工的工资总额平均到每个月的金额。对于上年工作不满一年的职工,按照工资总额除以实际工作月数来计算。列入工资总额统计的项目包括计时计件工资、奖金、津贴和补贴、加班加点工资、特殊情况下支付的工资等。工资总额是税前工资,包括单位从个人工资中直接为其代扣或代缴的个人所得税、社会保险金、住房公积金、职业年金等个人应缴纳部分。此外,本市社保缴费基数有上、下限。职工上年度月平均工资性收入低于当年公布的缴费基数下限的,根据基数下限缴费;高于缴费基数上限的,高出部分不计入缴费基数。

如果新员工进单位首月工作满全月的,月缴费基数按照首月全月的工资性收入核定。如果新员工进单位首月工作未满全月的,月缴费基数按其当月实际工资性收入核定,但次月起单位仍应按其全月的工资性收入核定缴费基数并进行调整。在用人单位和劳动者双方协商一致的情况下,首月也可以按照全月的工资性收入核定月缴费基数。同一个月内职工先后在两家单位就业的,第一家单位缴费后,按不重复参保缴费的原则,第二家单位无须再为其缴纳就业当月的社会保险费,视该职工当月正常缴费。

单位和职工之间以任何形式约定少缴或者不缴社会保险费,都不具有法律效力。单位少缴社会保险费是对职工权益的侵害,将影响个人社会保险待遇的享受。比如,在养老待遇领取方面,企业职工养老保险待遇与个人缴费基数、个人账户累计本息储存额等因素有关,企业职工在缴费年限相同的情况下,缴费基数越高,个人账户累计本息储存额越多,则将来退休时的养老待遇也越高。

### 三、社会保险基金监督

对于社会保险缴纳,由于不少城市会把在当地缴纳社保与落户、买车买房、子女上学等和员工利益有关的事项挂钩,企业会应员工需求通过当地人力资源公司进行社保代缴,这样就产生了"三不统一"的情形。"三统一"系非正式法律概念,是全国性的相关规定的一种通俗说法,是指用人单位、社会保险参保单位、个人所得税扣缴单位,这三个单位应为同一对象。

在北京工作的赵某作为参保人以北京某人力咨询公司为参保单位,从2016年12月到2019年12月参加了社会保险缴费。2020年赵某提交在北京办理退休手续的申请,结果因为社会保险代缴无法办理。赵某通过市长信箱反映其在京办理退休过程中遇到的相关问题。最后的结果是社保部门对社保费用作了退费处理,赵某并未能如愿在北京领取退休金。此后2020年8月,北京开始强制推行三统一制度(合同、社保、工资主体三统一),拒绝本地人力资源公司通过代理、派遣等方式在北京参保,从而拉起了全国范围内的三统一浪潮。之后广东广州、河北石家庄、浙江杭州、江西南昌等地相继出台政策文件和开展专项整治活动,再然后,随着社保改税务征收、金税四期等政策的进一步推进,越来越多的城市,如天津、重庆、武汉、厦门、成都、沈阳、南京、呼和浩特等,也陆续加入进来。究其原因,"三统一"是为了杜绝虚构劳动关系进行社保代缴等违法行为的发生而导致社保基金流失。为此,全国人民代表大会常务委员会在关于《刑法》第二百六十六条的解释中明确指出:以欺诈、伪造证明材料或者其他手段骗取养老、医疗、工伤、失业、生育等社会保险金或者其他社会保障待遇的,属于刑法第二百六十六条规定的诈骗公私财物的行为。

为加强社会保险基金监督,人力资源和社会保障部相继颁布实施《社会保险领域严重失信人名单管理暂行办法》(人社部规〔2019〕2号)、《社会保险基金行政监督办法》(人力资源社会保障部令第48号,2022年)、《社会保险基金监督举报工作管理办法》(人力资源社会保障部令第49号,2023年)等规定,上海市(以下简称"本市")也通过新制定《上海市社会保险基金监督举报奖励实施细则》等来进一步加强对欺诈骗取、套取或挪用贪占社会保险基金违法违规问题的社会监督。

### 四、养老保险

**(一)基本养老保险概述**

基本养老保险制度是为了保障城镇职工退休后的基本生活而建立起来的一项社会保障制度。该制度主要包括养老保险费的征集、基本养老保险个人账户、养老保险待遇、养老保险基金的使用和监督管理等内容。基本养老保险实行国家、单位与个人共同承担费用;社会统筹与个人账户相结合;保障基本生活需要与激励在职缴费相结合;社保经办和养老人员管理服务社会化;养老待遇增长分享社会经济发展成果。

**(二)申领基本养老金的条件**

年龄条件:男性年满60周岁,女性年满50周岁,从事技术、管理岗位的女性年满55周岁(各类企业、事业单位),个体户及其雇工、灵活就业人员、参公事业单位女性年满55周岁;停止缴费女性年满50周岁。

缴费条件:缴费年限(含虚账实记记账年限及视作缴费年限)累计满15年,未满15年的,可以延长缴费满15年。《社会保险法》实施前参保的人员,延长缴费5年后仍不足15年的,可以一次性缴费满15年。

领取地条件:符合国家关于基本养老待遇领取地确定为本市条件的。

### (三) 基本养老待遇的类型

1. 按月领取的基本养老待遇

按月领取的基本养老待遇包括:基本养老金(全部参保人员)、高级专家"专加"养老金(按企业办法计发养老金,且具有高级职称的科技人员、市级以上劳动模范、局级干部)、企业军转干部生活补助(1949年10月1日至2000年12月31日从军队转业至企业的军转干部)、精简退职回乡老职工配偶生活困难补助费(1957年年底前参加工作,1961—1962年国民经济调整时期精简退职回乡,仍在农村的人员死亡后,其配偶仍健在,无生活来源或虽有生活来源但低于本市标准的。支付原则为补足)、非因工死亡职工遗属生活困难补助费(参保人员及养老人员非因工死亡,其生前供养的直系亲属,无生活来源或虽有生活来源但低于本市标准的)。

2. 一次性领取的基本养老待遇

一次性领取的基本养老待遇包括:丧葬补助费(参保人员和养老人员非因工死亡后)、计划生育奖励费、一次性补充养老金(特殊工种、高级专家、劳动模范、高原工作参保人员办理申领基本养老金后)、参保人员死亡后个人基本养老保险账户余额。

### (四) 提前领取基本养老金的条件

1. 特殊工种提前退休

(1) 男性年满55周岁,女性年满45周岁。

(2) 符合本市规定的申领基本养老金条件。

(3) 从事有毒有害工作累计满8年、井下或高温工作累计满9年、高空或特别繁重体力劳动工作累计满10年。

2. 丧失劳动能力提前退休

(1) 男性年满50周岁,女性年满45周岁。

(2) 符合本市规定的申领基本养老金条件。

(3) 本市劳动能力鉴定中心鉴定为完全丧失劳动能力(大部分丧失劳动能力为退职)。

3. 计划内破产企业在职人员提前退休

(1) 在裁定破产程序终结时,计划内破产企业中男性年满55周岁,女性年满45周岁。

(2) 符合本市规定的申领基本养老金条件。

### (五) 本市基本养老金的计发标准

1. 1992年年底以前参加工作的参保人员

基本养老金=基础养老金+个人账户养老金+过渡性养老金

基础养老金=办理申领基本养老金时上年度全市职工平均工资
 ×(1+本人平均月缴费工资指数)÷2×(1%×缴费年限)

账户养老金=个人基本养老保险账户储存额÷计发月数(规定月数表)

过渡性养老金="虚账实记"金额本息÷120

"虚账实记"金额是指1992年年底前连续工龄+1997年年底前缴费年限折换成金额进行账户记录。1992年年底以前连续工龄对应的"虚账实记"金额,如表4-1所示;1993—1997年5年个人账户储存额对应的记账金额,如表 4-2 所示。

个人账户养老金计发月数,如表 4-3 所示。

**表 4-1　1992 年年底以前连续工龄对应的"虚账实记"金额**

| 1992 年年底前连续工龄(年) | 记账金额(元) | 1992 年年底前连续工龄(年) | 记账金额(元) | 1992 年年底前连续工龄(年) | 记账金额(元) |
|---|---|---|---|---|---|
| 1 | 1 840 | 13 | 23 920 | 25 | 46 000 |
| 2 | 3 680 | 14 | 25 760 | 26 | 47 840 |
| 3 | 5 520 | 15 | 27 600 | 27 | 49 680 |
| 4 | 7 360 | 16 | 29 440 | 28 | 51 520 |
| 5 | 9 200 | 17 | 31 280 | 29 | 53 360 |
| 6 | 11 040 | 18 | 33 120 | 30 | 55 200 |
| 7 | 12 880 | 19 | 34 960 | 31 | 57 040 |
| 8 | 14 720 | 20 | 36 800 | 32 | 58 880 |
| 9 | 16 560 | 21 | 38 640 | 33 | 60 720 |
| 10 | 18 400 | 22 | 40 480 | 34 | 62 560 |
| 11 | 20 240 | 23 | 42 320 | 35 | 64 400 |
| 12 | 22 080 | 24 | 44 160 | 36 | 66 240 |

**表 4-2　1993—1997 年个人账户储存额对应的记账金额**

| 1993—1997 年个人账户储存额(元) | 记账金额(元) | 1993—1997 年个人账户储存额(元) | 记账金额(元) | 1993—1997 年个人账户储存额(元) | 记账金额(元) |
|---|---|---|---|---|---|
| 2 438.0 及以下 | 14 400 | 5 077.1~5 564.0 | 22 320 | 8 450.1~8 931.0 | 27 360 |
| 2 438.1~2 678.0 | 15 600 | 5 564.1~6 043.0 | 23 040 | 8 931.1~9 414.0 | 28 080 |
| 2 678.1~3 158.0 | 16 800 | 6 043.1~6 527.0 | 23 760 | 9 414.1~9 581.0 | 28 800 |
| 3 158.1~3 637.0 | 18 000 | 6 527.1~7 008.0 | 24 480 | 9 581.1~9 749.0 | 29 520 |
| 3 637.1~4 119.0 | 19 200 | 7 008.1~7 489.0 | 25 200 | 9 749.1~9 918.0 | 30 240 |
| 4 119.1~4 601.0 | 20 400 | 7 489.1~7 972.0 | 25 920 | 9 918.1~10 082.0 | 30 960 |
| 4 601.1~5 077.0 | 21 600 | 7 972.1~8 450.0 | 26 640 | 10 082.1~10 250.0 | 31 680 |

**表 4-3　个人账户养老金计发月数表**

| 退休年龄(岁) | 计发月数 | 退休年龄(岁) | 计发月数 |
|---|---|---|---|
| 40 | 233 | 44 | 220 |
| 41 | 230 | 45 | 216 |
| 42 | 226 | 46 | 212 |
| 43 | 223 | 47 | 208 |

(续表)

| 退休年龄(岁) | 计发月数 | 退休年龄(岁) | 计发月数 |
| --- | --- | --- | --- |
| 48 | 204 | 60 | 139 |
| 49 | 199 | 61 | 132 |
| 50 | 195 | 62 | 125 |
| 51 | 190 | 63 | 117 |
| 52 | 185 | 64 | 109 |
| 53 | 180 | 65 | 101 |
| 54 | 175 | 66 | 93 |
| 55 | 170 | 67 | 84 |
| 56 | 164 | 68 | 75 |
| 57 | 158 | 69 | 65 |
| 58 | 152 | 70 | 56 |
| 59 | 145 | | |

2. 1993年1月1日后参加工作的参保人员

$$基本养老金=基础养老金+个人账户养老金$$

基础养老金、个人账户养老金计算同上。

**(六)参保人员因病或非因工死亡后待遇(终止社会保险关系)**

《社会保险法》第十七条规定,参加基本养老保险的个人,因病或者非因工死亡的,其遗属可以领取丧葬补助金和抚恤金;《企业职工基本养老保险遗属待遇暂行办法》第二条规定,参加企业职工基本养老保险的人员,因病或非因工死亡的,其遗属可以领取丧葬补助金和抚恤金。

上海地区的遗属待遇在职人员最低为2个月丧葬补助金+3个月抚恤金、退休人员最低为2个月丧葬补助金+9个月抚恤金。根据《企业职工基本养老保险遗属待遇暂行办法》,从2021年9月1日起,上海地区将按照新标准计算因病或非因工死亡的参保人员(包括在职和退休人员)的遗属待遇,具体内容为:

丧葬补助金=上一年度上海地区城镇居民人均月可支配收入×2。根据统计部门的数据,2020年,上海城镇常住居民人均可支配收入76 437元(每月为6 370元);2021年,上海城镇常住居民人均可支配收入82 429元(每月为6 869元)。在职参保人员2021—2022年因病或非因工死亡丧葬补助金、抚恤金的具体待遇标准参考如表4-4所示。

**表4-4 在职参保人员2021—2022年因病或非因工死亡丧葬补助金、抚恤金一览表**

| 项目 | 标准 | 上海数据(2021年) | 上海数据(2022年) |
| --- | --- | --- | --- |
| 丧葬补助金 | 参保人员死亡时本省(自治区、直辖市,以下简称本省)上一年度城镇居民人均可支配收入的2倍 | 76 437/12×2=12 740元 月标准:6 370元 | 82 429/12×2=13 738元 月标准:6 869元 |
| 抚恤金 | 缴费年限不满5年① | 3个月 | 19 110元 | 20 607元 |
| | 缴费年限满5年不满10年 | 6个月 | 38 220元 | 41 214元 |

① 注:不得超过其个人缴费之和(灵活就业等以个人身份参保人员以记入个人账户部分计算)。

(续表)

| 项目 | 标准 | | 上海数据(2021年) | 上海数据(2022年) |
|---|---|---|---|---|
| 抚恤金 | 缴费年限满10年不超过15年(含15年) | 9个月 | 57 330元 | 61 821元 |
| | 缴费年限满15年不满30年 | $9+N(N\leq 14)$ 每满1年增加1个月,增加N年增加N个月 | 63 700～146 510元 | 68 690～157 987元 |
| | 30年及以上 | 24个月 | 152 880元 | 164 856元 |

注:退休人员实发月数(每领取一年减少一个月)=在职缴费时对应月数(参照上表)－已经领取养老金年限的数值(一年按一个月计算);下限保底9个月,上限封顶24个月。

老标准:丧葬费为上一年度上海月平均工资的2倍,一次性救济费为6 000元,还有供养直系亲属的救济费,根据供养人数为1人、2人、3人及以上,分别发放企业退休人员生前月养老金的6倍,9倍和12倍。

**(七)基本养老待遇封存**

参保人员和养老人员因以下情形之一的,个人基本养老保险待遇可以暂时封存:

(1)被羁押、拘役、服刑等的;

(2)失踪、下落不明的;

(3)养老待遇资格认证,无法提供生存证明的。(如果没有在规定时间认证,会被暂停发放养老金,再想恢复还需要补办相关手续。人力资源和社会保障部已要求全面取消领取社保待遇资格集中认证,让退休人员不用再跑腿去完成认证。)

**(八)基本养老保险关系转移接续**

**1. 转移接续的定义**

转移接续是指参加城镇企业职工基本养老保险人员跨省、自治区、直辖市流动(以下简称跨省),并在城镇就业时基本养老保险关系可以进行转移、归集、接续。

**2. 基本养老保险关系转移的条件(一般账户)**

(1)跨省流动人员在本市就业后,符合以下条件之一的,可以申办个人基本养老保险关系转入接续:①男性不满50周岁,女性不满40周岁的;②户籍地为本市的;③经县级以上人力资源社会保障行政批准调动,且与本市调入用人单位建立劳动关系并缴纳基本养老保险费的。

(2)跨省流动就业人员达到基本养老保险待遇领取条件时,符合以下条件之一的,可以申办个人基本养老保险关系转移接续:①没有累计缴费满10年的参保地,且户籍所在地为本市的;②基本养老保险关系所在地与户籍地不一致,在外省市累计缴费不满10年,上一个累计缴费满10年的参保地为本市的。

上述人员已领取养老金的,不再转移基本养老保险关系。

**3. 基本养老保险关系转出的条件**

原在本市参加基本养老保险,现已流动至外省市参加基本养老保险,外省市社保经办机构同意其转入。

**4. 建立临时账户**

跨省流动就业的非本市户籍人员,男性年满50周岁,女性年满40周岁,应在原参保地继续保留基本养老保险关系,在本市建立临时账户。

临时账户只可转出,不能办理基本养老保险关系转入,更不能作为基本养老保险待遇领取地。

参保人员再次跨省流动就业或达到领取基本养老保险待遇时,应将临时账户中全部缴费本息,转移归集到原参保地或待遇领取地。

参保人员在建立临时账户期间户籍迁入本市的,临时账户调整为一般账户。

5. 待遇领取地

跨省就业参保人员达到待遇领取条件时,按以下规定确定待遇领取地:

(1) 基本养老保险关系在户籍所在地的,应在户籍所在地办理待遇领取手续。

(2) 基本养老保险关系不在户籍所在地,而在基本养老保险关系所在地累计缴费满10年的,应在基本养老保险关系所在地办理待遇领取手续。

(3) 基本养老保险关系不在户籍所在地,而在基本养老保险关系所在地累计缴费不满10年的,应将其基本养老保险关系转回上一个累计缴费满10年的原参保地办理待遇领取手续。

(4) 基本养老保险关系不在户籍所在地,且在每个参保地累计缴费均不满10年的,应将其基本养老保险关系及资金归集到户籍所在地,由户籍所在地办理待遇领取手续。

6. 账户基金转移

(1) 个人账户储存额。

1998年1月1日之前的,按个人缴费部分累计本息转移。

1998年1月1日至2005年12月31日期间的,按个人缴费基数11%记入个人账户的累计本息转移。

2006年1月1日之后的,按个人缴费基数8%记入个人账户的本息转移。

(2) 统筹基金。

一般账户:以本人1998年1月1日之后各年度实际缴费工资为基数,按12%的总和转移。

临时账户:用人单位缴费比例超过12%的,按实际缴费比例转移金额(如上海按20%),低于12%的,按12%转移金额。统筹基金不计算利息。

7. 视作缴费年月的认定

一般应在跨省流动就业参保人员符合待遇领取条件时,由待遇领取地社保经办机构,按国家和地方有关规定予以办理。

### (九) 企业年金和职业年金

1. 定义

企业年金制度:是指企业及其职工在依法参加基本养老保险的基础上,自愿建立的补充养老保险制度。

职业年金制度:是指机关事业单位及其工作人员在参加机关事业单位基本养老保险的基础上,建立的法定补充养老保险制度。

2. 企业年金和职业年金的相同点

(1) 两者均是在参加基本养老保险基础上,建立的补充养老保险制度。

(2) 实行单位和个人共同缴费,建立个人账户。

(3) 年度基金采用个人账户方式管理,个人缴费实行实账积累。

(4) 符合退休条件才能享受年金待遇,不得提前领取。

(5) 年金个人账户资金可以转移接续。

企业年金:参保人员变动工作单位时,企业年金个人账户资金可以随同转移。若升学、参军、失业期间或新单位没有实行企业年金制度,其企业年金个人账户由原管理机构继续管理。参保人员解除、终止劳动关系时,应根据企业年金方案,确定企业年金个人账户的办理手续。

职业年金:工作人员变动工作单位时,职业年金个人账户资金可以随同转移。工作人员升学、参军、失业期间或新就业单位没有实行职业年金或企业年金制度的,其职业年金个人账户由原管理机构继续管理运营。新就业单已建立职业年金或企业年金制度的,原职业年金个人账户资金随同转移。

(6) 年金基金可以投资运营、保值增值,专款专用。

3. 企业年金和职业年金的不同点

1) 实施范围不同

企业年金:各类企业、转制事业单位、社会组织的就业人员。

职业年金:机关事业单位及其编制内的工作人员。

2) 参保条件不同

企业年金:自愿协商。依法参加基本养老保险并履行缴费义务,同时具有相应的经济负担能力,并已建立集体协商机制的用人单位。

职业年金:具有强制性。机关事业单位在参加基本养老保险并履行缴费义务的基础上,应当为其工作人员建立职业年金。

3) 缴费标准不同

企业年金:企业缴费每年不超过本企业职工工资总额的8%。企业和职工个人缴费合计不超过本企业职工工资总额的12%。

职业年金:机关事业单位按本单位工资总额的8%缴费,个人按缴费工资的4%缴费。

4) 领取方式不同(一般情况)

企业年金:就业人员退休后,可一次性领取也可分期领取企业年金待遇。

职业年金:工作人员退休后,按月领取职业年金待遇。(购买商业养老保险产品、出国(境)定居人员、在职或退休死亡等情况除外。)

## 五、医疗保险

医疗保险制度是指为保障城镇职工的基本医疗,合理利用医疗资源而建立起来的一种社会保险制度。该制度的主要内容包括覆盖范围和缴费办法、基本医疗保险统筹基金和个人账户、基本医疗保险基金的管理和监督机制、医疗服务机构的管理等内容。

### (一) 个人医疗账户

用人单位按规定缴纳基本医疗保险费后,应当为就业人员建立个人医疗账户。个人医疗账户由就业人员个人缴费、用人单位缴费计入金额以及个人账户存储额的利息构成。个人医疗账户的本金和利息为个人所有,仅用于基本医疗保险。个人医疗账户可结转、转移和继承。

账户金额按年龄划分,每年公布计入标准。

1. 个人医疗账户使用

(1) 符合基本医疗保险规定支付的门急诊,住院,家庭病床及门诊大病中应由个人自负的医疗费用。

(2) 定点零售药店购买药品的费用。

2. 个人医疗账户的停止计入

就业人员有下列情形之一的,个人医疗账户应当停止计入:

(1) 就业人员应当缴纳而未缴纳基本医疗保险费的。

(2) 就业人员在转移劳动关系中,停止缴纳基本医疗保险费的。

(3) 就业人员劳动关系转移至未参加基本医疗保险的用人单位。

(4) 养老人员被停发基本养老金的。

个人医疗账户停止计入资金期间,不享受基本医疗保险待遇。个人医疗账户剩余资金可继续使用。

3. 个人医疗财产的注销

就业人员或养老人员死亡、出国(出境)定居且注销户籍的,其个人医疗账户同时注销。

4. 医疗费用的相关标准

门急诊自负段标准,统筹基金起付标准,统筹基金和附加基金的支付比例,统筹基金最高支付限额,应当根据基本医疗保险水平与本市经济社会发展水平相适应、保持基本医疗保险待遇合理梯度和提高医疗资源使用效率的原则,适时进行调整。

(1) 门急诊自负段标准:是指就业人员和养老人员一年内在定点医疗机构门急诊就医所发生的医疗费用,按照规定由其个人医疗账户当年计入资金支付后、地方附加医疗保险基金(以下简称附加基金)支付前,其个人自负的金额。

(2) 统筹基金起付标准:是指就业人员和养老人员一年内在定点医疗机构住院或者急诊观察室留院观察所发生的医疗费用,按照规定由统筹基金支付前,其个人自负的金额。

(3) 统筹基金和附加基金的支付比例:是指就业人员和养老人员一年内在定点医疗机构就医所发生的医疗费用,按照规定由统筹基金或者附加基金支付的部分。

(4) 统筹基金最高支付限额:是指就业人员和养老人员一年内在定点医疗机构就医所发生的医疗费用,按照规定由统筹基金支付的最高金额。

5. 医疗保险的相关待遇

(1) 基本医疗保险待遇支付依据:基本医疗保险三大目录《上海市基本医疗保险、工伤保险、生育保险药品目录》《上海市基本医疗保险诊疗目录》《上海市基本医疗保险医疗服务设施标准》为基本医疗保险待遇支付的依据。

(2) 在职就业人员享受基本医疗保险待遇标准(门急诊医疗费用):如表4-5所示,需要先用掉当年医疗保险计入的金额,用掉后进入自负段,自负金额为1 500元。2021年自负金额超出1 500元以后的费用,按表4-5比例报销。

表4-5 2021年在职就业人员享受基本医疗保险待遇标准

| | 人群分类 | 账户段 | 自负段标准 | 共负段报销比例 | | |
|---|---|---|---|---|---|---|
| | | | | 一级医院 | 二级医院 | 三级医院 |
| 在职人员 | 44岁以下 | 使用当年个人账户资金 | 1500元 | 65% | 60% | 50% |
| | 45岁至退休 | | | 75% | 70% | 60% |
| | 原"中1人"人员(1955年12月31日前出生,2000年12月31日前参加工作的在职人员) | | | 75% | 70% | 70% |

注:门急诊自负段医疗费用以及共负段由医保基金支付后其余部分的医疗费用,如个人医疗账户有历年结余资金的,先由历年结余资金支付,不足部分由参保人员自负。

在职就业人员住院或急诊观察室留院观察待遇,如表4-6所示。

自己需要先出1 500元的起付线费用。2021年超过起付线的费用可以由医疗保险按比例支付。

2021年7月1日零时起,本市职工医保将进入2021医保年度(2021年7月1日至2022年

6月30日),职工医保统筹基金最高支付限额,从55万元提高到57万元,2022医保年度(2022年7月1日至2023年6月30日),从57万元提高到59万元,最高支付限额以上的部分,仍按规定继续报销80%。

表4-6 在职就业人员住院或急诊观察室留院观察待遇

| | 起付标准 | 最高支付限额 | 支付标准 | 支付比例 |
|---|---|---|---|---|
| 在职人员 | 1 500元 | 57万元 | 起付标准以下 | 由个人医疗账户历年结余资金支付(不足部分由职工自负) |
| | | | 起付标准以上,最高支付限额以下 | 统筹基金支付85%,由统筹基金支付后其余部分的医疗费用,由个人医疗账户历年结余资金支付,仍不足支付的,由在职职工自负 |
| | | | 最高支付限额以上 | 附加基金支付80%+个人自负20% |

(3) 养老人员享受基本医疗保险待遇标准(门急诊医疗费用),如表4-7所示。

表4-7 养老人员享受基本医疗保险待遇标准

| | 人群分类 | 账户段 | 自负段标准 | 共负段报销比例 | | |
|---|---|---|---|---|---|---|
| | | | | 一级医院 | 二级医院 | 三级医院 |
| 退休人员 | 2001年1月1日以后退休人员 | 69岁以下人员(除1955年12月31日前出生,2000年12月31日前参加工作的人员以外) | 使用当年个人账户资金 | 700元 | 80% | 75% | 70% |
| | | ① 70岁以上人员<br>② 69岁以下的在1955年12月31日出生,2000年12月31日前参加工作的人员 | | | 85% | 80% | 75% |
| | 2000年12月31日以前退休的人员 | | | 300元 | 90% | 85% | 80% |

注:门急诊自负段医疗费用以及共负段由医保基金支付后其余部分的医疗费用,如个人医疗账户有历年结余资金的,先由历年结余资金支付,不足部分由参保人员自负。

退休前只要缴纳15年职工医保,退休后就能终身享受医保,而且个人不用缴费。退休职工自负段标准比在职的低,报销比例比在职的高。

(4) 养老人员住院或急诊观察室留院观察待遇,如表4-8所示。

退休人员住院治疗超过起付线标准的,自己只需要支付8%,绝大多数都是由医保基金买单。

(5) 下列医疗费用不纳入基本医疗保险基金支付范围:①应当从工伤保险基金中支付的;②应当由第三人负担的;③在境外就医的。

表 4-8　养老人员住院或急诊观察室留院观察待遇

| | 起付标准 | 最高支付限额 | 支付标准 | 支付比例 |
|---|---|---|---|---|
| 退休人员 | 2000年12月31日前退休的,起付标准为700元<br>2001年1月1日后退休的,起付标准为1200元 | 57万元 | 起付标准以下 | 由个人医疗账户历年结余资金支付(不足部分由退休人员自负) |
| | | | 起付标准以上,最高支付限额以下 | 统筹基金支付92%,由统筹基金支付后其余部分的医疗费用,由个人医疗账户历年结余资金支付,仍不足支付的,由退休人员自负 |
| | | | 最高支付限额以上 | 附加基金支付80%+个人自负20% |

**(二) 基本医疗保险门诊大病**

1. 门诊大病项目

门诊大病项目包括肾移植后抗排异治疗、重症尿毒症透析、恶性肿瘤治疗(化学治疗、内分泌特异治疗、放射治疗、同位素治疗、介入治疗、中医治疗)、部分精神病病种治疗(精神分裂症、中重度抑郁症、躁狂症、强迫症、精神发育迟缓伴发精神障碍、癫痫伴发精神障碍、偏执性精神障碍),以下统称门诊大病。

2. 门诊大病待遇

就业人员或养老人员患门诊大病后发生医疗费用的,按下列标准享受门诊大病待遇:

(1) 就业人员所发生的医疗费用,统筹基金支付85%,个人自负15%。

(2) 养老人员所发生的医疗费用,由统筹基金支付92%,个人自负8%。

3. 门诊大病办理

就业人员或养老人员需进行门诊大病医疗的,应选定一所医保定点医院,并固定就诊。

享受基本医疗保险门诊大病待遇设定医疗期限,超过医疗期的,经区医疗保险经办机构审核后,可延长医疗期限。

享受基本医疗保险门诊大病人员,应当携带有关证明材料,到其居住地的区医疗保险经办机构办理申请手续,需经区医疗保险经办机构审核通过后,才能享受基本医疗保险门诊大病待遇。

4. 基本医疗保险的计入标准

医保每年度参保人员的个人医疗账户资金,一般在当年7月1日计入,2020年、2021年计入标准如表4-9和表4-10所示。计入办法:在职职工的个人缴费,按本人实际缴费金额全额划入个人账户;单位缴纳的基本医疗保险费按规定也划入一部分至个人账户。

表 4-9　在职职工基本医疗保险计入标准

| | | 计入标准(元) |
|---|---|---|
| 在职职工 | 34周岁以下 | 210 |
| | 35~44周岁 | 420 |
| | 45周岁以上 | 630 |

表 4-10 退休人员基本医疗保险计入标准

| 退休人员 | 计入标准(元) | |
| --- | --- | --- |
| | 74 周岁以下 | 1 680 |
| | 75 周岁以上 | 1 890 |

### (三) 城乡居民医保制度

城乡居民大病保险包括重症尿毒症透析治疗、肾移植后抗排异治疗、恶性肿瘤治疗(化学治疗、内分泌特异治疗、放射治疗、同位素治疗、介入治疗、中医治疗)、部分精神障碍治疗(精神分裂症、中重度抑郁症、躁狂症、强迫症、精神发育迟缓伴发精神障碍、癫痫伴发精神障碍、偏执性精神障碍)。

#### 1. 报销额度

参保人员患上述四类疾病后,在本市基本医疗保险定点医疗机构发生、符合本市基本医疗保险报销范围的费用,在基本医疗保险报销后,参保居民在基本医疗保险政策范围内个人自负的费用,纳入城乡居民大病保险支付范围,由大病保险资金报销 60%,本市低保、低收入家庭成员由大病保险报销 65%。

居民医保人员发生大病费用后,应在医疗费用收据开具之日起的 6 个月内,到本人选定的商业保险机构申请报销大病医疗费用。

#### 2. 报销材料

居民医保人员大病保险报销(不含大学生)应提供以下材料:

(1) 身份证(未领取身份证的,提供其他有效身份证件)、社保卡或医保卡。

(2) 符合本市医疗保险规定的医疗费用收据或本市城乡居民基本医疗保险报销结算单。

(3) 门急诊病历、出院小结、费用明细清单等有关资料。

(4) 年度首次申请时需提供与社区卫生服务中心或社区家庭医生建立签约服务关系的协议书。

(5) 委托他人代办的,还需提供代办人身份证、与委托人的关系证明(户口簿、出生证明或公安机关出具的其他关系证明)。

(6) 参保居民本人银行卡。

(7) 商业保险机构规定的其他材料。

城乡居民中已参加上海市中小学生、婴幼儿住院医疗互助基金的,应先扣除互助基金支付部分。

#### 3. 统筹标准

2022 年政府财政继续对城乡居民医保加大投入力度,同时按照国家要求适当体现个人责任,提高了居民医保总筹资标准。其具体为:

(1) 70 周岁以上人员,筹资标准调整为 6 630 元/年,其中个人缴费 520 元/年、财政补助 6 110 元/年。

(2) 60~69 岁人员,筹资标准调整为 6 630 元/年,其中个人缴费 690 元/年、财政补助 5 940 元/年。

(3) 19~59 岁人员,筹资标准调整为 3 610 元/年,其中个人缴费 860 元/年、财政补助 2 750 元/年。

(4) 中小学生和婴幼儿,筹资标准调整为 1 880 元/年,其中个人缴费 220 元/年、财政补助 1 660 元/年;

(5) 本市各类高等院校、科研院所中接受普通高等学历教育的全日制本科学生、高职高专学生以及非在职研究生(以下简称大学生),筹资标准调整为 610 元/年,其中个人缴费 220 元/年、财政补助 390 元/年。

4. 各类人员的参保登记方式

①全日制大学生、中小学校在册学生和在园(所)幼儿,由学校和托幼机构统一办理登记手续和代为收取个人缴费;②农村居民由其户籍所在的村委会办理登记确认手续;③其他参保人员可至社区事务受理服务中心完成本年度参保登记,并可以在 5 个工作日后,通过以下多个线上、线下渠道,完成个人缴费。

5. 缴费渠道

线下缴费渠道:①社区事务受理服务中心、办税服务厅窗口;②指定银行(工商银行、农业银行、浦发银行、建设银行、招商银行)的全市各网点柜面。

线上缴费渠道:①"一网通办"(http://zwdt.sh.gov.cn)"灵活就业及城乡居民社会保险费缴费"模块;②随申办 App:"个人社保缴费"模块;③支付宝 App:市民中心—社保—个人社保缴费,或市民中心—社保—第三方服务—上海城乡居民社保缴费;④微信 App:随申办小程序—个人社保缴费,或关注工商银行上海市分行微信公众号—e 点通—服务大厅—社保专区—"个人社保缴费"模块;⑤指定银行(工商银行 App、农业银行 App、上海银行 App、招商银行 App、建设银行 App 及网银、云缴费 App);⑥上海税务官网或 App:电子税务局实名认证登录后,在"我要办税—社保费办理—申报缴费—灵活就业及城乡居民社会保险费缴费"模块;⑦云闪付 App:"城市服务—社保缴费—城乡居民社保费"模块。

**(四) 上海市职工基本医疗保险门诊共济保障机制**

《健全上海市职工基本医疗保险门诊共济保障机制实施办法》自 2022 年 2 月 1 日起施行,有效期至 2026 年 12 月 31 日。改革要点如下。

1. 个人账户计入方法

自 2023 年 7 月 1 日起,在职职工缴纳的基本医疗保险费全部计入本人的个人医疗账户,计入标准为本人参保缴费基数的 2%,单位缴纳的基本医疗保险费(10.5%)全部计入统筹基金(原单位缴纳部分定额纳入个人账户,34 岁以下 210 元,35~44 岁 420 元,45 岁以上 630 元)。退休人员个人账户由统筹基金按定额划入,具体标准为 74 岁以下 1 680 元/年,75 岁以上 1 890 元/年(保持不变)。

2. 门急诊待遇调整

(1) 在职职工。门急诊自负段标准调整为 500 元(原 1 500 元)。超过部分由统筹基金按下列标准支付:在一级医疗机构门诊急诊的,统筹基金支付 80%(原 44 岁以下 65%,44 岁以上 75%);在二级医疗机构门诊急诊的,统筹基金支付 75%(原 44 岁以下 60%,44 岁以上 70%);在三级医疗机构门诊急诊的,统筹基金支付 70%(原 44 岁以下 50%,44 岁以上 60%)。

(2) 退休人员。①2001 年 1 月 1 日后退休人员,门急诊自负段标准调整为 300 元(原 700 元)。超过部分由统筹基金按下列标准支付:在一级医疗机构门诊急诊的,统筹基金支付 85%(原小于 69 岁 80%,70 岁以上 85%);在二级医疗机构门诊急诊的,统筹基金支付 80%(原小于 69 岁 75%,70 岁以上 80%);在三级医疗机构门诊急诊的,统筹基金支付 75%(原小于 69 岁 70%,70 岁以上 75%)。②2000 年 12 月 31 日前退休人员,门急诊自负段标准调整为 200 元(原 300 元)。超过部分由统筹基金按下列标准支付:在一级医疗机构门诊急诊的,统筹基金支付 90%;在二级医疗机构门诊急诊的,统筹基金支付 85%;在三级医疗机构门诊急诊的,统筹基金支付 80%。(保持不变)

3. 个人账户使用范围

2022 年 7 月 1 日起,分步扩大个人账户使用范围。个人账户可以用于支付参保人员本人及其配偶、父母、子女在定点医疗机构就医发生的由个人负担的医疗费用,以及在定点零售药店购买药品、医疗器械、医用耗材发生的由个人负担的费用。

4. 特殊说明

(1) 门诊费用报销是没有限额的,超过起付线花费多少按比例报多少。

(2) 对于在职职工而言,先扣除的是当期账户金(本年度账户),再计算起付线,超过起付线扣除医保报销之后个人自付部分可以使用历年账户金支付。

(3) 上海个人账户的历年账户金是可以用于购买商业保险的。

## 六、失业保险

1. 失业保险制度概述

失业保险制度是为了保障失业人员失业期间的基本生活,促进失业人员再就业而建立起来的一种社会保障制度。该制度主要涉及失业保险基金的建立和管理以及失业保险待遇等内容。

2. 失业登记

具有本市户籍或非本市户籍城镇常住的劳动者,在法定劳动年龄内,有就业要求的,应当办理失业登记。非本市户籍城镇常住的劳动者是指在本市稳定居住和稳定就业满6个月外地城镇户籍劳动者。

3. 领取失业保险待遇的条件

同时具备下列条件的失业人员,可按规定领取失业保险待遇:

(1) 在法定劳动年龄内非因本人意愿中断就业。

(2) 具有本市户籍或非本市户籍城镇常住人员。

(3) 本人在职期间按照规定足额缴纳失业保险费。

(4) 非本人意愿解除、终止劳动关系前缴纳失业保险费满1年。

(5) 办理失业登记手续和失业保险待遇申领手续,并有求职要求。

4. 领取失业保险待遇的期限

失业人员领取失业保险待遇的期限,根据其失业前累计缴纳失业保险费的年限(扣除已领取失业保险待遇的缴纳失业保险费的年限)计算,具体为:

(1) 累计缴费满1年不满2年的,领取期限为2个月。

(2) 累计缴费2年以上的,缴费每增加1年,领取期限增加2个月。

(3) 累计缴费满1年不满5年的,领取期限最长为12个月。

(4) 累计缴费满5年不满10年的,领取期限最长为18个月。

(5) 累计缴费10年以上的,领取期限最长为24个月。

根据上海失业保险政策规定,领取失业保险金或失业补助金期满时,距法定退休年龄两年或不足两年,经就业服务机构多次职业介绍,确属非主观原因不能重新就业的失业人员可以申请延长领取失业金。

5. 享受待遇项目

(1) 失业保险金(失业人员在领取失业保险金期间才能享受到其他各项待遇)。

(2) 失业人员在领取生育保险金期间,患病或生育到指定医院就诊的,可以按规定享受医疗保险和生育保险待遇。

(3) 失业人员在领取失业保险金期间死亡的,其家属可以申领丧葬补助费、供养直系亲属一次性抚恤金。

(4) 失业人员在领取失业保险金期间开办私营企业、从事个体经营或自行组织起来就业的,可以一次性领取剩余期限的失业保险金,作为扶持生产的资金。

(5) 失业补助金(连续缴纳失业保险费不满1年,生活确有特殊困难的失业人员,失业补助金的标准为本市当年城镇居民最低生活保障标准)。

(6) 免费接受职业指导、职业培训等就业服务。

6. 失业保险金标准

按每年公布标准执行。本市自2023年7月1日起,对失业保险金支付标准进行调整,具体为:第1~12个月支付标准为2175元/月;第13~24个月支付标准为1740元/月;延长领取支付标准为1510元/月。

7. 享受待遇停止

失业人员在领取失业保险金期间有下列情形之一的,停止领取失业保险金,并同时停止享受其他失业保险待遇:

(1) 重新就业的。

(2) 应征服兵役的。

(3) 移居境外的。

(4) 享受基本养老保险待遇的。

(5) 考入全日制中等以上学校学习的。

(6) 无正当理由,拒不接受公共就业服务机构介绍的适当工作或者提供的培训的。

8. 失业保险待遇申领程序

(1) 用人单位与就业人员解除或终止劳动关系后,需告知其领取失业保险相关待遇的权利,并出具解除或终止劳动关系证明。

(2) 解除或终止劳动关系15日内,用人单位需将失业人员名单、缴费记录、解除或者终止劳动关系证明上报本市区就业服务机构备案。

(3) 失业人员自解除或终止劳动关系之日起30日内,持用人单位开具的解除或者终止劳动关系的证明和身份证明,到户籍所在地的区就业服务机构办理失业登记和失业保险金申领手续。

(4) 区就业服务机构收到失业登记申请后10日内,对失业人员资格进行审核,并将审核的结果告知本人。

(5) 对于符合享受失业保险待遇条件的失业人员,区就业服务机构开具领取失业保险金凭证,由失业人员凭借凭证到指定银行领取失业保险金。

9. 失业保险待遇申领的具体操作

可以通过网上申领渠道申领失业保险金,本市平台包括:移动客户端"上海人社"App、"随申办"App及"随申办"微信、支付宝小程序等;全国统一平台有:国家社会保险公共服务平台(http://si.12333.gov.cn)及相关的移动客户端。

## 七、工伤保险

### (一) 工伤保险制度概述

工伤保险制度是保障劳动者在工作中遭受事故伤害和患职业病后获得医疗救治、经济补偿和职业康复的权利以及分散工伤风险,促进工伤预防的一项社会保障制度。该制度包括工伤的范围及其认定、劳动鉴定和工伤评残、工伤保险待遇、工伤保险基金建立和管理、工伤预防和职业康复等内容。

## (二)工伤保险的认定流程

职工发生事故伤害或者按照职业病防治法规定被诊断、鉴定为职业病,所在单位应当自事故伤害发生之日或者被诊断、鉴定为职业病之日起30日内,向统筹地区社会保险行政部门提出工伤认定申请。遇有特殊情况,经报社会保险行政部门同意,申请时限可以适当延长。

用人单位未按《工伤保险条例》规定提出工伤认定申请的,工伤职工或者其近亲属、工会组织在事故伤害发生之日或者被诊断、鉴定为职业病之日起1年内,可以直接向用人单位所在地统筹地区社会保险行政部门提出工伤认定申请。

用人单位依照《工伤保险条例》规定应当参加工伤保险而未参加的,由社会保险行政部门责令改正;未参加工伤保险期间用人单位职工发生工伤的,由该用人单位按照《工伤保险条例》规定的工伤保险待遇项目和标准支付费用。

超过1年申请期限的特别规定。根据《最高人民法院关于审理工伤保险行政案件若干问题的规定》,由于不属于职工或者其近亲属自身原因超过工伤认定申请期限的,被耽误的时间不计算在工伤认定申请期限内。

有下列情形之一耽误申请时间的,应当认定为不属于职工或者其近亲属自身原因:
(1) 不可抗力。
(2) 人身自由受到限制。
(3) 属于用人单位原因。
(4) 社会保险行政部门登记制度不完善。
(5) 当事人对是否存在劳动关系申请仲裁、提起民事诉讼。

## (三)工伤保险的认定范围

职工有下列情形之一的,应当认定为工伤:
(1) 在工作时间和工作场所内,因工作原因受到事故伤害的。
(2) 工作时间前后在工作场所内,从事与工作有关的预备性或者收尾性工作受到事故伤害的。
(3) 在工作时间和工作场所内,因履行工作职责受到暴力等意外伤害的。
(4) 患职业病的。
(5) 因工外出期间,由于工作原因受到伤害或者发生事故下落不明的。
(6) 在上下班途中,受到非本人主要责任的交通事故或者城市轨道交通、客运轮渡、火车事故伤害的。
(7) 法律、行政法规规定应当认定为工伤的其他情形。

同时,根据《工伤保险条例》第十五条的规定,职工有下列情形之一的,视同工伤:
(1) 在工作时间和工作岗位,突发疾病死亡或者在48小时之内经抢救无效死亡的。
(2) 在抢险救灾等维护国家利益、公共利益活动中受到伤害的。
(3) 职工原在军队服役,因战、因公负伤致残,已取得革命伤残军人证,到用人单位后旧伤复发的。

有下列情形之一的,不得认定为工伤或者视同工伤:
(1) 故意犯罪的。
(2) 醉酒或者吸毒的。
(3) 自残或者自杀的。

## (四)工伤认定需要提交的材料

根据《工伤认定办法》的规定,提出工伤认定申请应当填写《工伤认定申请表》,并提交下列材料：劳动、聘用合同文本复印件或者与用人单位存在劳动关系（包括事实劳动关系）、人事关系的其他证明材料；医疗机构出具的受伤后诊断证明书或者职业病诊断证明书（或者职业病诊断鉴定书）。

### （五）工伤认定的受理时间

社会保险行政部门收到工伤认定申请后，应当在15日内对申请人提交的材料进行审核，材料完整的，作出受理或者不予受理的决定。

材料不完整的，应当以书面形式一次性告知申请人需要补正的全部材料。社会保险行政部门收到申请人提交的全部补正材料后，应当在15日内作出受理或者不予受理的决定。

社会保险行政部门决定受理的，应当出具《工伤认定申请受理决定书》；决定不予受理的，应当出具《工伤认定申请不予受理决定书》。

### （六）工伤决定书的出具时间

社会保险行政部门应当自受理工伤认定申请之日起60日内作出工伤认定决定，出具《认定工伤决定书》或者《不予认定工伤决定书》。

社会保险行政部门对于事实清楚、权利义务明确的工伤认定申请，应当自受理工伤认定申请之日起15日内作出工伤认定决定。

社会保险行政部门应当自工伤认定决定作出之日起20日内，将《认定工伤决定书》或者《不予认定工伤决定书》送达受伤害职工（或者其近亲属）和用人单位，并抄送社会保险经办机构。

### （七）停工留薪期

职工因工作遭受事故伤害或者患职业病需要暂停工作接受工伤医疗的，在停工留薪期内，原工资福利待遇不变，由所在单位按月支付。停工留薪期一般不超过12个月。伤情严重或者情况特殊，经设区的市级劳动能力鉴定委员会确认，可以适当延长，但延长不得超过12个月。工伤职工评定伤残等级后，停发原待遇，按照《工伤保险条例》的有关规定享受伤残待遇。工伤职工在停工留薪期满后仍需治疗的，继续享受工伤医疗待遇。

生活不能自理的工伤职工在停工留薪期需要护理的，由所在单位负责。

### （八）劳动能力鉴定

职工发生工伤，经治疗伤情相对稳定后存在残疾、影响劳动能力的，应当进行劳动能力鉴定。劳动能力鉴定由用人单位、工伤职工或者其近亲属向设区的市级劳动能力鉴定委员会提出申请，并提供工伤认定决定和职工工伤医疗的有关资料。

### （九）工伤保险待遇

1. 工伤保险基金支付的费用

因工伤发生的下列费用，按照国家规定从工伤保险基金中支付：

（1）治疗工伤的医疗费用和康复费用。

（2）住院伙食补助费。

（3）到统筹地区以外就医的交通食宿费。

（4）安装配置伤残辅助器具所需费用。

（5）生活不能自理的，经劳动能力鉴定委员会确认的生活护理费。

（6）一次性伤残补助金和1~4级伤残职工按月领取的伤残津贴。

（7）终止或者解除劳动合同时，应当享受的一次性医疗补助金。

（8）因工死亡的，其遗属领取的丧葬补助金、供养亲属抚恤金和因工死亡补助金。

（9）劳动能力鉴定费。

2. 一次性伤残补助金

因工致残被鉴定为一至十级的工伤人员都可以享受一次性伤残补助金,根据伤残等级支付,见表4-11。

表4-11 一次性伤残补助金计发标准

| 伤残等级 | 支付标准 | 伤残等级 | 支付标准 |
| --- | --- | --- | --- |
| 一级伤残 | 27个月的工伤人员本人工资 | 六级伤残 | 16个月的工伤人员本人工资 |
| 二级伤残 | 25个月的工伤人员本人工资 | 七级伤残 | 13个月的工伤人员本人工资 |
| 三级伤残 | 23个月的工伤人员本人工资 | 八级伤残 | 11个月的工伤人员本人工资 |
| 四级伤残 | 21个月的工伤人员本人工资 | 九级伤残 | 9个月的工伤人员本人工资 |
| 五级伤残 | 18个月的工伤人员本人工资 | 十级伤残 | 7个月的工伤人员本人工资 |

3. 一次性工伤医疗补助金

工伤职工因工致残被鉴定为五、六级伤残,经工伤职工本人提出,与用人单位解除或者终止劳动关系的;以及工伤职工因工致残被鉴定为七至十级伤残,劳动合同期满终止或者职工本人提出解除劳动合同的,由工伤保险基金一次性支付的医疗保障费用。

职工因工致残被鉴定为五至十级的,经工伤人员本人提出与用人单位解除劳动关系,且解除劳动关系时距法定退休年龄不足5年的,不足年限每减少1年,一次性工伤医疗补助金递减20%,但属于《中华人民共和国劳动合同法》第三十八条规定的情形除外。

一次性工伤医疗补助金计发标准=计发月数×上年度本市城镇单位就业人员月平均工资,计发月数见表4-12。

表4-12 一次性工伤医疗补助金计发标准

| 伤残等级 | 计发月数 | 伤残等级 | 计发月数 |
| --- | --- | --- | --- |
| 五级伤残 | 18个月 | 八级伤残 | 9个月 |
| 六级伤残 | 15个月 | 九级伤残 | 6个月 |
| 七级伤残 | 12个月 | 十级伤残 | 3个月 |

4. 因工死亡待遇标准

职工因工死亡,其近亲属按照下列规定从工伤保险基金领取丧葬补助金、供养亲属抚恤金和一次性工亡补助金:

(1)丧葬补助金为6个月的统筹地区上年度职工月平均工资。

(2)供养亲属抚恤金按照职工本人工资的一定比例发给由因工死亡职工生前提供主要生活来源、无劳动能力的亲属。核定的各供养亲属的抚恤金之和不应高于因工死亡职工生前的工资。标准为:配偶每月40%,其他亲属每人每月30%,孤寡老人或者孤儿每人每月在上述标准的基础上增加10%。核定的各供养亲属的抚恤金之和不应高于因工死亡职工生前的工资;供养亲属是指该职工的配偶、子女、父母、祖父母、外祖父母、孙子女、外孙子女、兄弟姐妹;申领供养亲属抚恤金,还需符合《因工死亡职工供养亲属范围规定》第三条规定的条件。

具体计算公式为:

配偶:死者本人工资×40%(按月支付);

其他亲属:死者本人工资×30%(每人每月);

孤寡老人或孤儿:上述标准的基础上增加10%;

初次核定时上述抚恤金之和应≤职工月工资(按月计算)。

(3) 一次性工亡补助金标准为上一年度全国城镇居民人均可支配收入的20倍。

5. 停止享受工伤保险待遇的情形

工伤职工有下列情形之一的,停止享受工伤保险待遇:

(1) 丧失享受待遇条件的。

(2) 拒不接受劳动能力鉴定的。

(3) 拒绝治疗的。

## 八、生育保险

### (一) 生育保险制度概述

生育保险制度是为了维护女职工的合法权益,保障女职工在生育期间得到必要的经济补偿和医疗保健而建立起来的一种社会保障制度。本市提倡适龄婚育、优生优育,一对夫妻可以生育3个子女。

### (二) 关于本市女职工产假期限

本市女职工生育享受98天产假,其中产前可以休假15天;难产的,增加产假15天;生育多胞胎的,每多生育1个婴儿,增加产假15天;符合法律法规规定生育的,除享受规定产假外,另享受生育假60天。

本市女职工怀孕未满4个月流产的,享受产假15天;怀孕满4个月流产的,享受产假42天。

生育假享受产假同等待遇。生育假一般应当与产假合并连续使用。产假包括休息日和法定节假日;生育假包括休息日,遇法定节假日顺延。

### (三) 关于本市女职工产假待遇

本市女职工符合计划生育规定生育或者流产的,按照以下规定享受生育生活津贴:

参加本市城镇生育保险的女职工生育或者流产的,其生育生活津贴按照女职工所在用人单位上年度职工月平均工资除以30天再乘以应享受的产假天数计发,所需资金由本市城镇生育保险基金支付;

本市女职工享受的生育生活津贴低于本人产假前工资标准的,按照《中华人民共和国妇女权益保障法》《女职工劳动保护特别规定》规定应由用人单位进行补差;

未参加本市城镇生育保险的女职工生育或者流产的,其生育生活津贴按照女职工产假前工资标准和应享受的产假天数计发,所需资金由用人单位支付。

2012年4月28日《女职工劳动保护特别规定》实施后生育或者流产的本市女职工生育保险待遇,参照执行。

提示:

(1) 从业妇女所在单位需已申报上年度职工月平均工资。

(2) 女职工生产或者流产前12个月内变动工作单位的,其月生育生活津贴按照其生产或流产前12个月内所工作的各用人单位上年度职工月平均工资的加权平均数除以30天再乘以应享受的产假天数计发。

其中:女职工生产或者流产时所在用人单位的上年度职工月平均工资高于本市上年度全市职工月平均工资300%的,按300%计发;低于本市上年度全市职工月平均工资60%的,按60%计发。

(3) 符合规定条件的从业的生育妇女在领取生育生活津贴期限内,其所在单位不再支付产假工资,但对因本人上一年度月平均工资收入高于全市职工月平均工资300%、超过部分不计入缴费基数而不足其缴费年度工资性收入的,不足部分应由所在单位以生育生活津贴的形式支付。

(4)符合规定条件、因特殊情况在外省市医疗机构生产的生育妇女,申请享受生育保险待遇时须提供当地县级以上医疗机构出具的生产情况证明和婴儿出生证明。

(5)符合规定条件的非本市城镇户籍的生育妇女,申请享受生育保险待遇时须提供户籍所在地的相关部门出具的计划生育证明和现居住地相关部门出具的《申请享受生育保险待遇计划生育审核表》。

(6)符合规定条件的生育妇女生产或者流产时不幸死亡的(以《生育医学证明》为准),仍可按规定享受生育医疗费补贴和生育生活津贴,生育生活津贴的享受期限应计算至死亡当月。

符合享受生育保险待遇条件的生育妇女办理申领手续时需填写《办理生育保险待遇申请表》并提供下列材料:

(1)生育妇女本人身份证及本人实名制的银行存折(原件及复印件)。

(2)医疗机构出具的《生育医学证明》。

(3)生育妇女夫妻双方的户口簿、结婚证或《独生子女证》。

经批准再生育的,另需提供市或者区、县人口和计划生育行政部门出具的生育批准书。

失业的生育妇女另需提供经失业保险机构审核的《劳动手册》。

参加本市农村社会保险的生育妇女,另需提供本人农保账户所在地的区、县农村社会养老保险事业管理中心出具的《生育保险待遇申领表(农保)》。

非本市户籍的生育妇女,另需提供户籍所在地的县级人民政府计划生育行政部门或者乡(镇)人民政府、街道办事处出具的允许生育的证明。

符合享受生育保险待遇条件的生育妇女生产或流产后可以委托他人办理申领手续,被委托人另需提供本人的身份证(原件和复印件)和委托人的委托书。

各区、县社会保险经办机构应当加强生育保险待遇申领工作的审核,及时将生育妇女的《生育医学证明》复印件及其户籍地址通报给所在地的相关部门。各相关部门应当加强生育保险待遇申领工作的事后监督,如发现计划外生育的妇女冒领或骗领生育保险待遇的,应积极配合人力资源社会保障部门查处。

按本市企业职工最低月工资标准享受生育生活津贴的,在规定的享受期限内适逢本市企业职工最低月工资标准调整的,享受期限内的月生育生活津贴全部按就高的原则执行。

从业的生育妇女在领取生育生活津贴期间,所在单位和个人仍应按规定缴纳社会保险费。单位在确定个人下一年度月缴费基数时,应将生育妇女按规定享受的生育生活津贴和享受生育生活津贴的期限剔除计算。

参加本市生育保险,且符合国家法律法规和本市相关规定条件的女职工生育、流产的,可以按规定向本市社会保险经办机构申领生育保险待遇。

女职工生育、流产当月用人单位为其累计缴纳生育保险费满12个月或者连续缴纳生育保险费满9个月的,其生育生活津贴由生育保险基金全额支付。

女职工生育、流产当月用人单位为其累计缴纳生育保险费不满12个月且连续缴纳生育保险费不满9个月的,其生育生活津贴由生育保险基金按已缴费月数除以12后所得的比例支付,剩余部分由女职工生育、流产当月所在用人单位先行支付;用人单位为该职工累计缴费满12个月或者连续缴费满9个月后,可向社会保险经办机构申请拨付已先行支付的费用。

符合规定条件生育或者流产的妇女,按照下列标准享受生育医疗费补贴:

(1)生育的,生育医疗费补贴按3 600元计发。

(2)妊娠4个月以上(含4个月)自然流产的,生育医疗费补贴按600元计发;妊娠不满4个月自然流产的,生育医疗费补贴按400元计发。

### (四)育儿假

符合法律法规规定生育的夫妻,在其子女年满3周岁之前,双方每年可以享受育儿假各5天。育儿假期间的工资,按照本人正常出勤应得的工资发给。

## 九、外国人及中国港澳台地区人员缴纳社会保险规定

### (一)外国人缴纳社会保险规定

外国人在中国境内就业的,参照《社会保险法》规定参加社会保险。在中国境内依法注册或者登记的企业、事业单位、社会团体、民办非企业单位、基金会、律师事务所、会计师事务所等组织(以下统称用人单位)依法招用的外国人,应当依法参加职工基本养老保险、职工基本医疗保险、工伤保险、失业保险和生育保险,由用人单位和本人按照规定缴纳社会保险费。

具有与我国签订社会保险缴费双边或多边协议(或协定,以下简称协议)国家国籍的就业人员,在其依法获得在我国境内就业证件3个月内提供协议国出具参保证明的,应按协议约定免除其约定险种在约定期限内的缴费义务。对于依法获得在我国境内就业证件3个月后不能提供协议国出具的参保证明的,应按规定征收社会保险费并收取相应的滞纳金。对于协议之外的险种以及协议约定险种超过约定期限的,应要求其按规定缴纳社会保险费。截至目前,我国已与德国、韩国、丹麦、芬兰、加拿大、瑞士、荷兰、西班牙、卢森堡、日本、塞尔维亚等国签订了双边社保协定。例如,德国公民和韩国公民在我国境内就业的,提供参保证明,可以分别不参加基本养老保险、失业保险(德国)和基本养老保险(韩国)。

### (二)中国港澳台地区人员缴纳社会保险规定

在内地(大陆)就业、居住和就读的中国港澳台地区人员依法参加社会保险和享受社会保险待遇的合法权益,中国港澳台地区人员参加社会保险简表如表4-13所示。在内地(大陆)依法注册或者登记的企业、事业单位、社会组织、有雇工的个体经济组织等用人单位(以下统称用人单位)依法聘用、招用的中国港澳台地区居民,应当依法参加职工基本养老保险、职工基本医疗保险、工伤保险、失业保险和生育保险,由用人单位和本人按照规定缴纳社会保险费。中国港澳台地区居民办理社会保险的各项业务流程与内地(大陆)居民一致。已在中国香港、澳门和台湾地区参加当地相关社会保险,并继续保留社会保险关系的中国港澳台地区居民,可持相关授权机构出具的证明,不在内地(大陆)参加养老保险和失业保险。

表4-13 中国港澳台地区人员参加社会保险简表

| 主体 | | 社保范围 | 是否强制 |
|---|---|---|---|
| 就业 | 依法注册或者登记的企业、事业单位、社会组织、有雇工的个体经济组织等用人单位 | (1)职工基本养老保险<br>(2)职工基本医疗保险<br>(3)工伤保险<br>(4)失业保险<br>(5)生育保险 | 应当参加 |
| | 从事个体工商经营(但无雇员)的人员 | (1)职工基本养老保险<br>(2)职工基本医疗保险 | 可以选择参加上述"五险",也可以参加左侧"两险" |
| | 灵活就业且办理了港澳台居民居住证的人员 | | |

(续表)

| 主体 | | 社保范围 | 是否强制 |
|---|---|---|---|
| 未就业 | 未就业,但居住在内地(大陆)且办理了港澳台居民居住证的人员 | (1) 城乡居民基本养老保险<br>(2) 城乡居民基本医疗保险 | 可以参加 |
| | 在读大学生 | 城乡居民基本医疗保险 | 可以参加 |

**员工签署了放弃缴纳社保的申明,公司不给员工缴纳社保合法吗?**

2021年3月,黄先生入职一家公司,双方签订了为期3年的劳动合同。入职该公司后,黄先生因个人原因签署了一份放弃社保声明,内容明确说明由于本人(黄先生)的原因,主动放弃在当地办理社会保险,在职期间及离职以后都不会再要求公司为本人补办社会保险,因此而引起的一切后果也由黄先生本人负责。

因签署了这份放弃社保申明,该公司就没有为黄先生缴纳社会保险费,而是每月以单位缴纳数额的2/3向黄先生发放社保补助。然而2022年10月份,由于黄先生与单位产生了矛盾,因此黄先生想要辞职,单位则拒绝支付解约赔偿费。

**员工签署了放弃缴纳社保的申明,公司不给员工缴纳社保合法吗?**

2021年3月,黄先生入职一家公司,双方签订了为期3年的劳动合同。入职该公司后,黄先生因个人原因签署了一份放弃社保声明,内容明确说明由于本人(黄先生)的原因,主动放弃在当地办理社会保险,在职期间及离职以后都不会再要求公司为本人补办社会保险,因此而引起的一切后果也由黄先生本人负责。

因签署了这份放弃社保申明,该公司就没有为黄先生缴纳社会保险费,而是每月以单位缴纳数额的2/3向黄先生发放社保补助。然而2022年10月份,由于黄先生与单位产生了矛盾,因此黄先生想要提出被迫离职,单位则拒绝支付经济补偿金。

在实际用工中,难免有员工对于缴纳社保的意识不强,更加倾向于领取到现金,而企业也需要降低成本,在这样的背景下劳资双方易达成不缴纳社保的合意,即员工放弃缴纳社保、企业给予现金补贴,双方"互惠互利"。然而,社会保险费的缴纳具有法定性和强制性,是用人单位和劳动者的法定义务,当事人不能通过约定或者其他方式自行放弃。用人单位与职工约定或者劳动者自愿放弃社保的协议是违反法律规定的行为,协议是无效的,而基于诚信原则,本案中公司已每月支付社保补贴,法院不支持公司支付经济补偿金。

## 十、社会保险网上自助经办平台操作实务

### (一) 首页事项查询

首页可查询待办事项、办理中事项、已办事项。

点击所需查询事项,系统会显示各事项办理进度与结果,点击"查看",可看到事项详情以及操作流程,在右侧可打印相关文件,如图4-1、图4-2和图4-3所示。

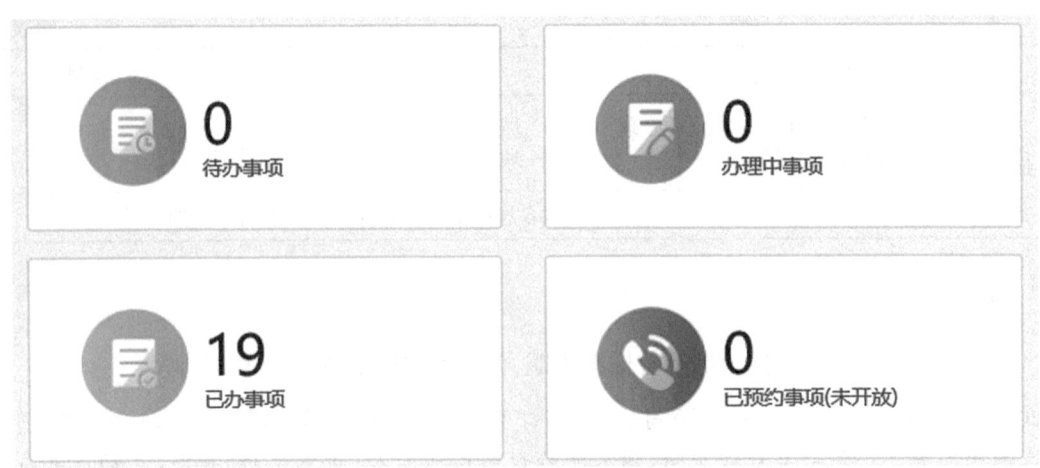

图 4-1　首页事项查询

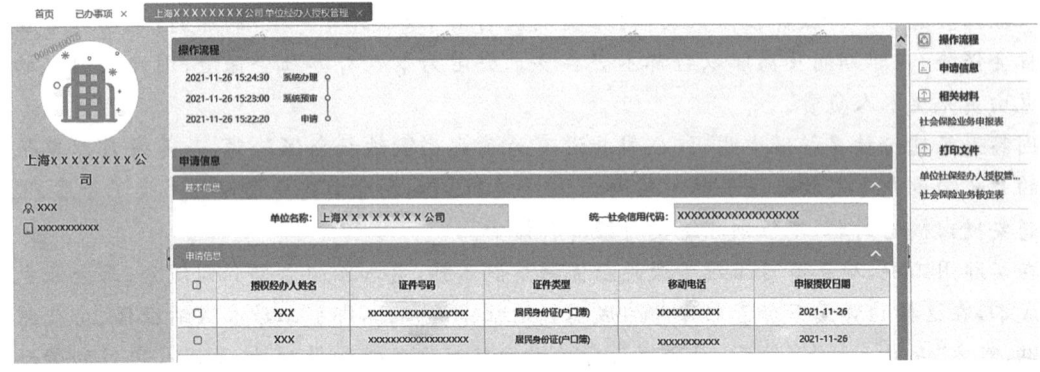

图 4-2　已办事项

图 4-3　事项详情及操作流程

## （二）单位经办人授权管理

为保障单位和员工的信息安全，对单位经办人实行授权管理制，经办人须经单位授权登记后，方可代表单位办理社保事务。

1. 信息录入

点击"增加"按钮，增加单位经办人（一般情况下每户单位不超过 3 人，大单位不超过 10 人），选择证件类型，输入证件号码、授权经办人姓名、移动电话，点击"确认"，成功录入经办人信息，如图 4-4 和图 4-5 所示。

2. 资料上传

勾选可授权的经办人，并点击"下一步"，完成资料上传，如图 4-6 所示。

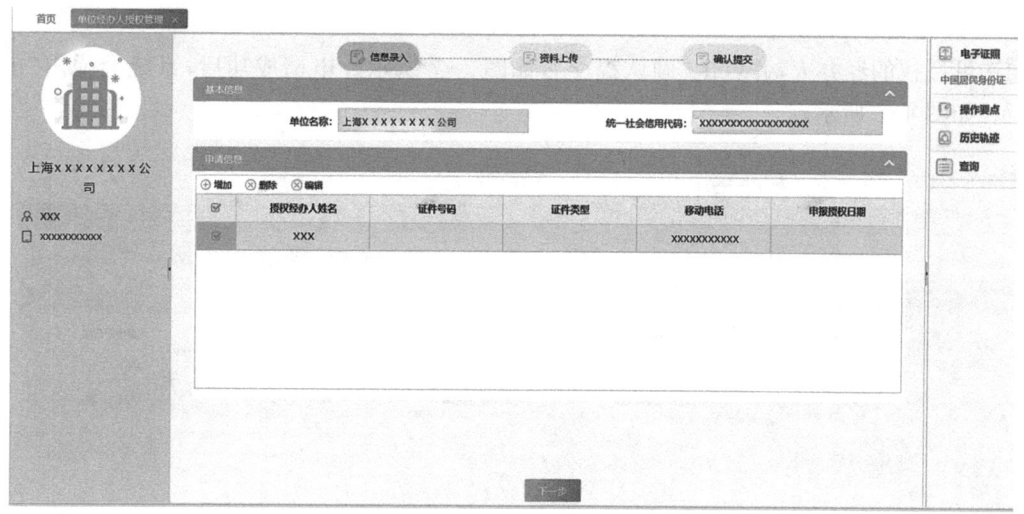

图 4-4 增加单位经办人

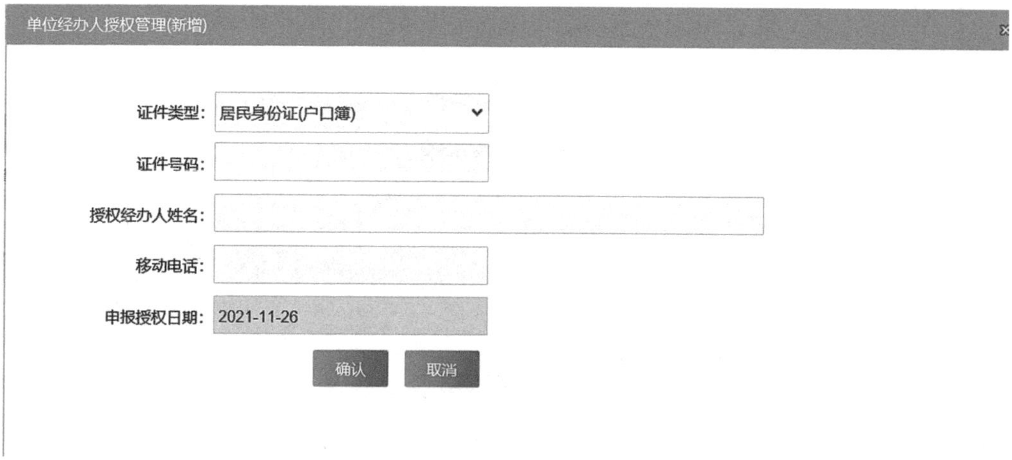

图 4-5 单位经办人信息

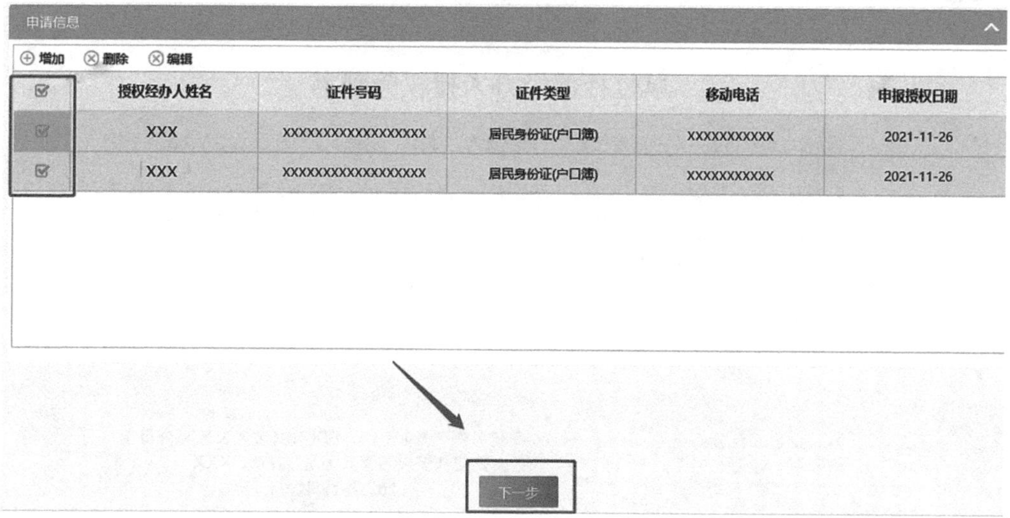

图 4-6 资料上传

第四章 社会保险制度 / 61

3. 确认提交

勾选可授权的经办人,并点击"确认提交",如图4-7所示。申请成功后,系统会弹出"申请成功"提示,如图4-8所示。

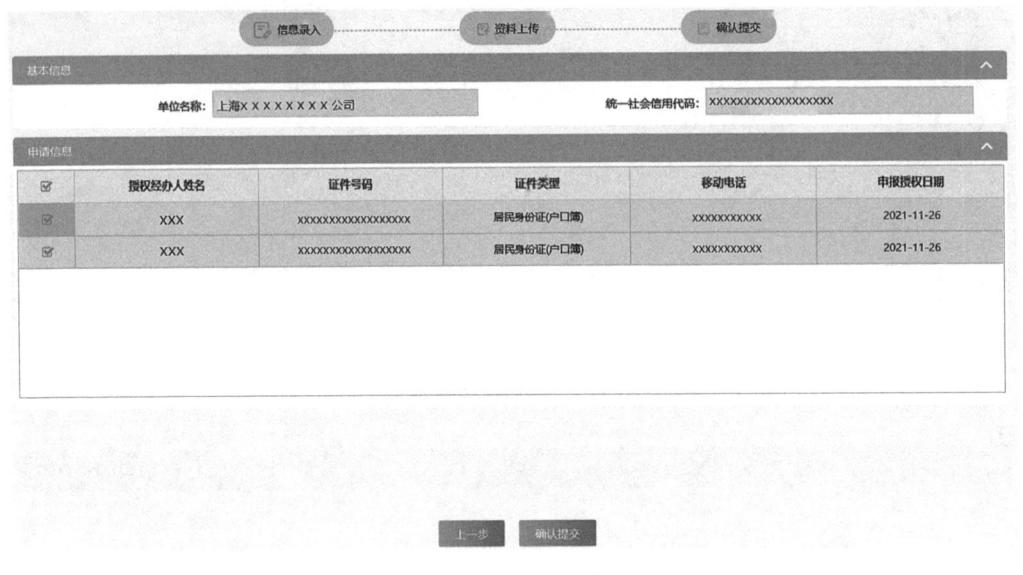

图 4-7　确认提交

图 4-8　申请成功

### (三) 登记与缴费变更申报

#### 1. 就业参保登记

新员工入职,需在"一窗通"平台办理就业参保登记,点击"办理就业参保",可开始办理就业参保登记。

"企业员工就业参保登记"的办理范围为本市所有企业(含有雇工的个体工商户)、社会团体、民办非企业、基金会、民政福利企业、律师事务所等参照企业进行登记缴费的单位。办理条件为与用人单位签订全日制劳动合同的本市与外省市户籍人员,男性未满60周岁、女性未满55周岁(外省市户籍女性超过50周岁的,不属于办理范围),缴纳险种为本市城镇职工社会保险规定的所有险种("四险")。

单位线上办理"企业员工就业参保登记"时,同时符合就业、社保办理条件的,当场办结并反馈办理结果;因存在当月退工记录或社保未转出等情形的,后续将根据社保状态变化情况予以办理,并反馈办理结果,单位可通过自助经办平台跟踪办理进度、查询办理结果。单位无法通过线上办理"企业员工就业参保登记"的,可携带加盖公章的"上海市单位招用劳动者就业参保登记表"至指定的窗口柜面办理。对于不属于"企业员工就业参保登记"办理范围内的人员(如外籍人员),仍按原要求前往指定区办理相关手续。单位办理"企业员工就业参保登记"后,因信息录入错误等原因申请重新办理或者撤销此项业务的,可填写"就业参保登记撤销申请"后至指定区就促中心或社保分中心办理相关手续。

输入员工证件号码和姓名,点击"登记"。系统核查个人信息,是否在网上可直接办理,若人员信息不存在则提示单位办理人员进行基本信息采集和维护。填写员工个人信息,也可修改个人的联系电话、联系地址、联系地址邮编。确认无误后录入就业参保信息,输入员工月收入即当年度社保基数;选择就业起始日期以及本次劳动合同起止日期(社保缴纳月份根据就业日期自动生成,如就业起始日期为上月末,员工上月也未缴纳社保,则自动补缴上月社保);勾选用工形式"全日制";选择职业工种,输入关键字进行查询,点击选择相符的职业;确认员工是否为劳务派遣,如果是劳务派遣员工,则选择派遣去向及派遣期限;确认无误后点击"下一步",如图4-9所示。

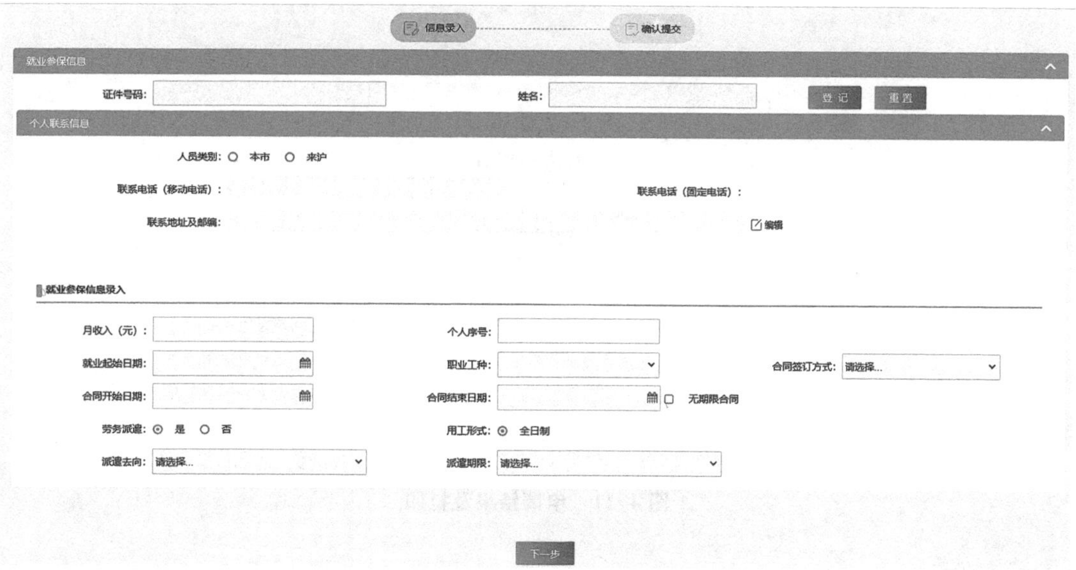

图 4-9 就业参保员工信息

系统会再次确认员工信息，如确认无误，则点击"确认提交"，提交后，系统会显示"申请成功"，则完成就业参保登记，可直接打印《企业员工就业参保登记业务核定表》，如图 4-10 至图 4-12 所示。

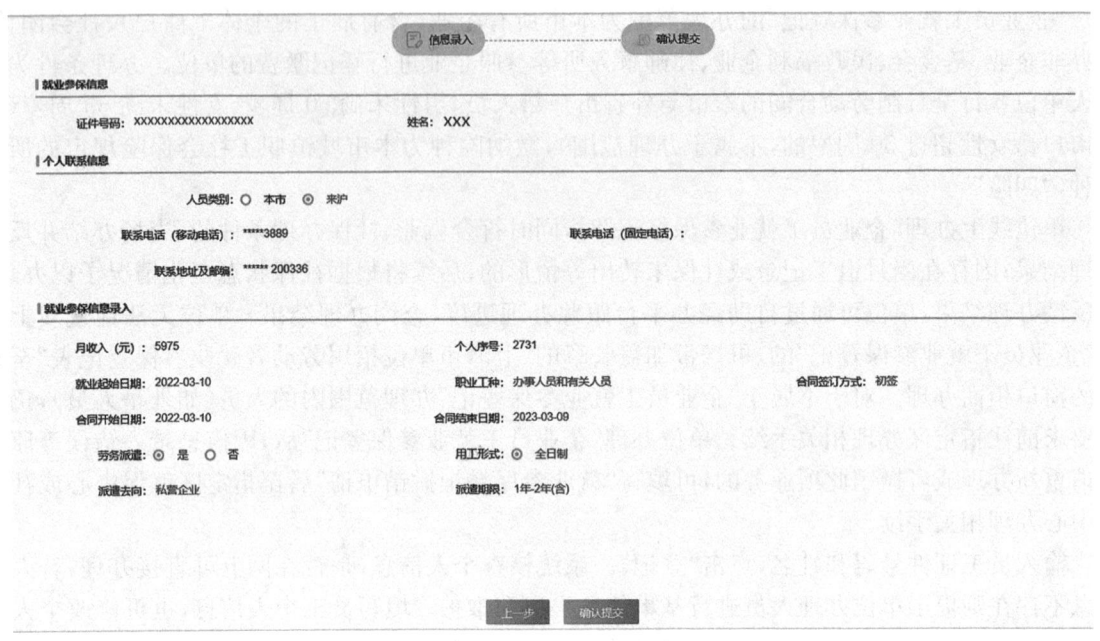

图 4-10　确认员工信息

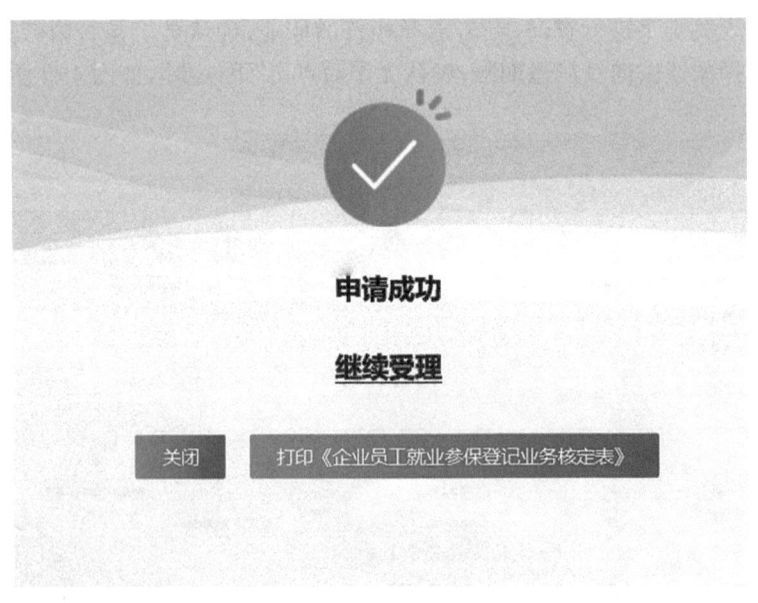

图 4-11　申请结果及打印

统一编码：
业务流水号：xxxxxxxxxxxxxx

## 企业员工就业参保登记业务核定表

**申报事项/内容：企业员工就业参保登记**

单位名称：上海XXXXXXXXX公司
社会保险码：xxxxx　　　　　　　　统一社会信用代码：xxxxxxxxxxxxxxxxxx
姓名：XXX
证件类型：居民身份证(户口簿)　　　证件号码：xxxxxxxxxxxxxxxxxx

| 类型 | 申报项目 | 申报/调整信息(元) |
|---|---|---|
| （一）参保信息 | 个人序号 | 1005702649 |
|  | 缴费起始年月 | 202202 |
|  | 月缴费基数 | 5975 |
|  | 参保类型 | 参加本市社会保险缴费（四险） |
| （二）就业登记信息 | 就业起始年月日 | 20220221 |
|  | 用工形式 | 全日制 |
|  | 职业工种 | 办事人员和有关人员 |
|  | 是否劳务派遣 | 是 |
|  | 移动电话 | 180XXXX6696 |
|  | 联系电话 |  |
| （三）个人缴费额 | 养老保险个人部分月缴费额 | 478 |
|  | 医疗保险个人部分月缴费额 | 119.5 |
|  | 失业保险个人部分月缴费额 | 29.9 |
| （四）补缴信息 | 1、补缴起止时间 | 2022年02月-2022年02月 |
|  | 补缴月数 | 1 |
|  | 缴费基数 | 5975 |

核定日期：2022年02月07日

图4-12　企业员工就业参保登记业务核定表

### 2. 退工登记

员工离职后，需在自主经办平台办理退工登记。

输入离职员工的身份证号码以及姓名，进行退工登记，如图4-13所示。如该员工在公司人员库内，则可办理退工登记。

校验成功后，系统会显示该员工的人员类别、用工形式、就业起始日期。选择解除或终止日期，即该员工离职日期；选择退工原因，为解除合同或终止合同；确认后点击"下一步"，再次确认所填内容是否有误，无误后点击"确认提交"，则申请成功，如图4-14和图4-15所示。

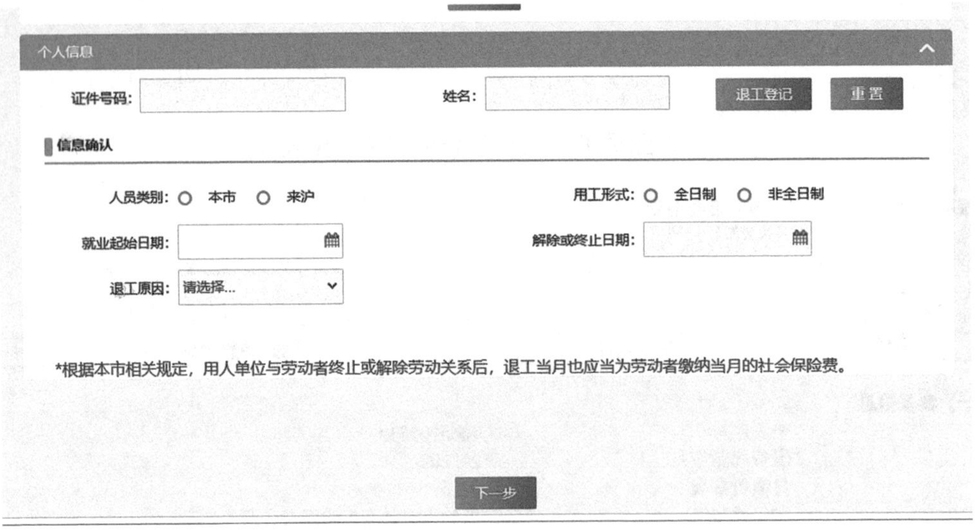

图 4-13　离职员工信息

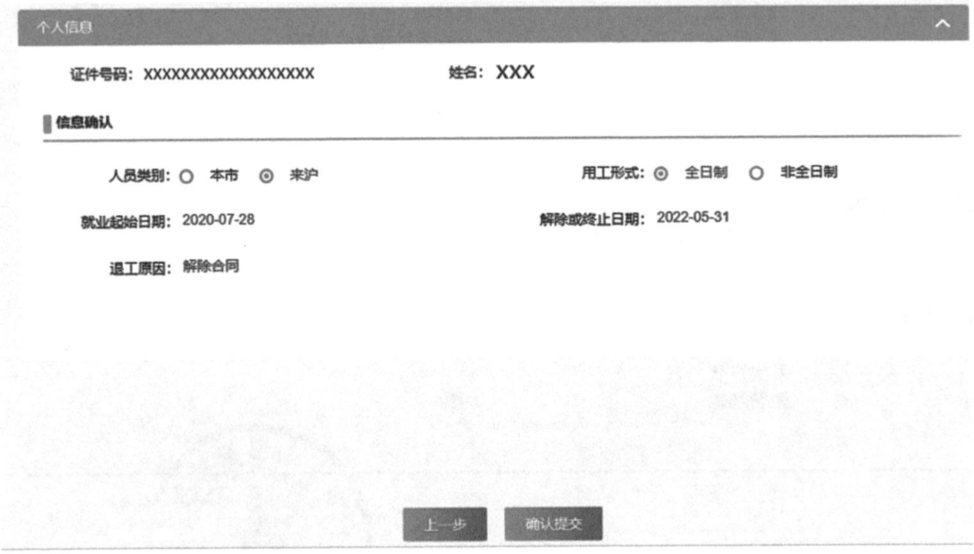

图 4-14　确认员工信息

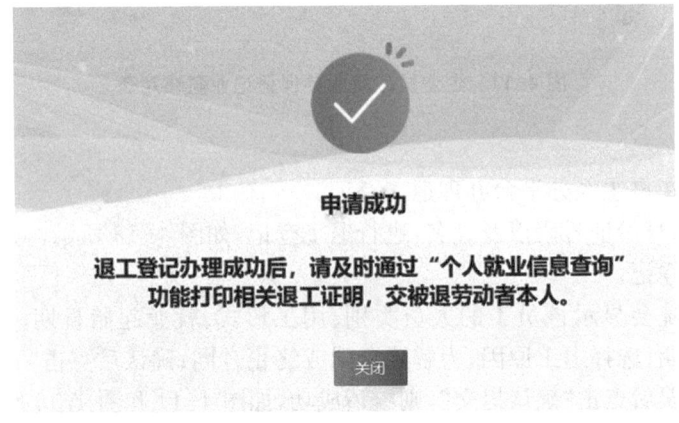

图 4-15　申请结果

3. 企业职工停止缴费（新增合并）

单位为已办理退工手续的员工申报办理停止缴费手续。

选择证件类型，输入员工身份证号，点击"下一步"，如图4-16所示。系统将自动校验人员身份信息。选择停止缴费原因，根据离职情况选择相应原因（正常离职业务，转出选择中断），勾选"本单位承诺已经完成用工备案登记，并且以上所填写内容全部属实，如有不实以及由此产生的后果概由本单位负责"。点击"下一步"，完成信息录入，如图4-17所示。选择需上传材料，如无必选材料，可直接点击"下一步"，查看社会保险业务申报表信息有无问题，若无误，点击"确认提交"，如图4-18和图4-19所示，完成企业职工停止缴费。

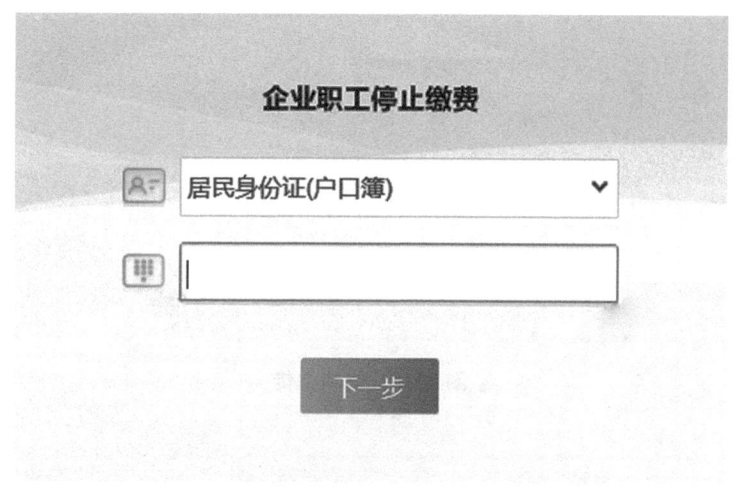

图4-16　企业职工停止缴费人员输入

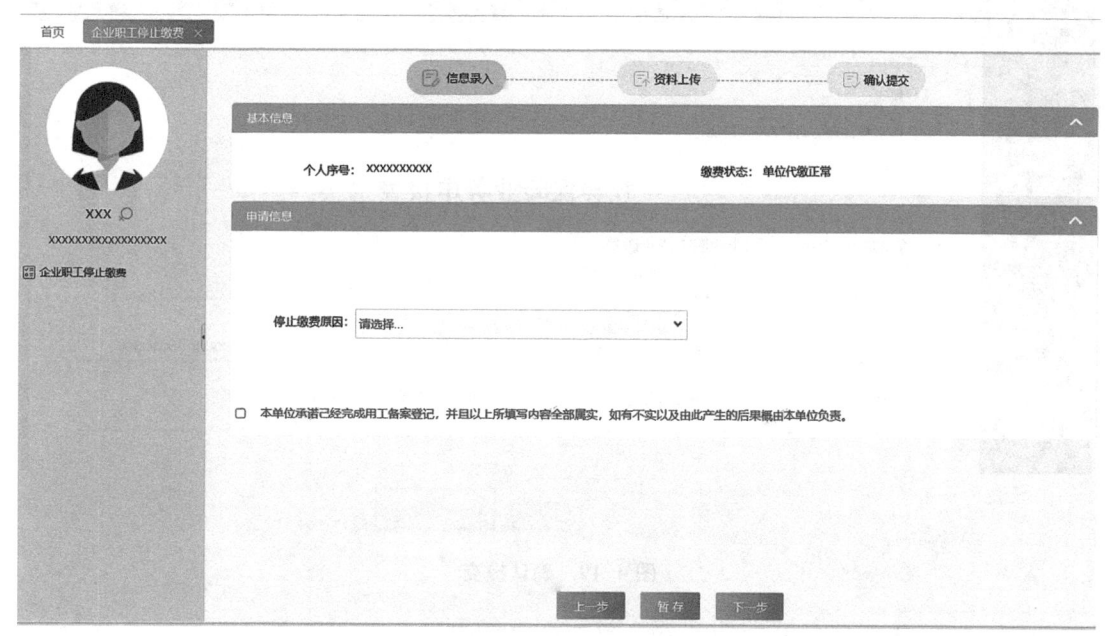

图4-17　人员信息录入

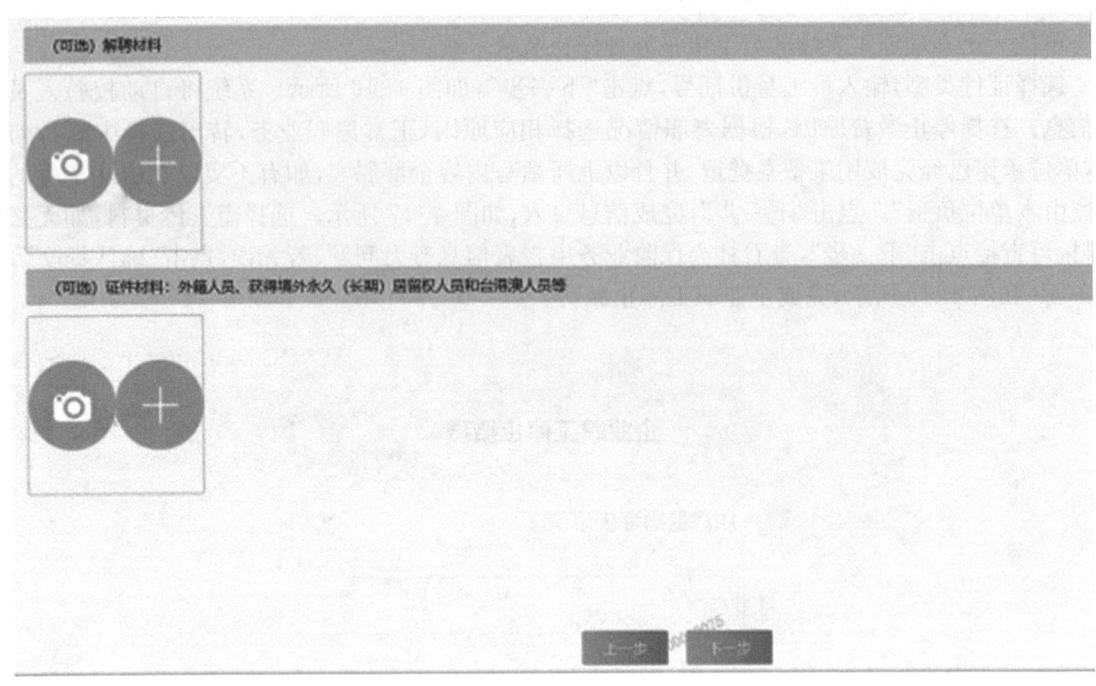

图 4-18　材料上传

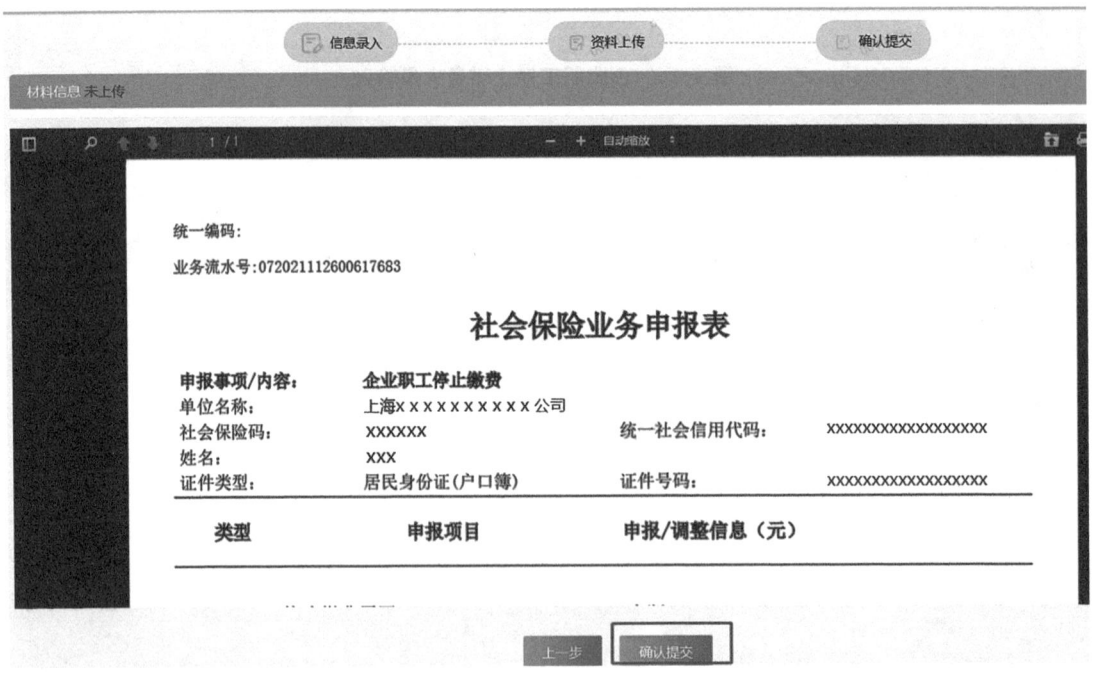

图 4-19　确认提交

2022 年 6 月新增"企业职工退工和停止缴费登记"功能。

为进一步优化本市营商环境,助力企业恢复市场活力,按照"数字人社"转型升级的工作目标,自 2022 年 6 月 6 日起,在"一网通办"平台、"上海市人力资源和社会保障自助经办系统"同步开通"企业职工退工和停止缴费登记"办事功能,实现线上线下深度融合办理。

功能目标:用人单位与劳动者解除或终止劳动合同时,通过该功能合并办理"退工登记"和"停止缴费登记"。

功能特色:打破业务信息壁垒,为企业提供全方位的便捷服务体验,实现跨部门合并办理、规则统一、业务互认;结合疫情防控实际,为企业单位提供不见面的服务渠道,实现全程网办零次跑动;拓展经办服务时域,为企业提供365天"7×24小时"的申报模式,实现随时随地轻松办理;解决办事堵点问题,为企业提供更加完备的一体化经办体验,实现单位增减员工的闭环管理。

具体操作界面:

(1) 选择办理人员信息的证件类型,输入证件号码和姓名,填写相关登记信息,点击"下一步",如图4-20所示。

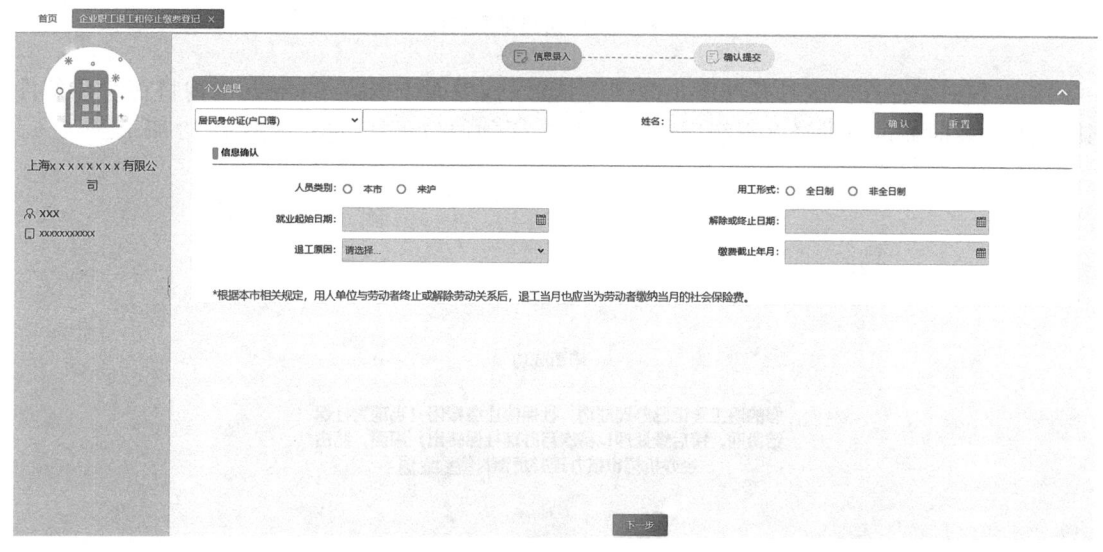

图4-20 人员信息录入

(2) 确认信息填写正确后,点击"确认提交",如图4-21所示。

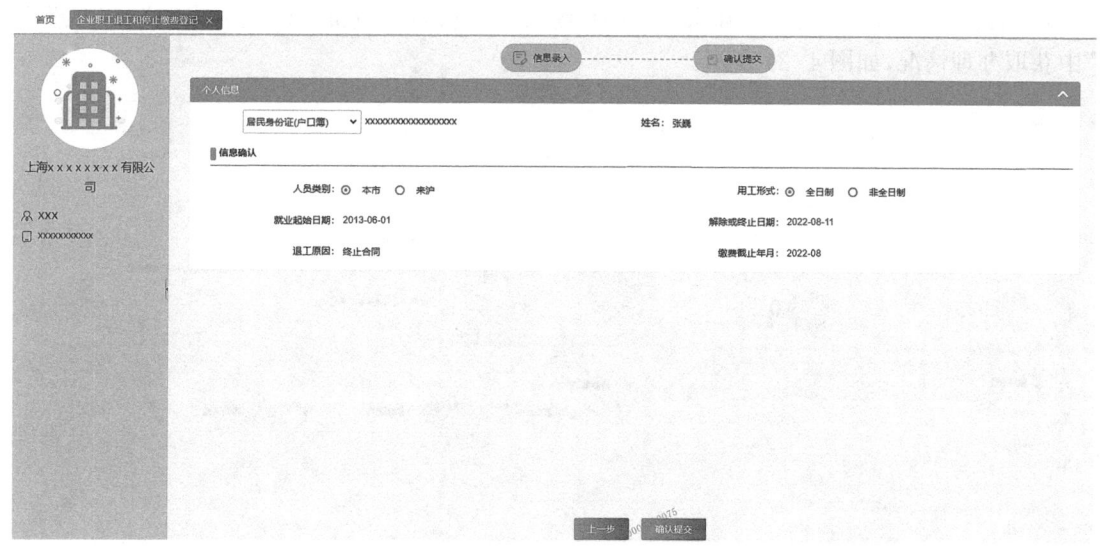

图4-21 确认提交

（3）提交后界面将根据不同情况进行反馈。

对于同时符合退工和停止缴费条件的，界面显示"申请成功"，可当场打印核定表，如图4-22所示。

图4-22　申请结果及打印

对于办理对象存在需次月办理停止缴费等情形的，界面予以提示，经办机构将在符合条件后为其办理，并及时通过自助经办系统反馈办理结果，无须单位重复申报，如图4-23所示。

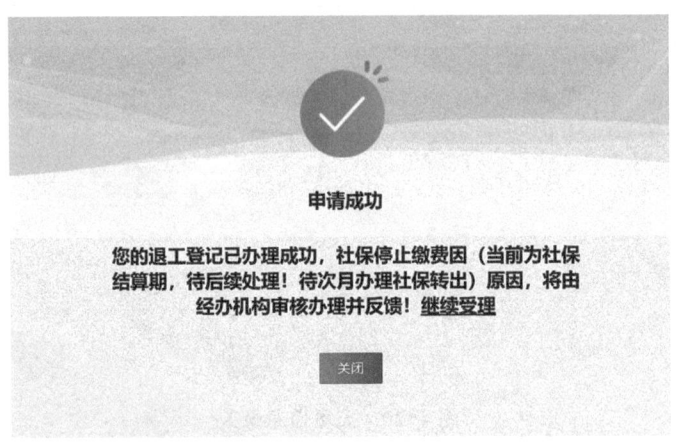

图4-23　申请结果及原因

（4）办理完成后，单位可自行在自助经办系统首页进行事项查询，在"已办事项"和"办理中事项"中获取办理情况，如图4-24所示。

图4-24　首页事项查询

友情提醒：对于劳动经历缺失的人员，请根据界面提示信息，点击"新增劳动经历"，补全劳动经历信息后继续办理，如图4-25所示。

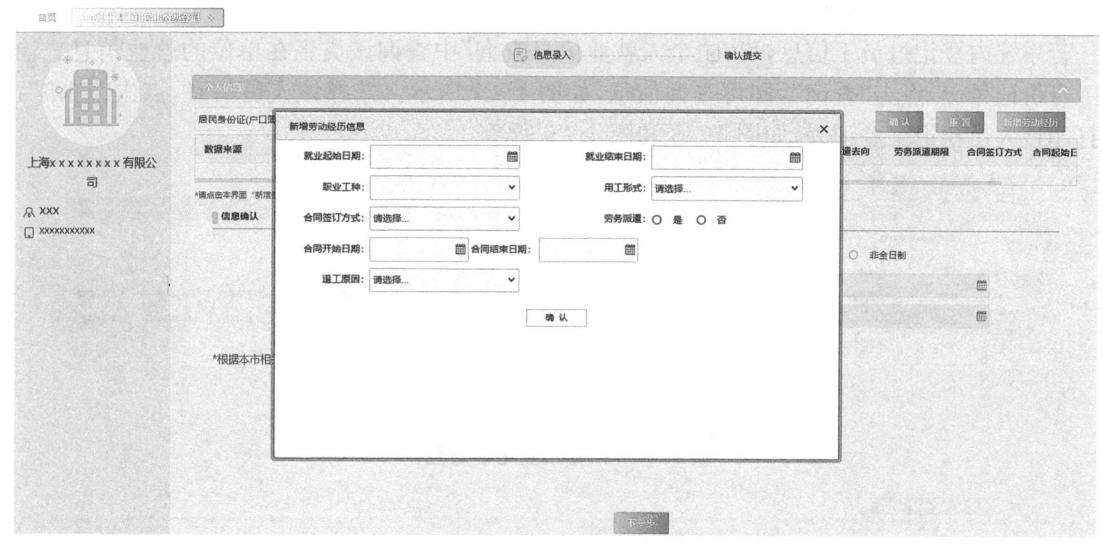

图4-25 新增劳动经历信息

办结之后的"企业职工退工和停止缴费登记业务核定表"如图4-26所示。

统一编码：
业务流水号：072022080900401825

## 企业职工退工和停止缴费登记业务核定表

**申报事项/内容**：企业职工退工和停止缴费登记
**单位名称**：上海X X X X X X X 公司
**社会保险码**：XXXXXX　　　　　　　　**统一社会信用代码**：XXXXXXXXXXXXXXXX
**姓名**：XXX　　　　　　　　　　　　　**社会保障号**：XXXXXXXXXXXXXXXX
**证件类型**：居民身份证(户口簿)　　　　**证件号码**：XXXXXXXXXXXXXXXX

| 类型 | 核定项目 | 核定信息/金额(元) |
|---|---|---|
| （一）退工登记信息 | 就业起始日期 | 2022-03-01 |
|  | 就业终止日期 | 2022-07-29 |
|  | 退工原因 | 解除合同 |
| （二）停止缴费信息 | 月缴费基数 | 6520 |
|  | 缴费截止年月 | 202207 |

图4-26 企业职工退工和停止缴费登记业务核定表

### (四)查询与打印

1. 招退工登记信息查询

1)个人就业信息查询及打印

若系统内登记过员工信息,可在"个人就业信息查询"中查询该员工在单位的就业信息。输入员工身份证号码,点击"查询",即可查询信息,如图4-27所示。选择该人员信息,点击"打印",则可打印该人员招退工登记表,如图4-28和图4-29所示。

图4-27 招退工登记信息查询

图4-28 打印招退工登记表

| 网上办事专用 | | | 流水号:20220829000000338300 | |
|---|---|---|---|---|
| **来沪人员招退工登记情况** ||||| 
| 单位名称(盖章) | 上海×××××××公司 | | 社会保险登记码 | ×××××× |
| **个人基本信息** |||||
| 身份证号码 | ×××××××××××××××××× | | 姓名 | ××× |
| **个人在单位的最近招退工信息** |||||
| 用工形式 | 全日制 | 职业工种 | 办事人员和有关人员 ||
| 合同签订方式 | 初签 | 合同起始日期 | 20220701 | 合同结束日期 | 20230630 |
| 就业起始日期 | 20220701 | 就业终止日期 | 20220718 | 退工原因 | 终止合同 |
| 劳务派遣标志 | 是 | 派遣去向 | | 派遣期限 | 1年-2年(含) |

区(县)来沪人员就业网上业务电子章确认

打印日期:2022年8月29日

区(县)来沪人员就业管理网上业务电子章已经上海数字证书中心认证,是对外经办网上业务指定电子用章

图4-29 来沪人员招退工登记情况

2) 招退工信息查询

系统一个月内操作的招退工信息可在"招退工信息查询"中查询。查询类型有:招工登记和退工登记;人员户籍类别有:全部、本市和来沪。也可根据登记日期查询近一个月内单位的招退工信息,也可输入员工姓名或身份证号码,点击"查询",即可查询信息,如图4-30所示。

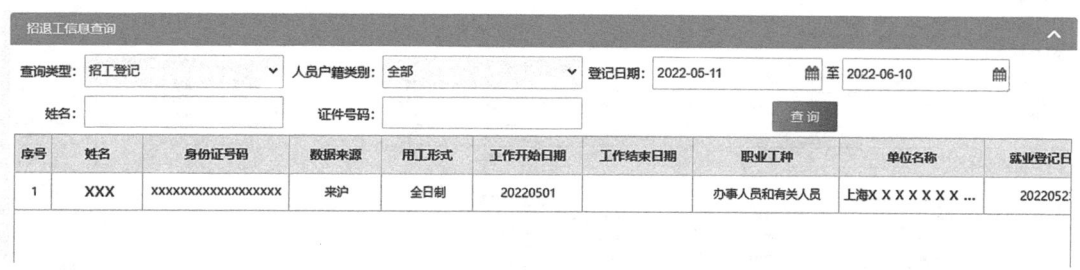

图4-30 招退工信息查询

2. 单位社保基本情况

查看单位参加城镇社会保险基本情况,如社会保险登记年月、社会保险登记证信息、参加社会保险险种缴费比例和行业信息,如图4-31所示。

单位参加城镇社会保险基本情况

参加社会保险登记年月: 200906 参保所在地: 上海市×××
住所或地址: 上海市×××××××××××
单位类型: 其他有限责任公司 法人代表(负责人): ×××
组织机构统一代码: ××××× 缴费状态: 正常缴费
《社会保险登记证》号: ××××××
《社会保险登记证》发证日期: ×××
账户人数: 510 缴费人数: 510
领取养老待遇人数: 195 是否有欠款: 有欠款
欠缴险种及金额:
养老: 0 医疗: 0
失业: 0 工伤: 0

欠薪保障费: 2730元

参加社会保险险种缴费比例和行业信息

基本养老保险: 16% 失业保险: .5
医疗保险: 7.5 地方附加医疗保险: 2
工伤保险: .256 原生育保险: 1
行业名称: 劳务派遣服务 行业类别码: 7263

图4-31 单位参加城镇社会保险基本情况

## 3. 个人月缴费信息查询及打印

为方便单位了解本单位个人月缴纳社会保险费的情况，单位可通过"个人月缴纳信息查询"，查询并打印个人月缴纳社会保险费的情况，如图4-32所示。

图4-32 个人月缴费信息查询

## 4. 职工缴费信息查询及打印

输入序号或者序号和证件号码，点击"查询"，系统将根据输入的查询条件对职工缴费情况进行查询，点击"打印"，则可打印缴费情况表，如图4-33和图4-34所示。

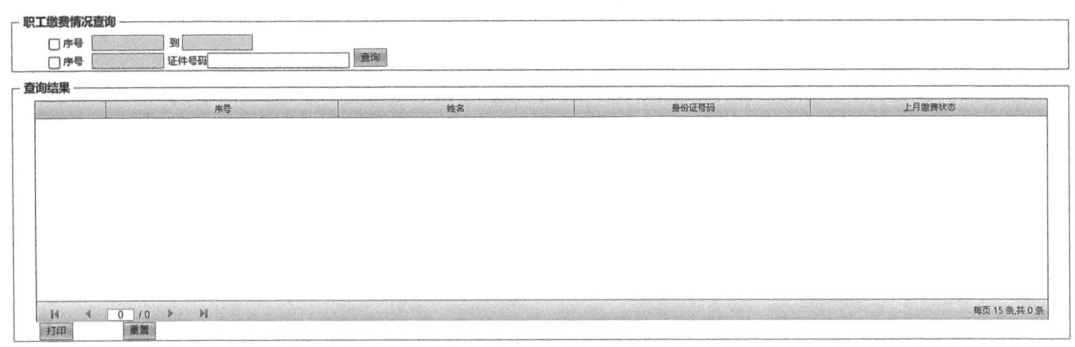

图4-33 职工缴费信息查询

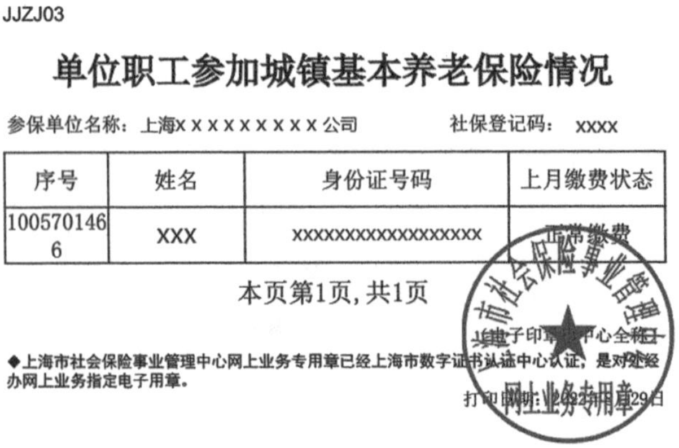

图4-34 单位职工参加城镇基本养老保险情况

5. 个人信息查询

选择人员类别并输入序号或者证件号码,点击"确定",可对该人员的缴费信息进行查询,如图 4-35 所示。

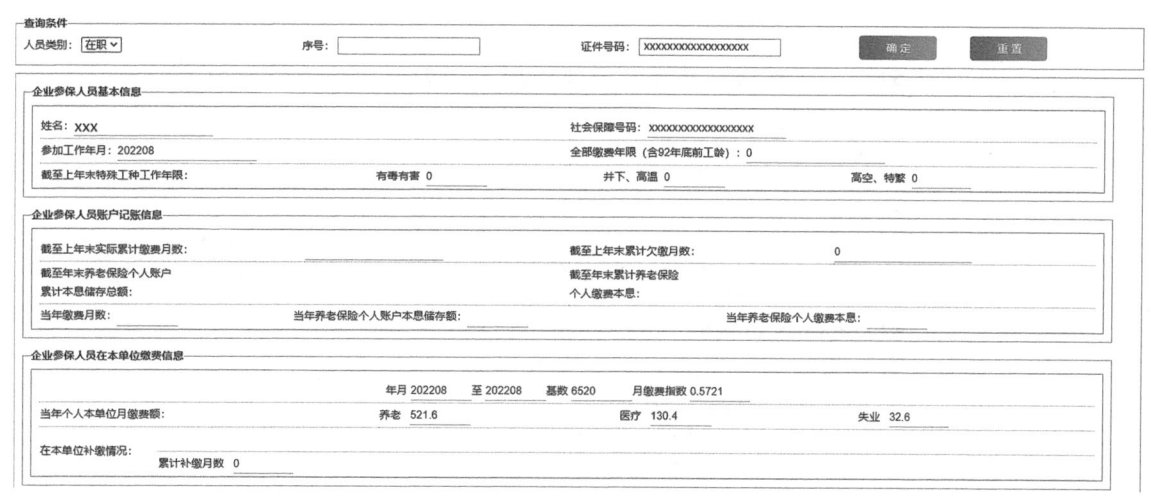

**图 4-35　个人信息查询**

6. 临近退休年龄人员查询

选择人员类型后,点击"确定",可对该单位临近退休年龄人员进行查询,如图 4-36 所示。

**图 4-36　临近退休年龄人员查询**

### (五)平均工资申报

本市 2022 年开始实行"五险一金"(社会保险、公积金)合并申报,企业缴费工资申报流程实现合并申报、数据互认。系统可自动获取企业基本信息,智能预填申报表数据,逐步实现企业从"填表"到"补表""补表"到"核表"的转变。

1. 登录界面

登录"一网通办"平台。点击"政务服务"→"特色专栏"→"高效办成一件事"→"税费综合申报"栏目,进入申报页面。也可通过搜索栏输入"税费综合申报",进入申报页面,如图 4-37 所示。

2. 开始申报

(1)选择填报的表单,需同时选择"上一年度单位月平均工资申报""上一年度职工月平均工资收入申报"后,点击"网上办理",如图 4-38 所示。

(2)阅读填报须知,确认勾选,倒计时结束后点击"进入填报",如图 4-39 所示。

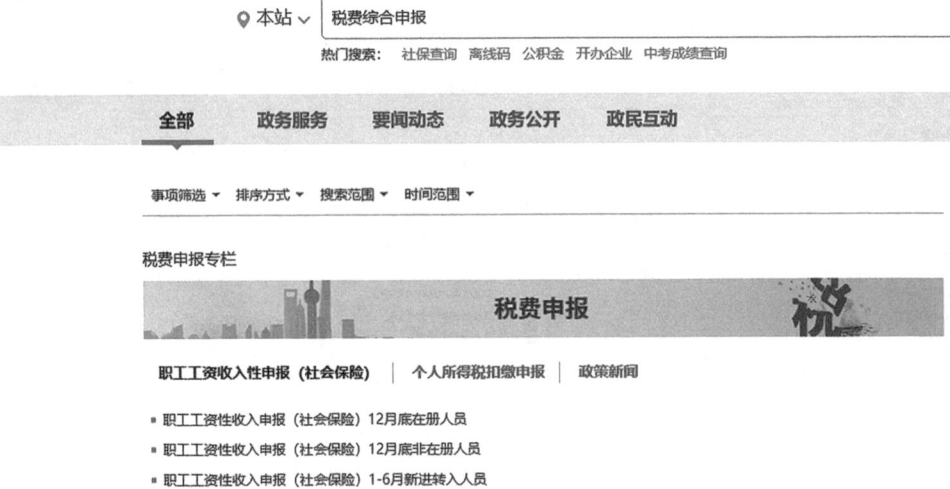

图 4-37　搜索"税费综合申报"

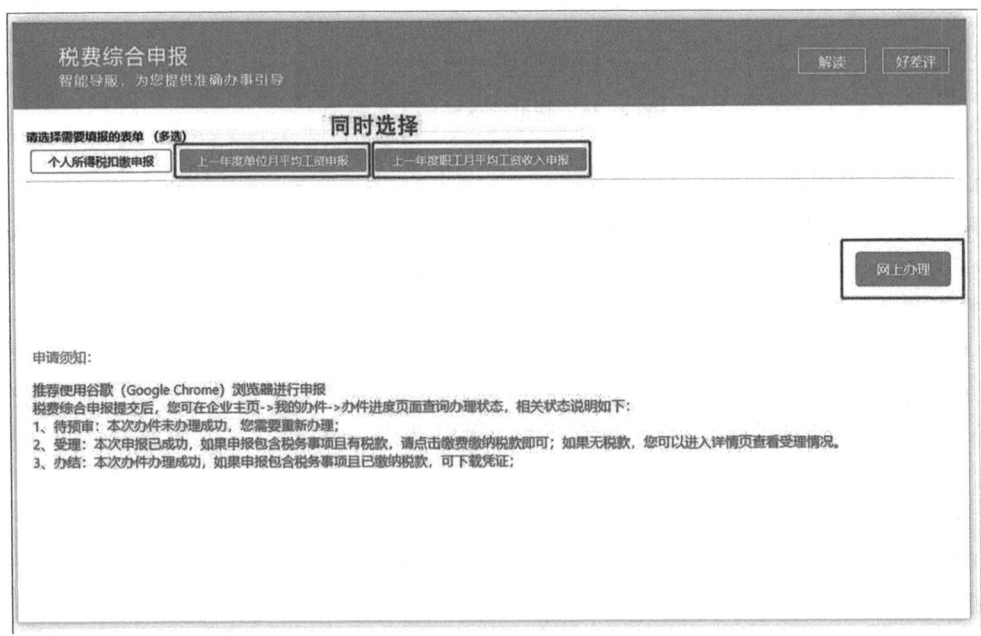

图 4-38　选择填报的表单

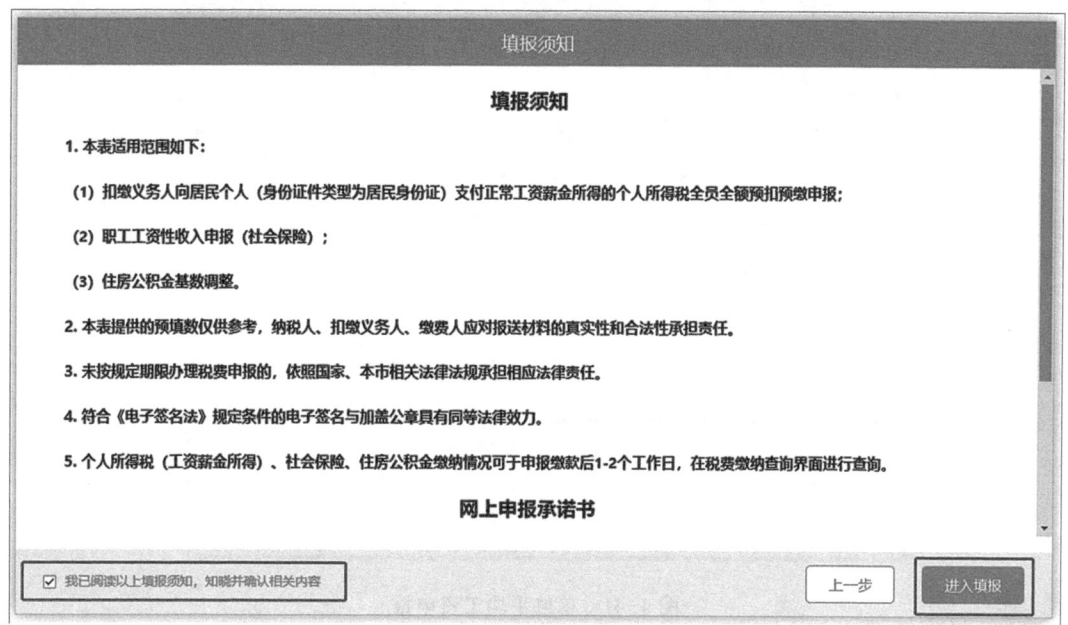

图 4-39 填报须知

（3）核对企业基本信息，如需调整联系人信息的，可在页面进行调整，如图 4-40 所示。

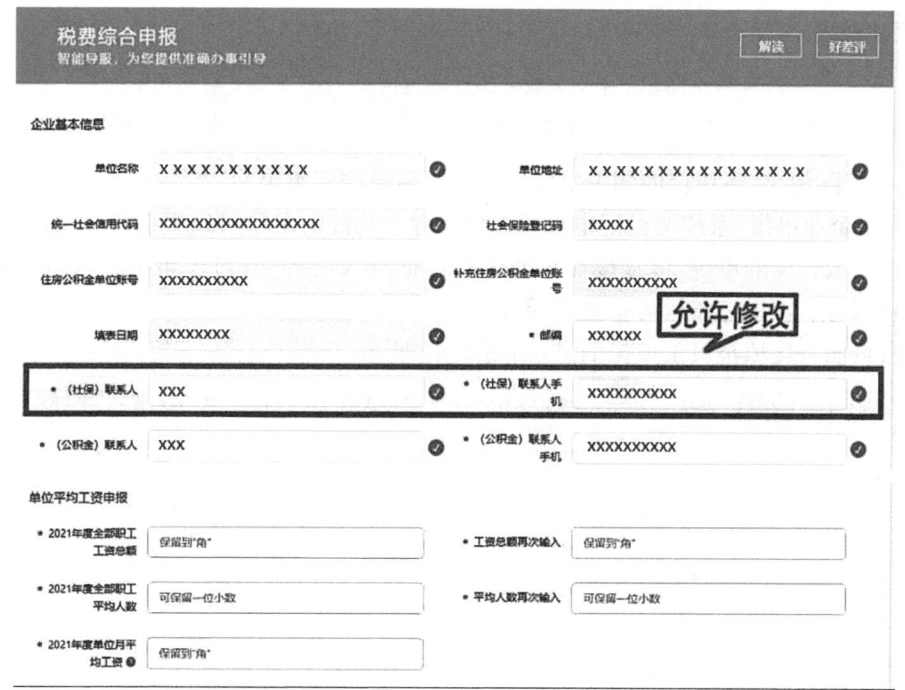

图 4-40 企业基本信息

（4）进行单位平均工资申报，为确保填报准确，2021 年度全部职工工资总额和 2021 年度全部职工平均人数需录入两遍，如图 4-41 所示。

第四章 社会保险制度

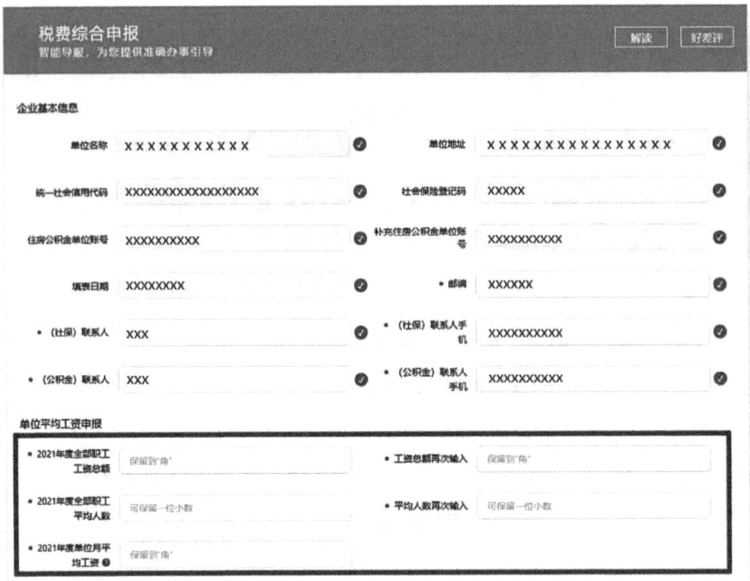


**图 4-41　单位平均工资申报**

具体计算口径如下：

2021 年度全部职工工资总额指单位在 2021 年度直接支付给本单位全部职工的劳动报酬总额。离退休人员、协保人员、兼职人员、劳务派遣人员等的工资不统计在内。新进人员首月不足月的工资应统计在内。

2021 年度全部职工平均人数＝2021 年度内 12 个月平均人数之和÷12

2021 年度单位月平均工资＝2021 年度全部职工工资总额÷2021 年度全部职工平均人数÷12

（5）根据实际情况，将单位内职工上年度平均工资数据完整填写。

① 为方便企业申报，系统增设了申报数据导出导入功能。单位可以根据实际情况开展申报工作，对于申报人数较少的单位，可直接在页面进行数据录入后提交；对于申报人数较多的单位，建议先导出申报数据，填报完整后再将数据导入。

方式一：页面直接填报员工申报信息，如图 4-42 所示。

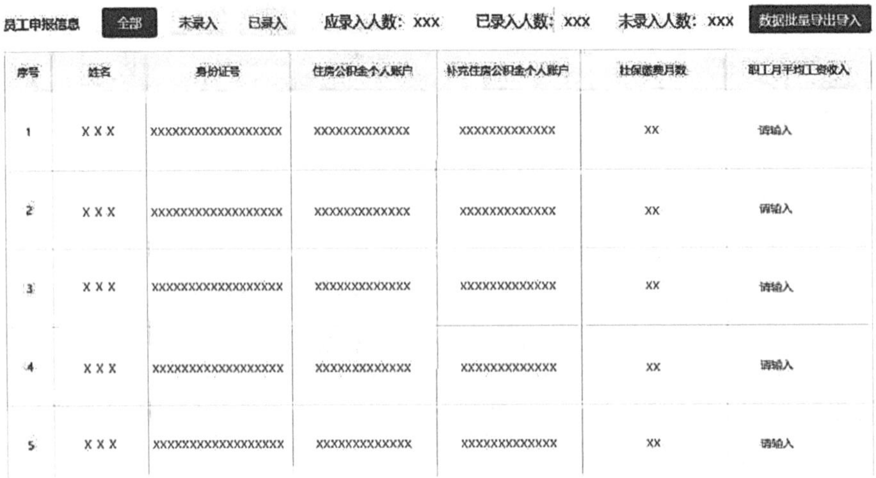

员工申报信息　全部　未录入　已录入　应录入人数：XXX　已录入人数：XXX　未录入人数：XXX　数据批量导出导入

| 序号 | 姓名 | 身份证号 | 住房公积金个人账户 | 补充住房公积金个人账户 | 社保缴费月数 | 职工月平均工资收入 |
|---|---|---|---|---|---|---|
| 1 | XXX | XXXXXXXXXXXXXXXXXX | XXXXXXXXXXXXX | XXXXXXXXXXXXX | XX | 请输入 |
| 2 | XXX | XXXXXXXXXXXXXXXXXX | XXXXXXXXXXXXX | XXXXXXXXXXXXX | XX | 请输入 |
| 3 | XXX | XXXXXXXXXXXXXXXXXX | XXXXXXXXXXXXX | XXXXXXXXXXXXX | XX | 请输入 |
| 4 | XXX | XXXXXXXXXXXXXXXXXX | XXXXXXXXXXXXX | XXXXXXXXXXXXX | XX | 请输入 |
| 5 | XXX | XXXXXXXXXXXXXXXXXX | XXXXXXXXXXXXX | XXXXXXXXXXXXX | XX | 请输入 |

**图 4-42　员工申报信息**

特别提示:申报数据需在页面一次完成填报并提交,未点击"提交"退出页面后,数据将不作保存。建议单位采用数据导出导入方式进行申报。

"身份证号脱敏下载"仅供单位内部申报使用,导入数据需使用身份证号不脱敏表示。

方式二:员工数据批量导出导入申报,如图4-43所示。

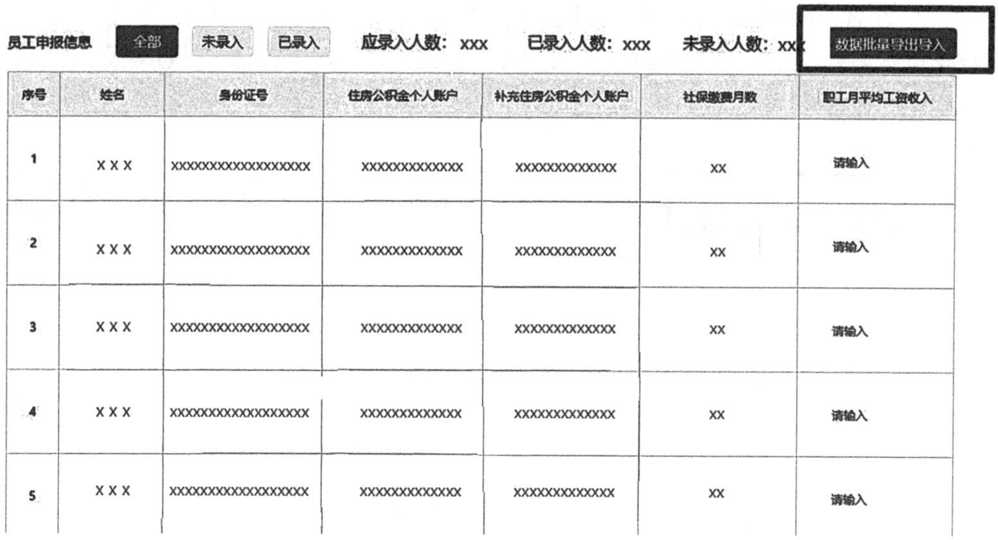

图4-43　员工数据批量导出导入

选择"身份证号不脱敏下载",导出申报数据,填报完成后,选择申报文件,最后点击"确定导入"完成数据导入,如图4-44和图4-45所示。

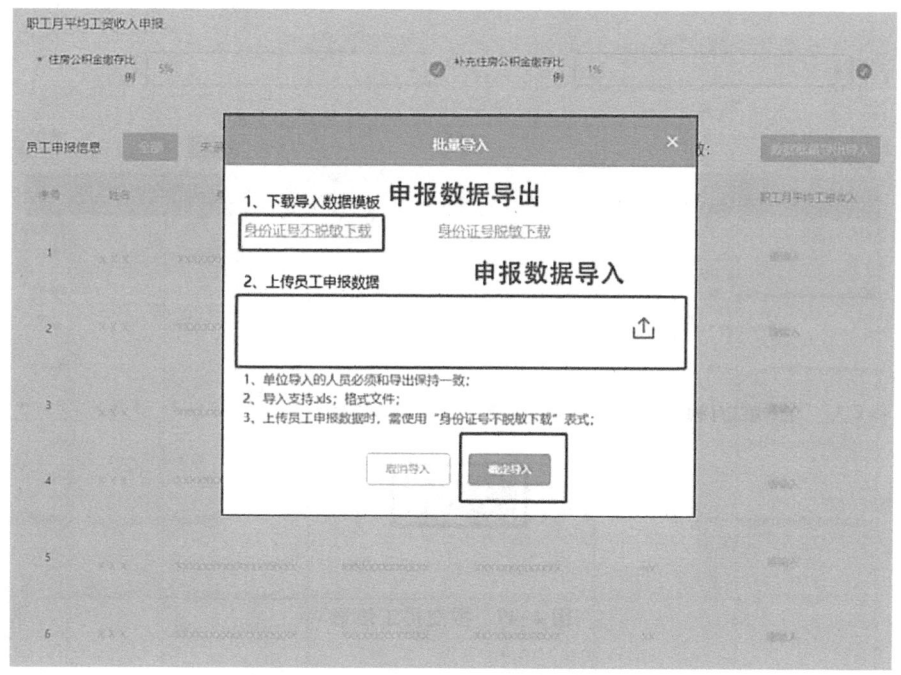

图4-44　申报数据导出导入

| 姓名 | 身份证号 | 住房公积金个人账户 | 补充住房公积金个人账户 | 社保缴费月数 | 员工信息 职工月平均工资收入（仅支持填写整数和小数点后1位数字） | 类型（1-社保2-公积金3-公积金社保） | 申报种类 |
|---|---|---|---|---|---|---|---|

图 4-45 数据导入模板

特别提示：姓名、身份证号、社保缴费月数等信息，通过系统读取方式提供，无须填报。

② 数据填报后，系统提示仍有漏报的，可点击"未录入"查询对应人员，并进行员工信息补充录入，如图 4-46 所示。

图 4-46 员工信息录入情况

（6）表单数据填写完毕后，点击下方"确认提交"，提交员工信息，如图 4-47 所示。如反馈提交成功，则业务办理成功，如图 4-48 所示；如反馈提交失败，需要根据提示信息核对申报数据，调整后再次提交。

图 4-47 提交员工信息

图 4-48　申报数据结果

### (六) 社保费管理

#### 1. 社保费申报

业务概述：该功能用于缴费单位向税务机关进行确认申报社会保险费正常缴费业务。

路径："功能菜单"—"社保费申报"—"日常申报"

操作步骤：

(1) 点击"刷新"，系统更新申报数据，确认申报信息无误后，勾选需申报数据，点击"提交申报"，如图 4-49 和图 4-50 所示。

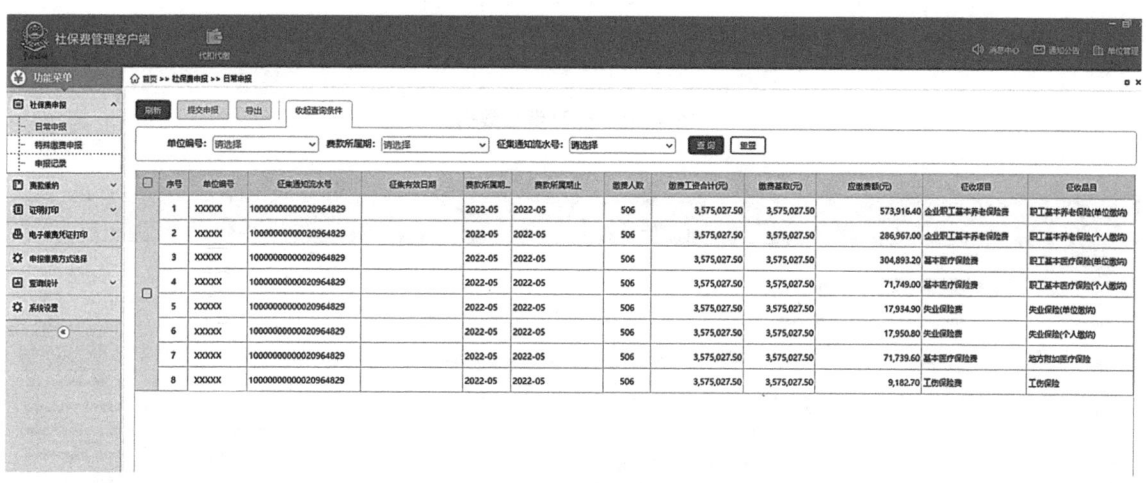

图 4-49　刷新申报数据

(2) 系统弹出"提示信息"，核对申报数据无误后，点击"确定"，如图 4-51 所示。

(3) 系统弹出"提交申报确认"，确认申报信息无误，点击"立即提交"，如图 4-52 所示。系统弹出"提交成功"，点击"确认"，如图 4-53 所示。

第四章　社会保险制度 / 81

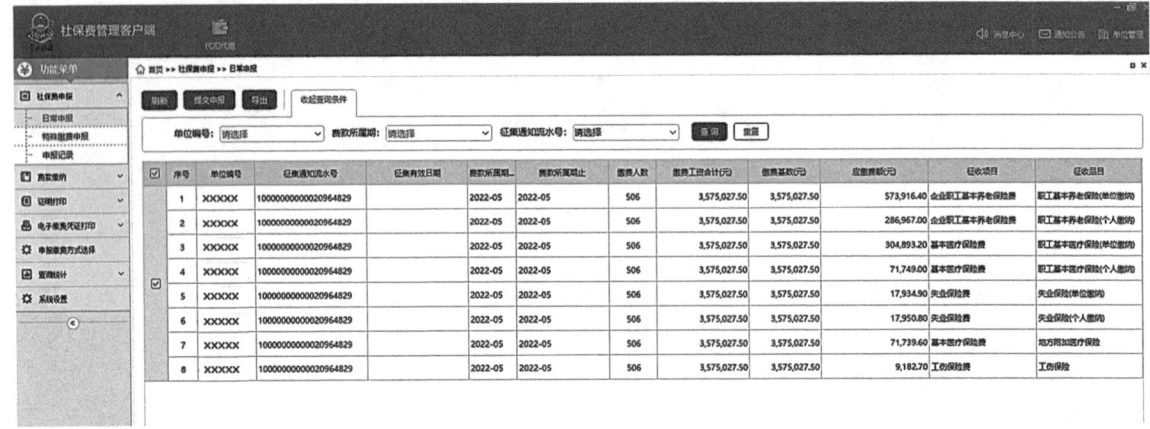

图 4-50　提交申报数据

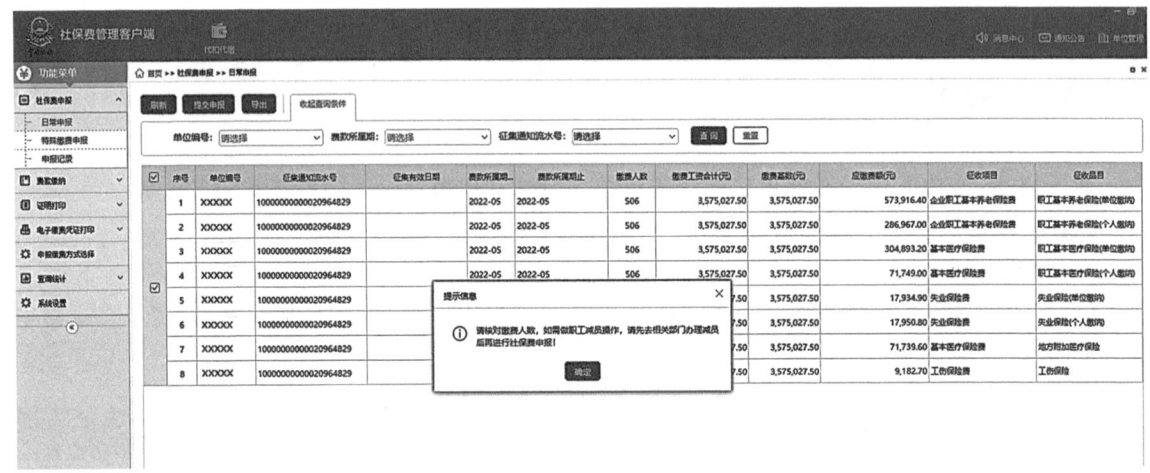

图 4-51　核对申报数据

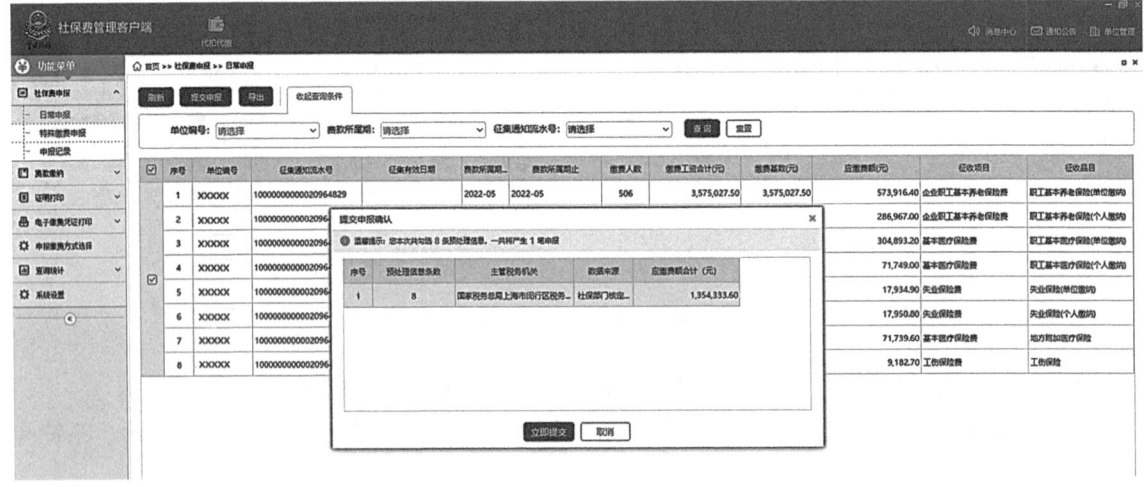

图 4-52　提交申报确认

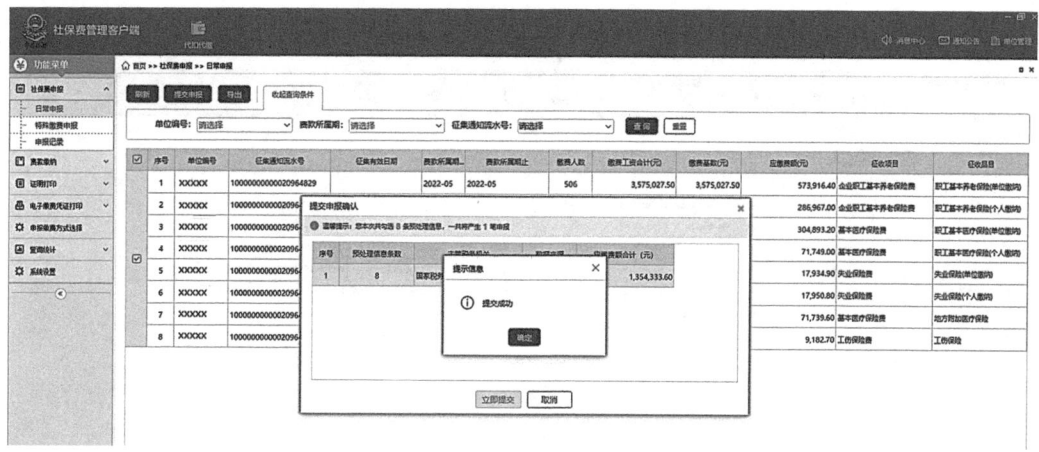

图 4-53 提交结果

2. 费款缴纳

业务概述:该功能用于缴费单位对已申报未缴费的社保费进行费款缴纳。

路径:"功能菜单"—"费款缴纳"—"缴费"。

操作步骤:

(1) 申报成功后,进入"缴费"界面,客户端会自动查询欠费信息,如图 4-54 所示。

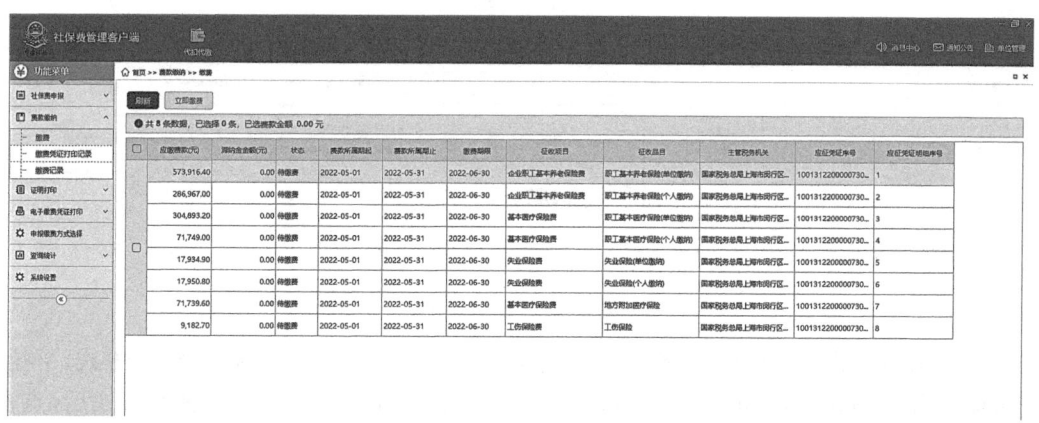

图 4-54 费款缴纳信息

(2) 如有欠费信息,系统显示待缴费记录,缴费单位核对应缴费款明细,确认无误后点击"立即缴费",如图 4-55 所示。

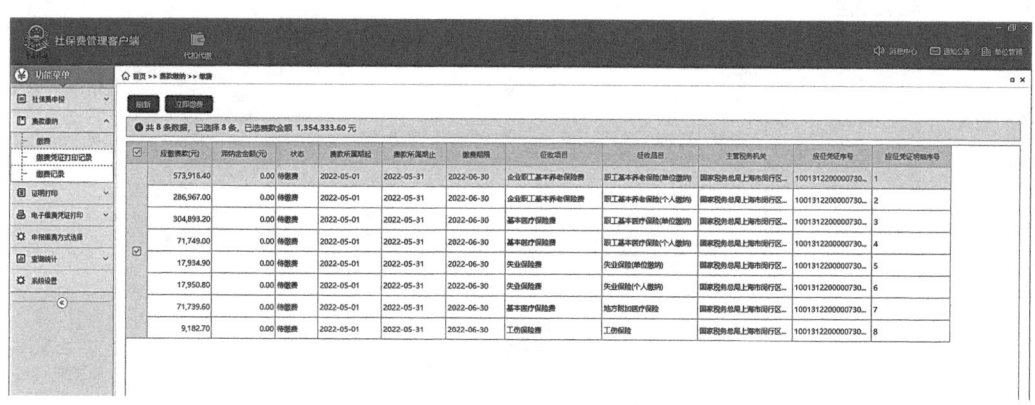

图 4-55 待缴费记录

(3) 系统弹出"提示信息",确认缴费信息,点击"确定",如图4-56所示。

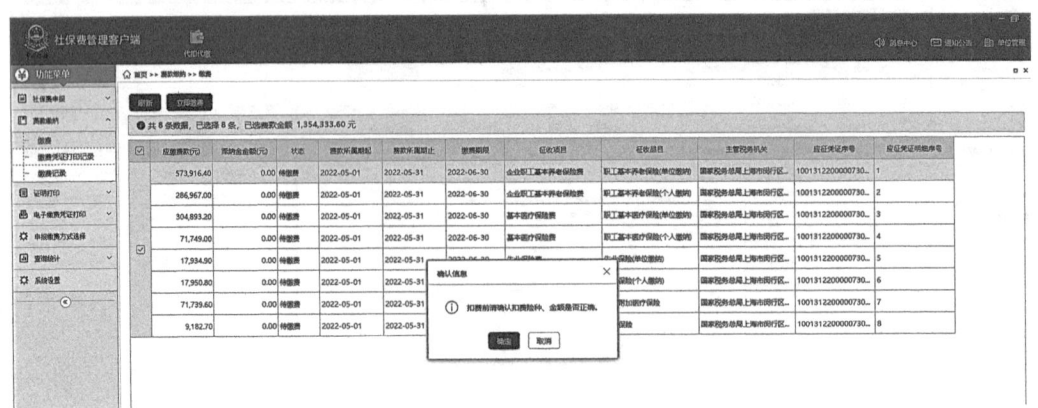

图4-56 确认缴费信息

(4) 选择安全认证方式,输入密码后点击"确定",如图4-57所示。

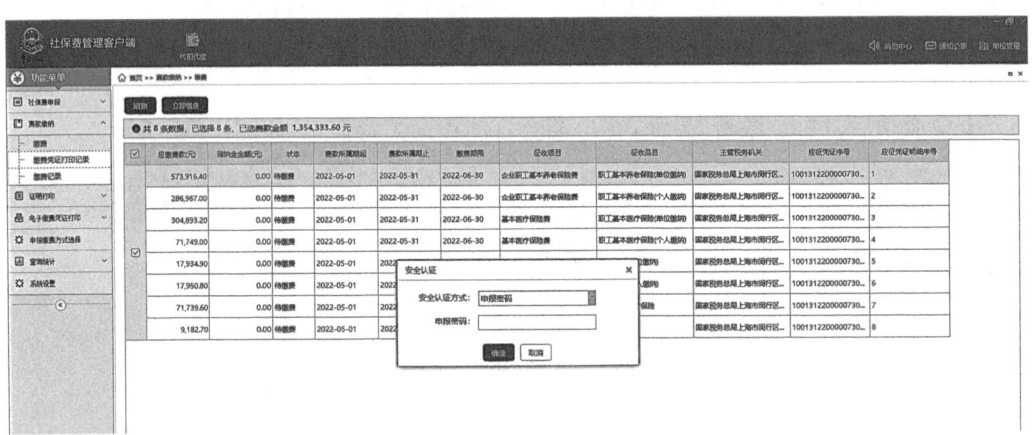

图4-57 安全认证

(5) 选择缴费方式:三方协议缴费或银行端凭证缴费。①勾选"三方协议缴费"方式,下拉选择已签订的税库银三方协议,点击"确定",如图4-58所示;②确认缴费金额和缴费方式后,点击"确认缴费",如图4-59所示;③系统提示缴费成功,如图4-60所示,自动跳转至"缴费记录"界面。

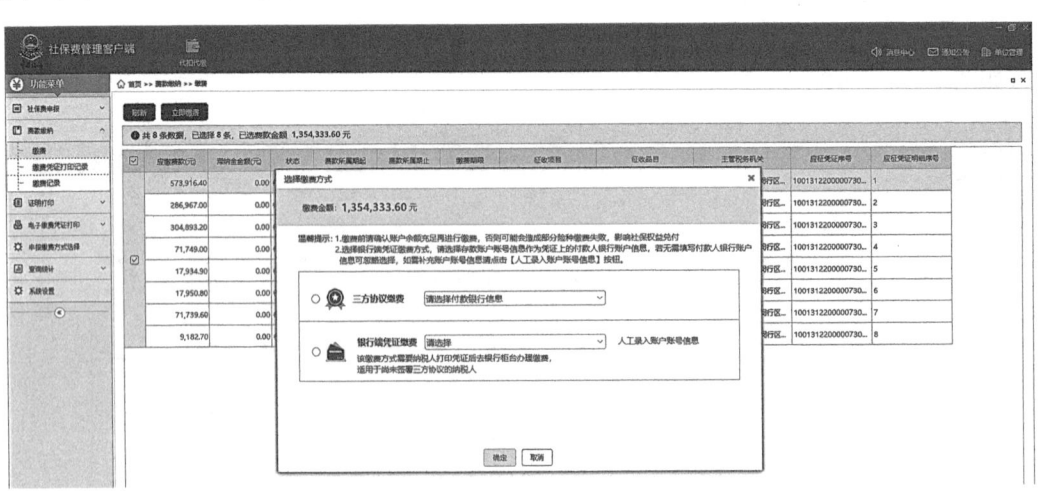

图4-58 选择缴费方式

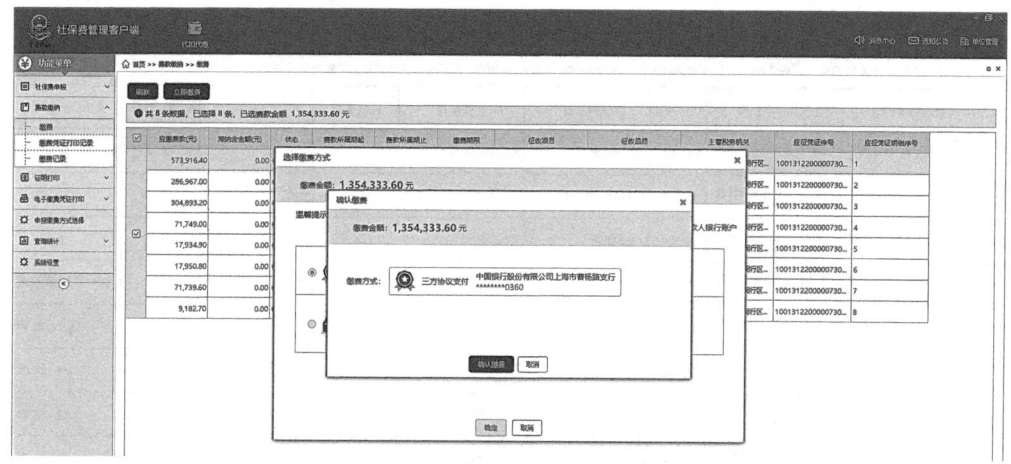

图 4-59　确认缴费金额和缴费方式

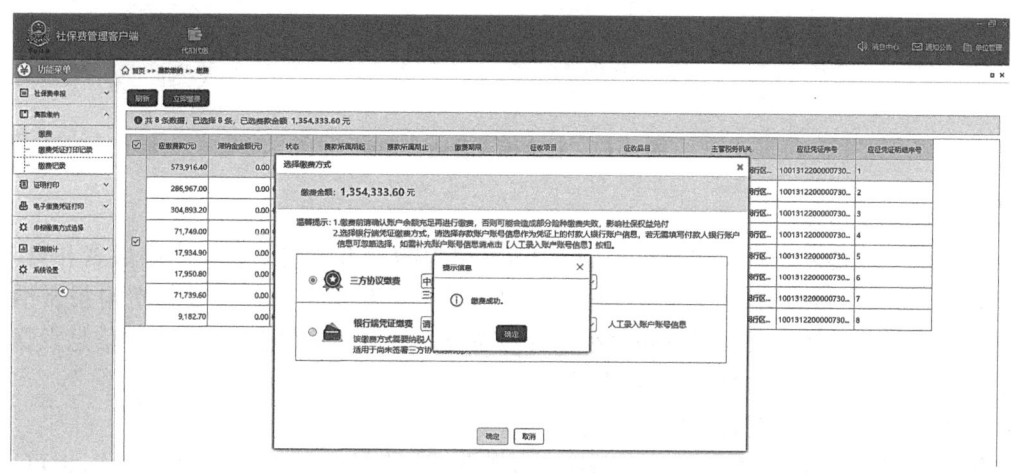

图 4-60　缴费结果

3. 证明打印

业务概述：该功能用于打印单位缴费证明。

路径："功能菜单"—"证明打印"—"单位缴费证明打印"。

操作步骤：选择需打印证明的费款所属期起止，点击"查询"，系统显示已缴费明细，点击"打印"，跳转至 PDF 格式的打印界面，如图 4-61 和图 4-62 所示。

图 4-61　单位缴费证明打印

## 社会保险费缴费证明

兹证明 上海×××××××公司 纳税人识别号：××××××××××××××× 上海市 范围内，在税务机关缴纳社会保障费情况如下：

| 序号 | 征收税务机关 | 社保经办机构 | 单位编号 | 征收项目 | 征收品目 | 征收子目 | 费款所属期起止 | 入（退）库日期 | 实缴（退）金额 |
|---|---|---|---|---|---|---|---|---|---|
| 1 | 国家税务总局上海市闵行区税务局 | 上海市社会保险事业管理中心普陀分中心 | ×××××× | 失业保险费 | 失业保险（单位缴纳） | | 2022-04-01至2022-04-30 | 2022-05-13 | 18,074.20 |
| 2 | 国家税务总局上海市闵行区税务局 | 上海市社会保险事业管理中心普陀分中心 | ×××××× | 基本医疗保险费 | 职工基本医疗保险（个人缴纳） | | 2022-04-01至2022-04-30 | 2022-05-13 | 72,306.40 |
| 3 | 国家税务总局上海市闵行区税务局 | 上海市社会保险事业管理中心普陀分中心 | ×××××× | 工伤保险费 | 工伤保险 | | 2022-04-01至2022-04-30 | 2022-05-13 | 9,254.00 |
| 4 | 国家税务总局上海市闵行区税务局 | 上海市社会保险事业管理中心普陀分中心 | ×××××× | 失业保险费 | 失业保险（个人缴纳） | | 2022-04-01至2022-04-30 | 2022-05-13 | 18,090.20 |
| 5 | 国家税务总局上海市闵行区税务局 | 上海市社会保险事业管理中心普陀分中心 | ×××××× | 企业职工基本养老保险费 | 职工基本养老保险（单位缴纳） | | 2022-04-01至2022-04-30 | 2022-05-13 | 578,373.10 |
| 6 | 国家税务总局上海市闵行区税务局 | 上海市社会保险事业管理中心普陀分中心 | ×××××× | 基本医疗保险费 | 职工基本医疗保险（单位缴纳） | | 2022-04-01至2022-04-30 | 2022-05-13 | 307,260.80 |
| 7 | 国家税务总局上海市闵行区税务局 | 上海市社会保险事业管理中心普陀分中心 | ×××××× | 企业职工基本养老保险费 | 职工基本养老保险（个人缴纳） | | 2022-04-01至2022-04-30 | 2022-05-13 | 289,195.50 |
| 8 | 国家税务总局上海市闵行区税务局 | 上海市社会保险事业管理中心普陀分中心 | ×××××× | 基本医疗保险费 | 地方附加医疗保险 | | 2022-04-01至2022-04-30 | 2022-05-13 | 72,296.70 |
| 合计 | — | — | — | — | — | — | | | 1,364,850.90 |

图 4-62　社会保险费缴费证明

**4. 申报缴费方式选择**

业务概述：该功能用于单位选择申报缴费方式（申报缴费方式包括自行申报缴费和自动申报缴费）。选择"自行申报缴费"方式，单位每月需自行确认征集信息并完成社保费申报缴纳；选择"自动申报缴费"方式，单位无须手动申报缴纳社保费，税务部门每月定期生成批扣信息发送银行，单位需确保所选择的银行账户留有足额费款。

路径："功能菜单"—"申报缴费方式选择"。

操作步骤：进入"申报缴费方式选择"界面后，缴费单位可查看当前申报缴费方式，也可进行自主修改，如图 4-63 所示。

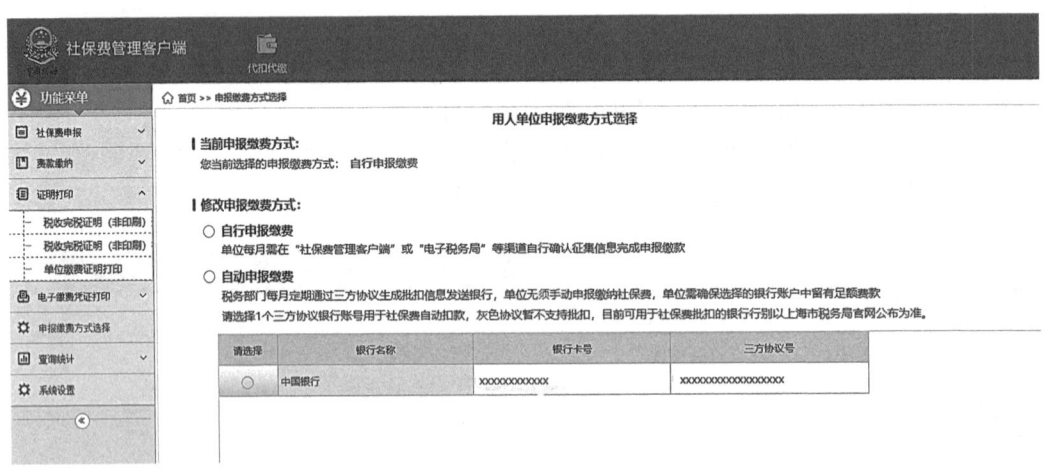

图 4-63　申报缴费方式选择

**5. 查询统计**

业务概述：该功能用于查询单位社保费应缴信息。

路径:"查询统计"—"社保费应缴信息查询"。

操作步骤:点击"社保费应缴信息查询",选择费款所属期等需查询的信息,点击"查询",确认无误后,下载社会保险费缴纳通知书,如图4-64至图4-66所示。

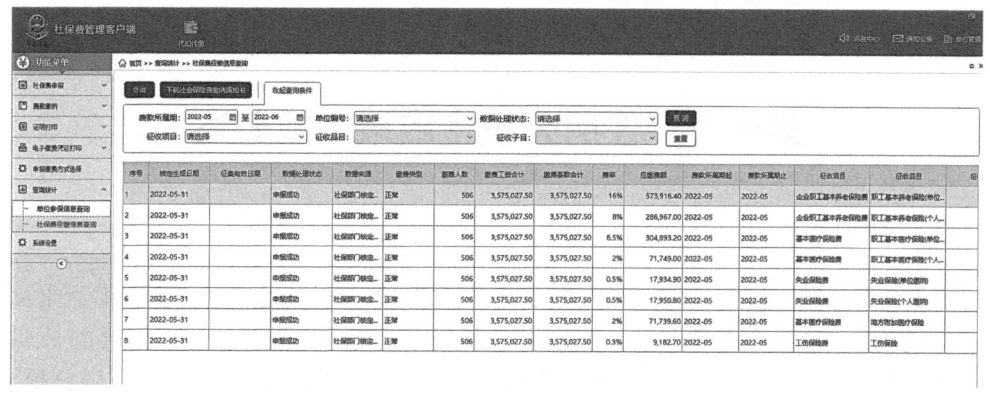

图4-64 社保费应缴信息查询

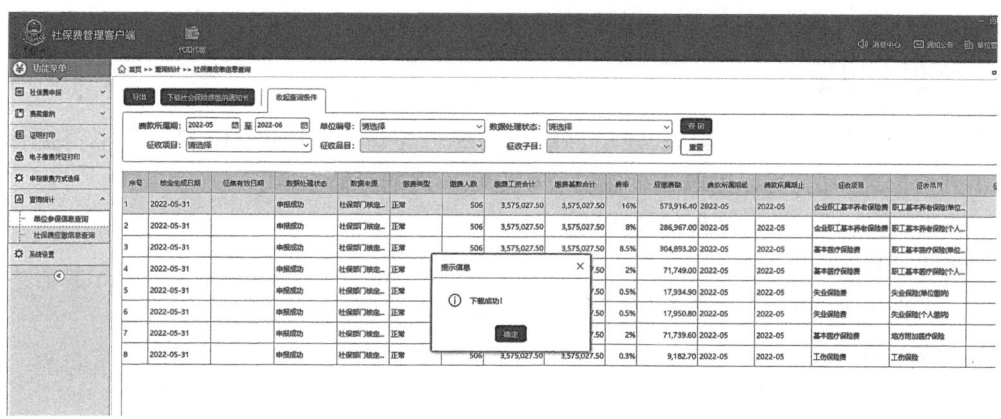

图4-65 下载社会保险费缴纳通知书

### 社会保险费缴纳通知书

纳税人识别号:XXXXXXXXXXXXXXXX  单位社保号:XXXXX
纳税人名称:上海X XXXXXX 公司  主管税务机关:国家税务总局上海市闵行区税务局

| 征收项目 | 征收品目 | 缴费类型 | 所属期起 | 所属期止 | 应缴费额 |
|---|---|---|---|---|---|
| 企业职工基本养老保险费 | 职工基本养老保险(单位缴纳) | 正常 | 2022-05 | 2022-05 | 573,916.40 |
| 企业职工基本养老保险费 | 职工基本养老保险(个人缴纳) | 正常 | 2022-05 | 2022-05 | 286,967.00 |
| 基本医疗保险费 | 职工基本医疗保险(单位缴纳) | 正常 | 2022-05 | 2022-05 | 304,893.20 |
| 基本医疗保险费 | 职工基本医疗保险(个人缴纳) | 正常 | 2022-05 | 2022-05 | 71,749.00 |
| 失业保险费 | 失业保险(单位缴纳) | 正常 | 2022-05 | 2022-05 | 17,934.90 |
| 失业保险费 | 失业保险(个人缴纳) | 正常 | 2022-05 | 2022-05 | 17,950.80 |
| 基本医疗保险费 | 地方附加医疗保险 | 正常 | 2022-05 | 2022-05 | 71,739.60 |
| 工伤保险费 | 工伤保险 | 正常 | 2022-05 | 2022-05 | 9,182.70 |
| 金额合计(小写):¥1,354,333.60 | | | | | |
| 金额合计(大写):壹佰叁拾伍万肆仟叁佰叁拾叁元陆角整 | | | | | |

根据中华人民共和国《社会保险费征缴暂行条例》有关规定,请及时缴纳社会保险费,特此通知

打印日期:2022年06月13日

第1页,共1页

图4-66 社会保险费缴纳通知书

# 第五章 住房公积金制度

## 第一节 住房公积金政策法规概述

### 一、住房公积金概述

住房公积金是指国家机关、国有企业、城镇集体企业、外商投资企业、城镇私营企业及其他城镇企业、事业单位、民办非企业单位、社会团体(以下统称单位)及其在职职工缴存的长期住房储金。职工个人缴存的住房公积金,由所在单位每月从其工资中代扣代缴。我国住房公积金制度,最早于1991年在上海市建立。1994年,《国务院关于深化城镇住房制度改革的决定》(国发〔1994〕43号,已失效),要求全面推行住房公积金制度。

### 二、公积金用途

住房公积金应当用于职工购买、建造、翻建、大修自住住房,任何单位和个人不得挪作他用。职工有下列情形之一的,可以提取职工住房公积金账户内的存储余额:

(1) 购买、建造、翻建、大修自住住房的。
(2) 离休、退休的。
(3) 完全丧失劳动能力,并与单位终止劳动关系的。
(4) 出境定居的。
(5) 偿还购房贷款本息的。
(6) 房租超出家庭工资收入的规定比例的。

职工享受城市居民最低生活保障,或者连续失业两年以上且家庭生活严重困难,或者因本人、配偶及其直系亲属重病、大病造成家庭生活严重困难的,也可以向公积金管理中心申请提取本人住房公积金账户内的存储余额,用于支付房租、物业专项维修资金、物业服务费等费用。

### 三、公积金办理

新设立的单位应当自设立之日起30日内向住房公积金管理中心办理住房公积金缴存登记,并自登记之日起20日内,为本单位职工办理住房公积金账户设立手续。

单位合并、分立、撤销、解散或者破产的,应当自发生上述情况之日起30日内由原单位或者清算组织向住房公积金管理中心办理变更登记或者注销登记,并自办妥变更登记或者注销登记之日起20日内,为本单位职工办理住房公积金账户转移或者封存手续。

单位录用职工的,应当自录用之日起30日内向住房公积金管理中心办理缴存登记,并办理职工住房公积金账户的设立或者转移手续。

单位与职工终止劳动关系的,单位应当自劳动关系终止之日起30日内向住房公积金管理中心办理变更登记,并办理职工住房公积金账户转移或者封存手续。

### 四、公积金缴存比例

可以在国家规定的最低缴存比例基础上浮动确定。每年住房公积金的缴存比例和月缴存最高限额,由市公积金管理委员会拟订,报市人民政府批准后执行,并向社会公布。

与本市用人单位建立劳动(聘用)关系,持上海市海外人才居住证(或原上海市居住证 B 证)、港澳台居民居住证、外国人就业证、定居国外人员在沪就业核准证等证件的外籍人员、获得境外永久(长期)居留权人员和中国香港、澳门、台湾居民在沪工作人员,在本人与单位协商一致的基础上,可按照本市现行规定缴存住房公积金,缴存基数和缴存比例等均按照本市现行规定执行。

外籍人员、获得境外永久(长期)居留权人员和中国香港、澳门、台湾居民在沪工作人员与本市用人单位解除或终止劳动(聘用)关系的,住房公积金账户封存、转移等情况,以及在本市发生购房、自住住房的房租或物业费等住房消费时,可按照本市现行住房公积金提取规定执行。

### 五、罚则

违反公积金相关规定,单位不办理住房公积金缴存登记或者不为本单位职工办理住房公积金账户设立手续的,由住房公积金管理中心责令限期办理;逾期不办理的,处 1 万元以上 5 万元以下的罚款。单位逾期不缴或者少缴住房公积金的,由住房公积金管理中心责令限期缴存;逾期仍不缴存的,可以申请人民法院强制执行。

以欺骗手段违法提取本人住房公积金账户内的存储余额的,公积金管理中心应当责令限期退回违法所提款额,并可处违法所提款额 10% 以上 50% 以下的罚款。以欺骗手段违法提取他人住房公积金账户内的存储余额的,公积金管理中心应当责令限期退回违法所提款额,并可处违法所提款额 1 倍以上 5 倍以下的罚款;构成犯罪的,依法追究刑事责任。以欺骗手段违法获得住房公积金贷款的,公积金管理中心应当责令借款人限期退回违法所贷款额,并可取消其 1 年至 5 年的住房公积金贷款资格,或者处违法所贷款额 10% 以上 50% 以下的罚款;构成犯罪的,依法追究刑事责任。

## 第二节　住房公积金网上自助经办平台操作实务

### 一、直联业务办理

在完成单位登录与统一数据下载后,再进行直联业务办理。

1. 单位登录与统一数据下载

1) 单位登录

打开上海住房公积金单位公积金网上业务办理系统,插入 ukey,在系统会自动识别单位后,点击"确定",进行登录,如图 5-1 所示。

在登录完成后,会弹出单位证书,确认单位证书信息无误后,点击"确定",然后输入密码,如图 5-2 和图 5-3 所示。

密码校验成功后,系统弹出"数据下载情况查询"对话框,如图 5-4 所示,点击"直联模式",切换到单位直联模式状态,与住房公积金系统连接。

图 5-1 单位登录上海住房公积金

图 5-2 确认单位证书

图 5-3 输入用户密码

图 5-4　数据下载情况查询

2）统一数据下载

在"数据下载及查询"中点击"统一数据下载",下载完毕后点击"完成",如图 5-5 所示,此时可读取到最新的单位账户信息与职工账户信息。

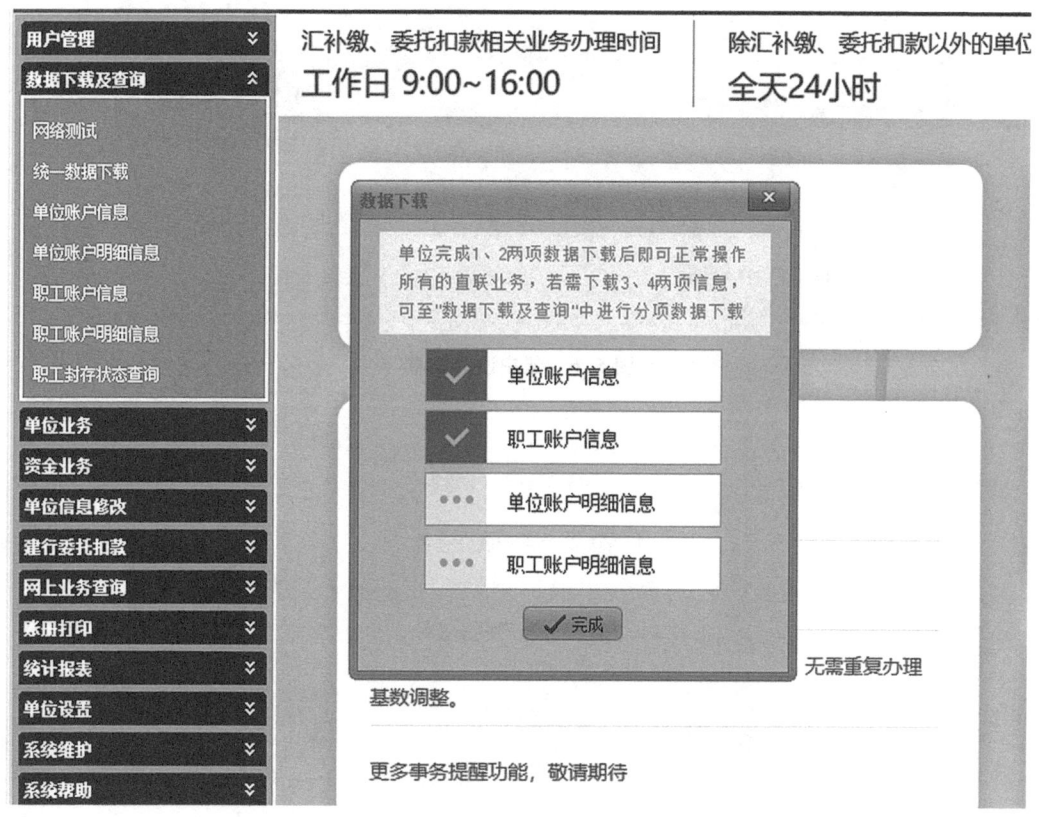

图 5-5　统一数据下载

第五章　住房公积金制度 / 91

2. 直联业务办理

点击"单位业务"下拉菜单,可以操作所有的公积金变更业务。

在符合直联业务操作条件、正常联网的情况下,可以使用"个人账户设立""启封""转入""转出""封存""待销户停缴"业务的直联功能。

1) 新入职职工相关直联业务

单位有新入职职工时,首先确定该职工是否开设过公积金账户,若从未开设过公积金账户,可进行"个人账户设立"操作。若已开设过公积金账户,如职工账户在本单位公积金账户下,可以直接操作"启封"业务;如果职工公积金账户被封存在"上海市公积金管理中心住房公积金集中封存专户",可以操作"转入"业务,"转入"同时可直接"启封"。

个人账户设立:点击"单位业务"下拉菜单,点击"账户设立",仔细阅读并勾选承诺告知后,点击"继续",如图5-6所示,选择"单个账户设立业务",如图5-7所示。在相应文本框中准确填写职工的姓名、18位身份证号及工资收入等信息,完成后点击"提交",如图5-8所示,核对信息无误后,点击"确认"提交信息,如图5-9所示,个人账户设立完成。

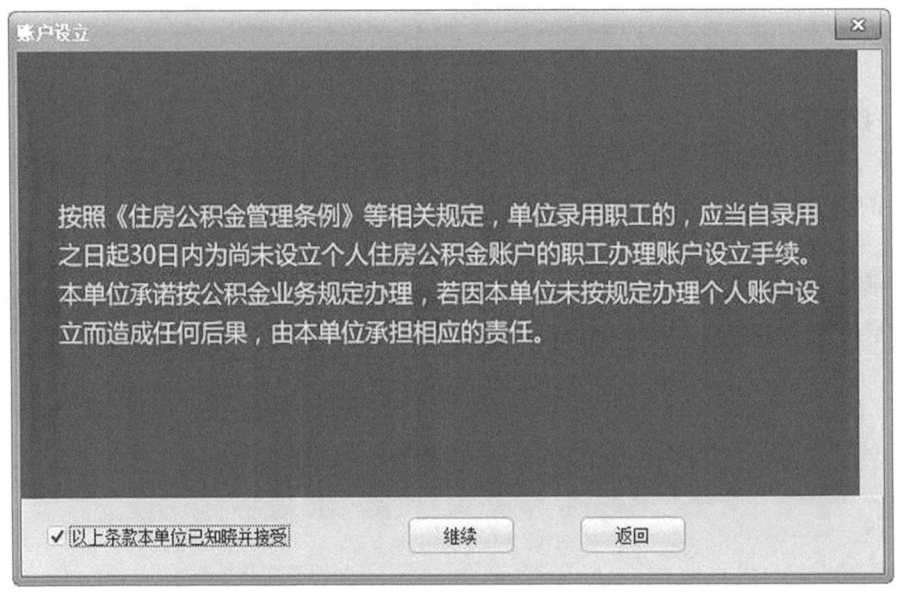

图 5-6　账户设立条款

图 5-7　账户设立

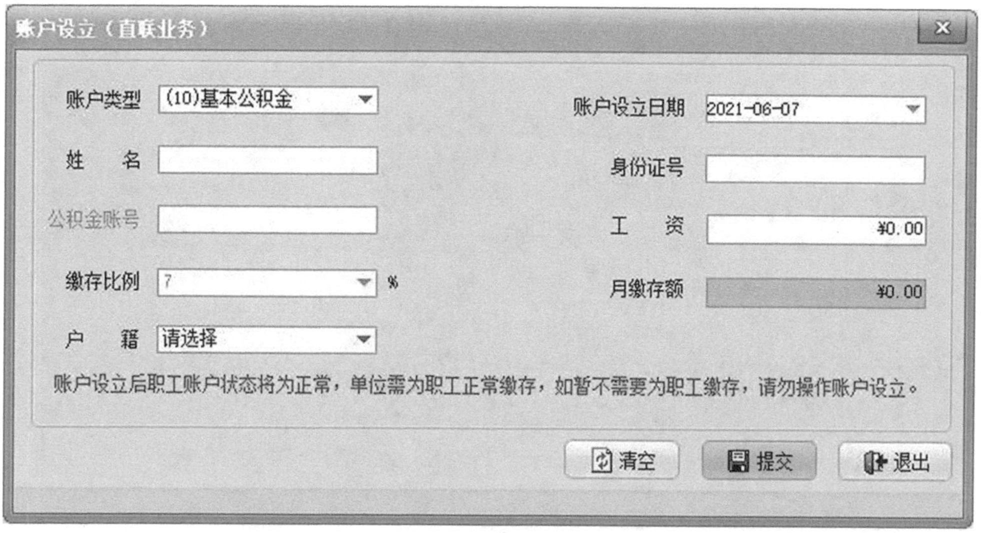

图 5-8 职工信息

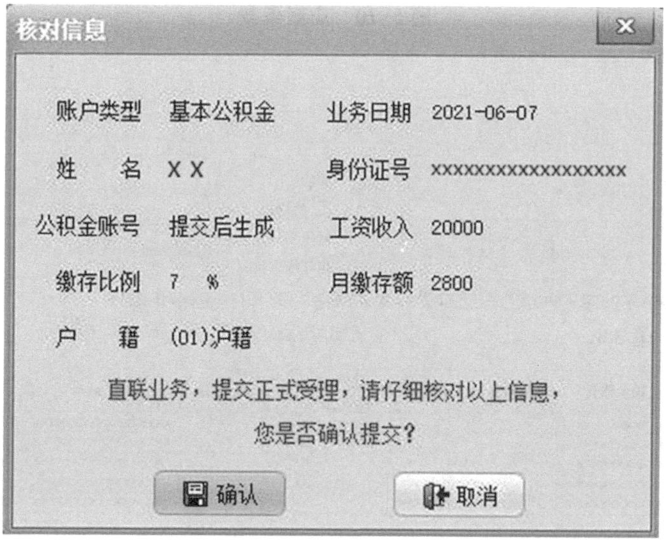

图 5-9 核对信息

启封:点击"单位业务"下拉菜单,点击"启封",仔细阅读并勾选承诺告知后,点击"继续",如图 5-10 所示。在"查询条件"部分输入相应的查询条件,然后点击"查询"进行查询,选择需要进行启封操作的职工,点击"启封",如图 5-11 所示。重新输入该职工的身份证号及工资收入,如图 5-12 所示,点击"提交"即启封完成。

转入:点击"单位业务"下拉菜单,点击"转入",仔细阅读并勾选承诺告知后,点击"继续",如图 5-13 所示,填写转入职工的姓名、身份证号,并输入 12 位的公积金账号,点击"提交",如图 5-14 所示,即转入完成。转入后系统会自动提示是否操作启封业务,按照提示信息可完成该职工账户的启封。

图 5-10　启封条款

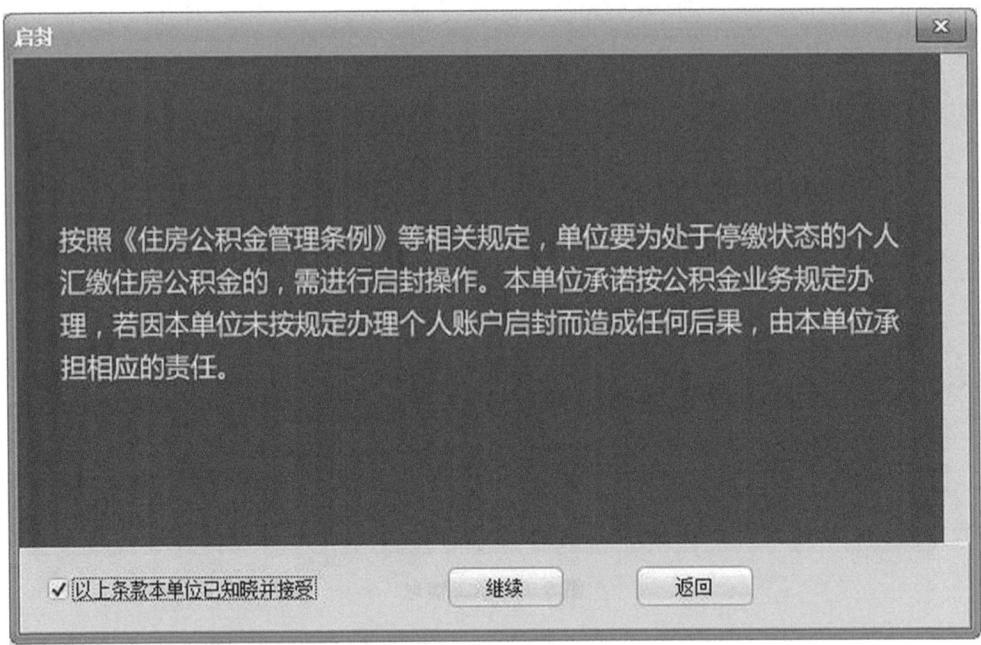

图 5-11　查询可启封职工

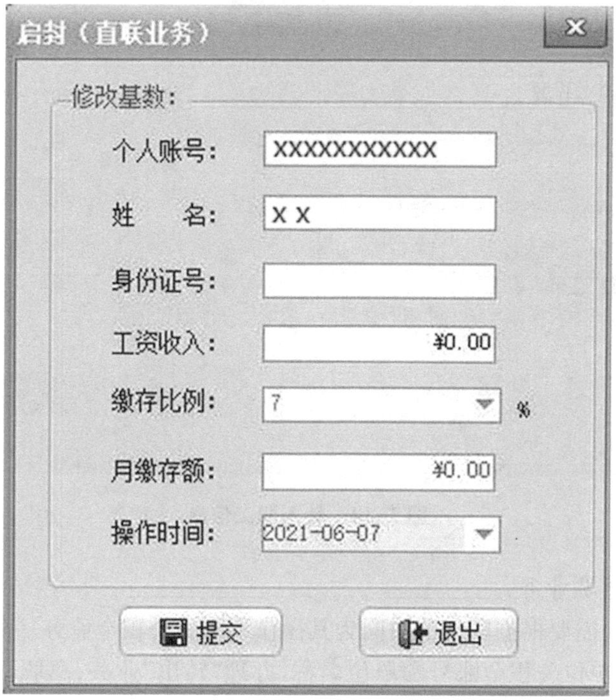

图 5-12　启封职工信息

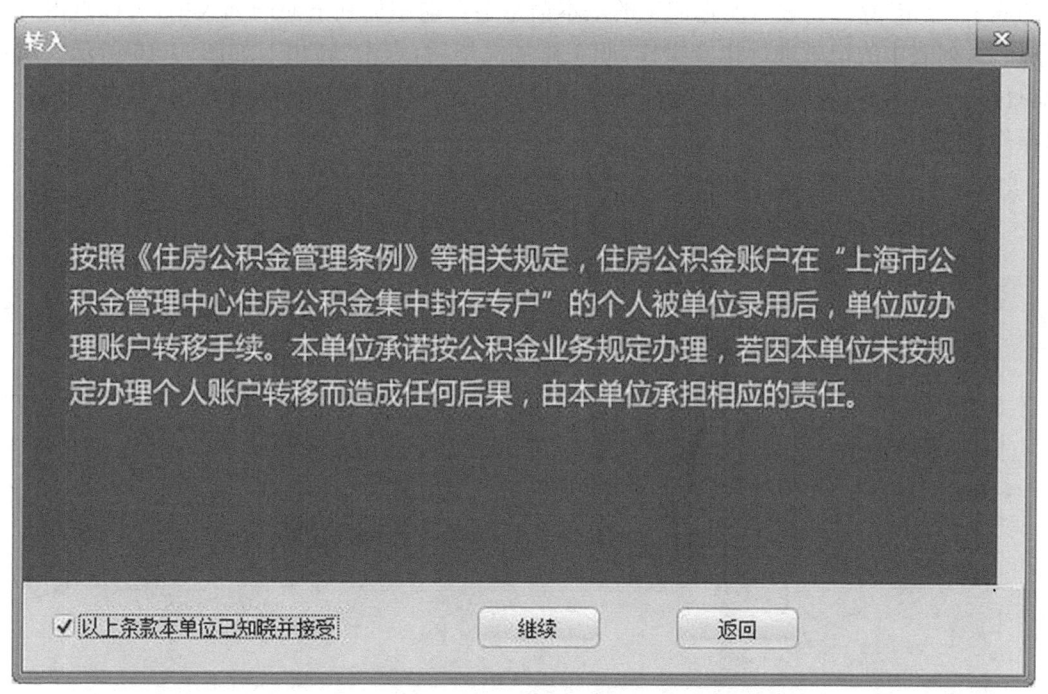

图 5-13　转入条款

图 5-14 转入职工信息

2）离职职工相关直联业务

单位有职工离职后，需要根据职工的去向为其操作不同的公积金业务。离职职工有新就职单位，请职工提供对方单位的单位公积金账号和单位名称，办理"转出"业务；离职职工如无新就职单位，单位需要为其办理"封存"业务；职工退休需要注销公积金账户，单位可以操作"待销户停缴"业务。

转出：点击"单位业务"下拉菜单，点击"转出"，仔细阅读并勾选承诺告知后，点击"继续"，如图 5-15 所示。在"查询条件"部分输入相应的查询条件，然后点击"查询"进行查询，选择需要办理转出的职工，点击"存入列表"，所选职工的基本信息会自动添加到下面的列表中，可以点击"清空"和"删除"对列表中的记录进行相应操作，职工添加完毕后，点击"转出"，如图 5-16 所示。填写新就职单位的单位名称和其单位公积金账号以及最后一次办理汇缴的年份和月份，点击"提交"完成转出操作，如图 5-17 所示。

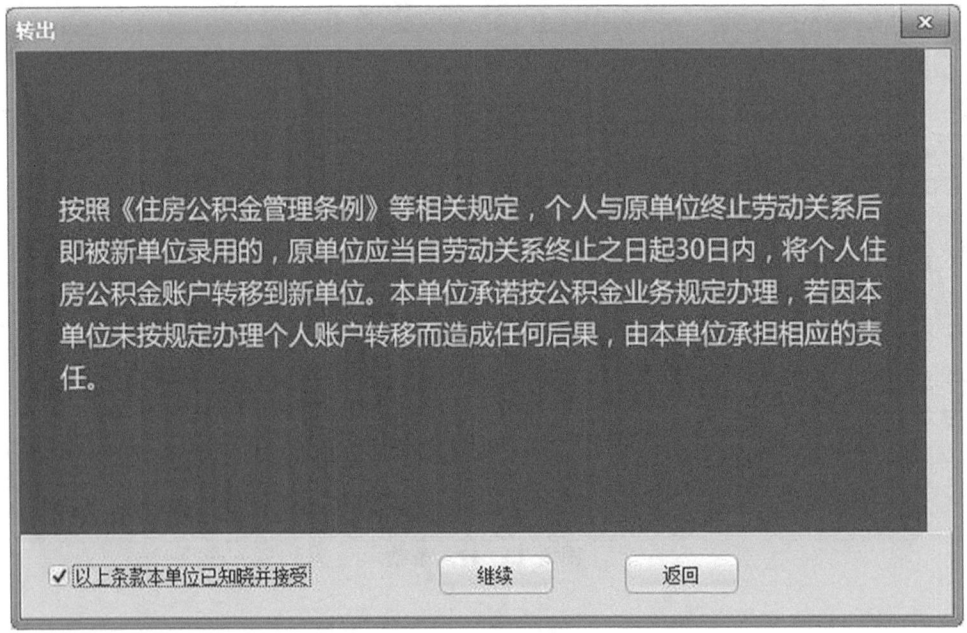

图 5-15 转出条款

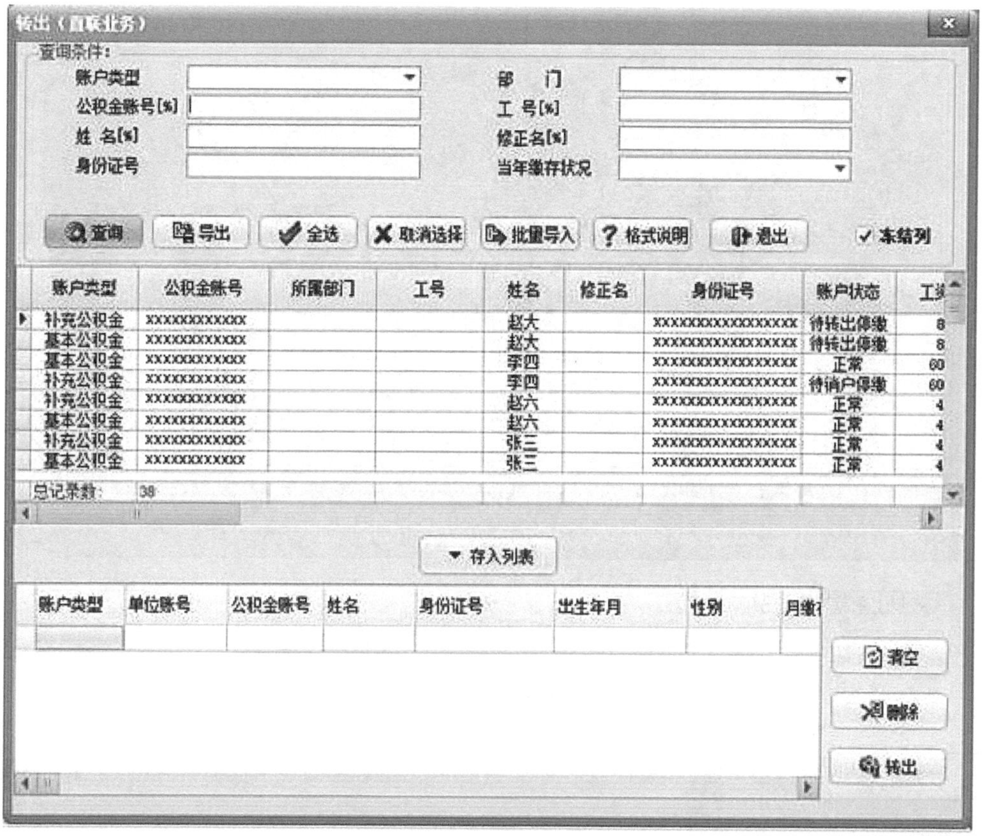

图 5-16 查询可转出职工

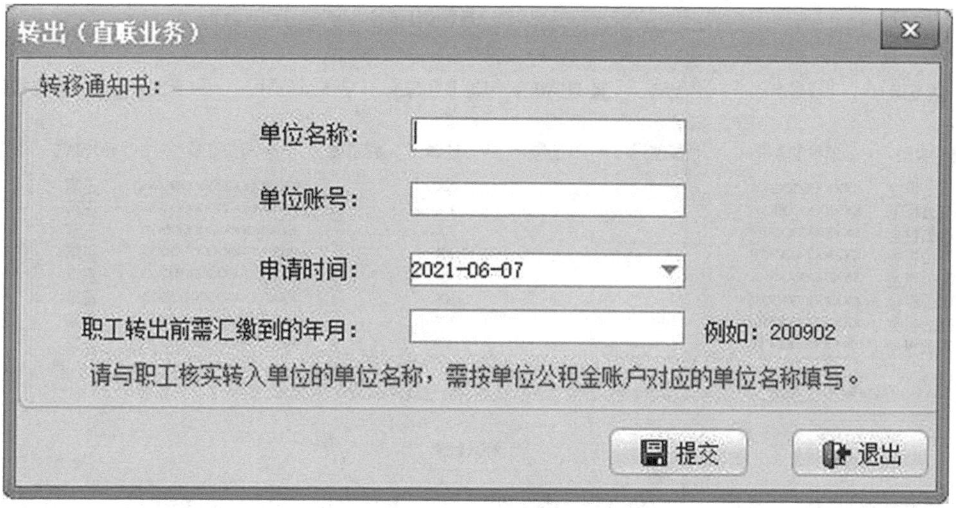

图 5-17 转出职工信息

封存:点击"单位业务"下拉菜单,点击"封存",仔细阅读并勾选承诺告知后,点击"继续",如图 5-18 所示。在"查询条件"部分输入相应的查询条件,然后点击"查询"进行查询,选择需要办理封存的职工,点击"存入列表",所选职工的基本信息会自动添加到下面的列表中,可以点击"清空"和"删除"对列表中的记录进行相应操作,职工添加完毕后,点击"封存",如图 5-19 所示,系统弹出提示信息,将列表中的职工全部封存,点击"确定"完成封存操作,如图 5-20 所示。

第五章 住房公积金制度

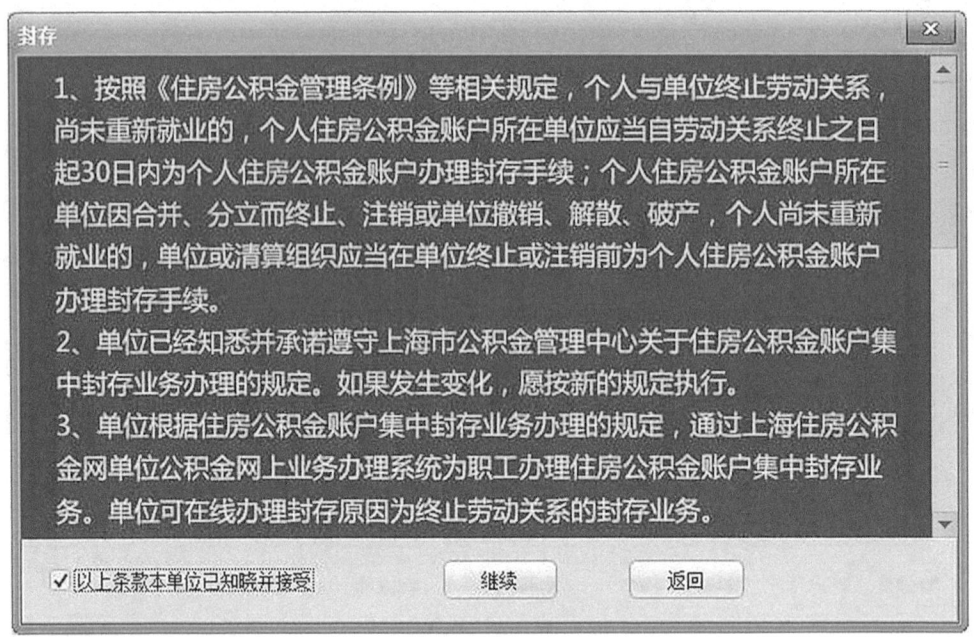

图5-18 封存条款

图5-19 查询可封存职工

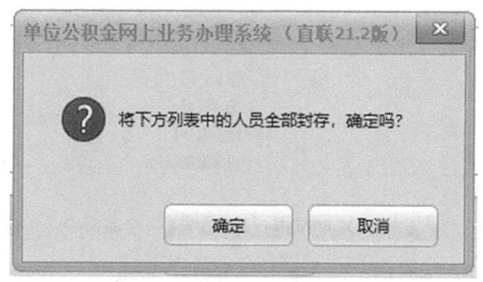

图 5-20　确认封存信息

待销户停缴:点击"单位业务"下拉菜单,点击"待销户停缴",仔细阅读并勾选承诺告知后,点击"继续",如图 5-21 所示,出现停缴的单位信息,如信息不一致可修正,如图 5-22 所示。在"查询条件"部分输入相应的查询条件,然后点击"查询"进行查询,选择需待销户停缴的职工,点击"存入列表",所选职工的基本信息会自动添加到下面的列表中,可以点击"清空"和"删除"对列表中的记录进行相应操作,职工添加完毕后,点击"待销户停缴",如图 5-23 所示。将列表中的职工停缴,点击"提交"完成待销户停缴操作,如图 5-24 所示。

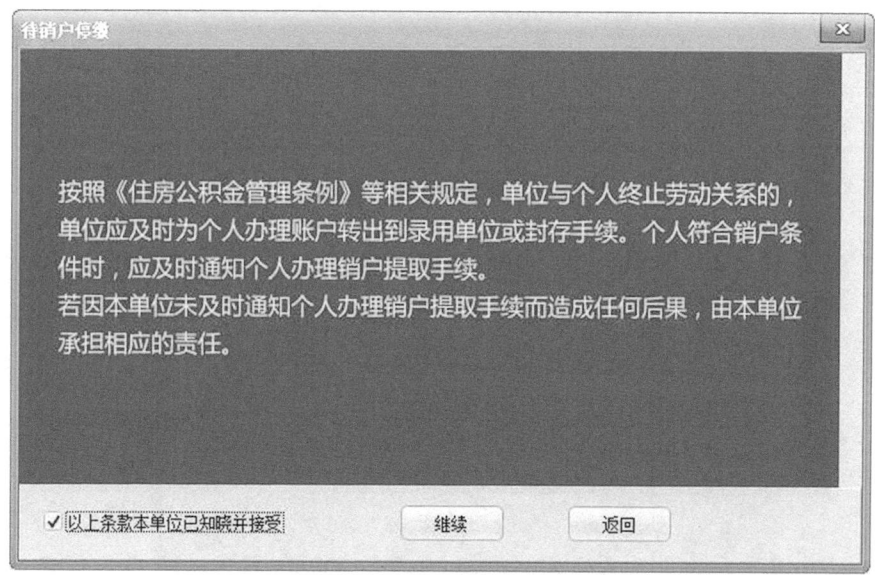

图 5-21　待销户停缴条款

图 5-22　停缴单位信息

第五章　住房公积金制度 / **99**

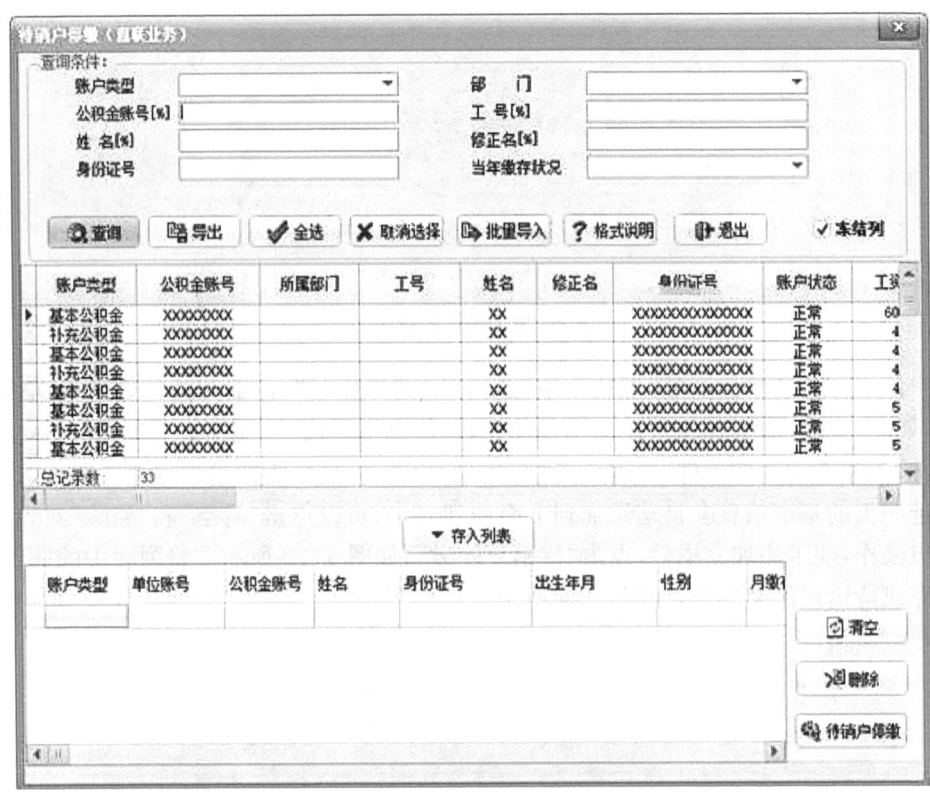

图 5-23　查询可待销户停缴职工

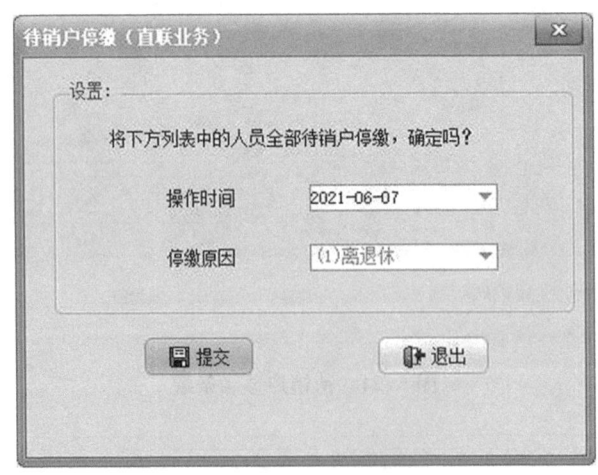

图 5-24　提交待销户停缴职工

## 二、资金业务

在完成办理单位职工入职、离职的直联业务操作后，就可以准备汇缴公积金。在每月汇缴前，为了更加准确地核对职工公积金缴纳情况，需打印汇缴书和变更清册，确认职工与金额是否正确。确认完成后就可以进行汇缴。

1. 汇缴书与变更清册

如果该月有职工变动，先打印变更清册，确认变更清册无误后，再打印汇缴书；如果该月无职工变动,直接打印汇缴书即可。

　　点击"资金业务"下拉菜单,点击"打印汇缴补缴书",弹出"公积金汇缴书"对话框,如图5-25所示。系统默认汇缴,请不要修改缴交期(年)和缴交期(月),点击下方的"变更清册",如图5-26所示。系统会根据直联业务办理中的内容自动填写并生成"上海市住房公积金汇缴变更清册",如图5-27所示。核对变更清册中的职工变动是否与实际的直联业务办理一致,若一致则打印留存。

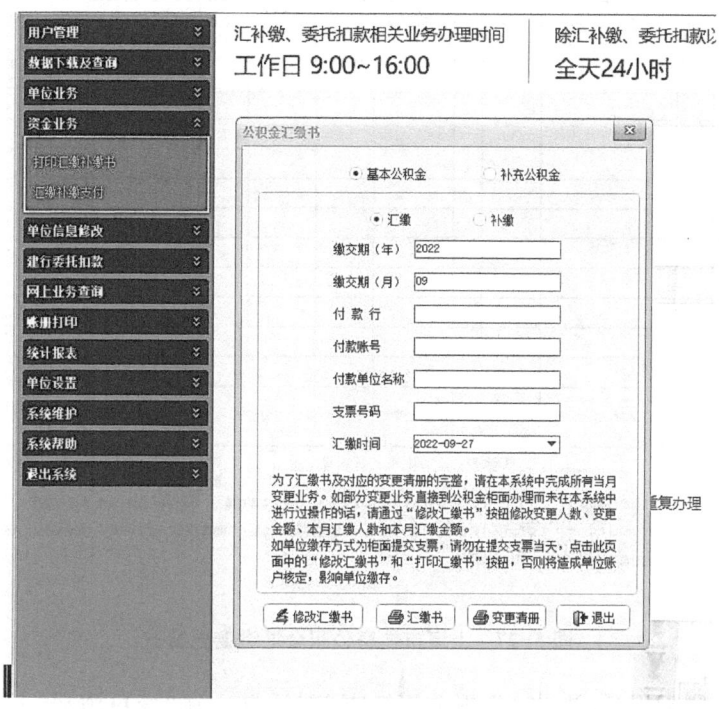

图5-25　打印汇缴补缴书

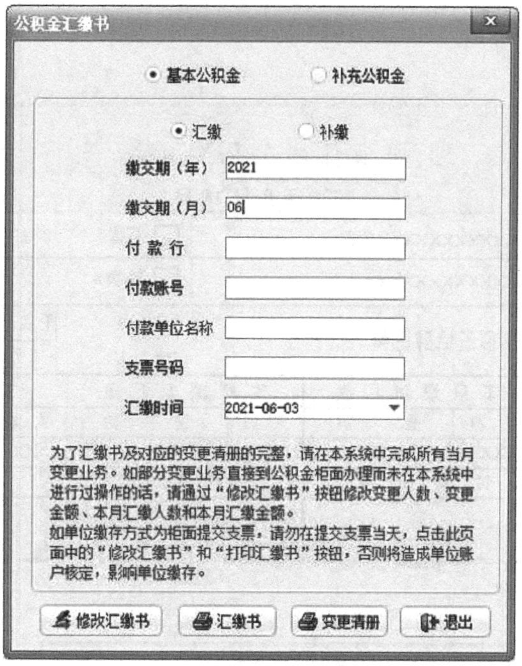

图5-26　公积金汇缴书—变更清册

## 上海市住房公积金汇缴变更清册

单位名称：XXXXXXXXXXXX公司
单位住房公积金账号：XXXXXXXXXX
缴交日期：2019 年 04 月
共1页第1页

| 序号 | 变更类型 | 姓名 | 证件类型 | 证件号码 | 出生日期 | 性别 | 住房公积金账号 | 每月应缴额 | 工资收入 | 缴存比例(%) | 直联标记 | 住房公积金账号 | 姓名 | 摘要 | 每月应缴额 | 直联标记 |
|---|---|---|---|---|---|---|---|---|---|---|---|---|---|---|---|---|
| 1 | | | | | | | | | | | | XXXXXXX | 李四 | 职工封存 | 776.00 | 是 |

| 本页小计 | 人数 | 0 | 金额 | 0.00 | 人数 | 1 | 金额 | 776.00 |
| 本月合计（填第一页） | 人数 | 0 | 金额 | 0.00 | 人数 | 1 | 金额 | 776.00 |

单位填表人：　　　　　　　　　　填表日期：2021 年 6 月 3 日　　　建设银行住房公积金业务网点经办人：
单位盖章：　　　　　　　　　　　　　　　　　　　　　　　　　　建设银行住房公积金业务网点盖章：

填表说明：1. 职工账户设立、转入、启封需如实填写职工的姓名、证件类型、证件号码、工资收入等内容，变更类型栏填写：①新增职工账户设立 ②转入/启封。
2. 本月减少汇缴栏中的摘要填写：销户、转出、封存。
3. 证件类型填写：①居民身份证 ②护照 ③港澳居民来往内地通行证（回乡证） ④港澳居民居住证 ⑤台湾居民来往大陆通行证（台胞证） ⑥台湾居民居住证 ⑦外国人永久居留证。证件类型为非居民身份证的需填写职工出生日期和性别。
4. 本表一式二联，一联经建行盖章后返回单位，一联由建行留存。

2018年9月印制

图 5-27　上海市住房公积金汇缴变更清册

在确认变更清册无误后，点击"公积金汇缴书"对话框中在"变更清册"左边的"汇缴书"，如图 5-26 所示，此时自动生成"上海市住房公积金汇缴书"，如图 5-28 所示。核对无误后即可开始准备汇缴支付。

## 上海市住房公积金汇缴书

2021 年 9 月 16 日　　附清册　　张

| 单位名称 | XXXXXXXXXXXX公司 | ☑ 汇缴： | 2021 年 08 月份 |
|---|---|---|---|
| 单位住房公积金账号 | XXXXXXXXXX | ☐ 补缴： | 人数　　人 |

| 缴交金额（大写） | 壹万贰仟陆佰伍拾肆圆整 | 千 百 十 万 千 百 十 元 角 分 |
| | | 　　　　1 2 6 5 4 0 0 |

| 上月汇缴 | | 本月增加汇缴 | | 本月减少汇缴 | | 本月汇缴 | |
|---|---|---|---|---|---|---|---|
| 人数 | 金额 | 人数 | 金额 | 人数 | 金额 | 人数 | 金额 |
| XX | XXXX | XX | XXXX | XX | XXXX | XX | XXXX |

| 付款银行 | 付款账号 | 付款单位名称 | 支票号码 |
|---|---|---|---|
| | | | |

银行盖章

第一联

图 5-28　上海市住房公积金汇缴书

2. 汇缴支付

在确认汇缴书人数、金额无误后,点击"资金业务"下拉菜单,点击"汇缴补缴支付",出现"直联汇补缴"对话框,勾选默认条款后点击"继续",如图 5-29 所示。然后出现"汇缴（直联）"对话框,上方单位信息为本单位信息,自动默认,在下方付款账号右边的" ＋ "按钮中新增支付银行信息,如图 5-30 所示。按照要求填写"新增支付银行信息"对话框中的信息,如图 5-31 所示。确认完成后回到"汇缴（直联）"对话框,并填写手机号码,核对所有信息无误后,点击"汇缴",如图 5-32 所示。此时会弹出"直联基本公积金汇缴"的对话框,再次确认汇缴年月、人数、金额,确认完成后,点击"确认支付",接着会要求输入直联汇缴月份,系统处理完成后再输入 PIN 码,点击"确定",汇缴完成,如图 5-33 至图 5-36 所示。

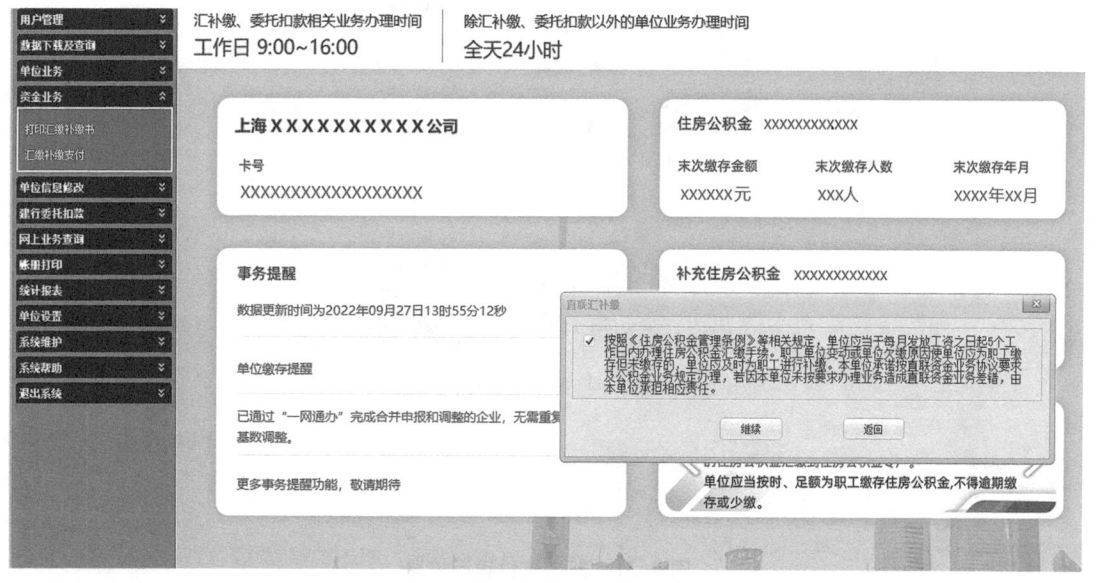

图 5-29　直联汇补缴

第五章　住房公积金制度

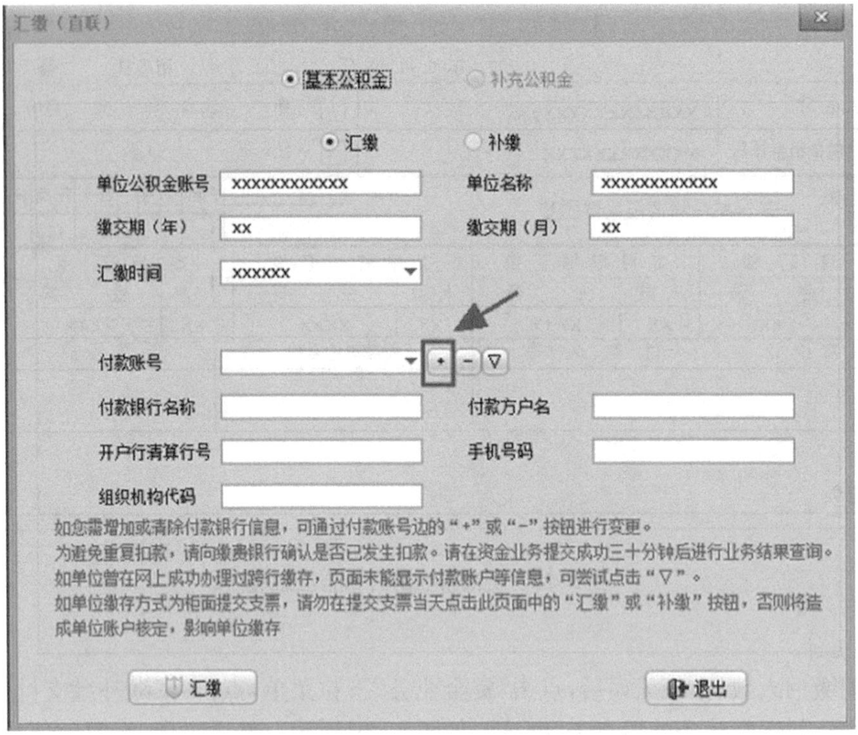

图 5-30 汇缴(直联)

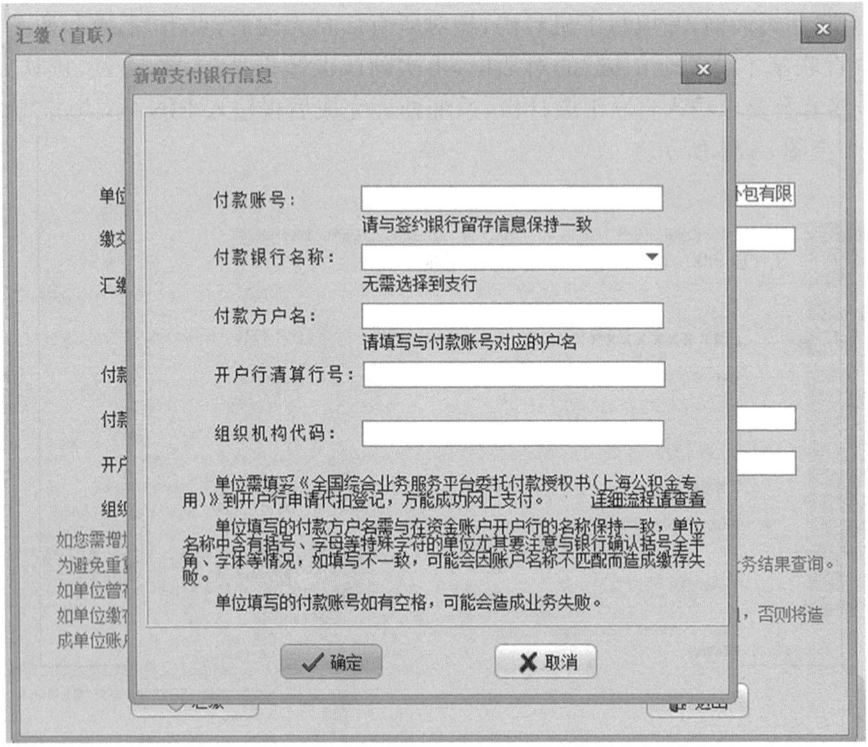

图 5-31 新增支付银行信息

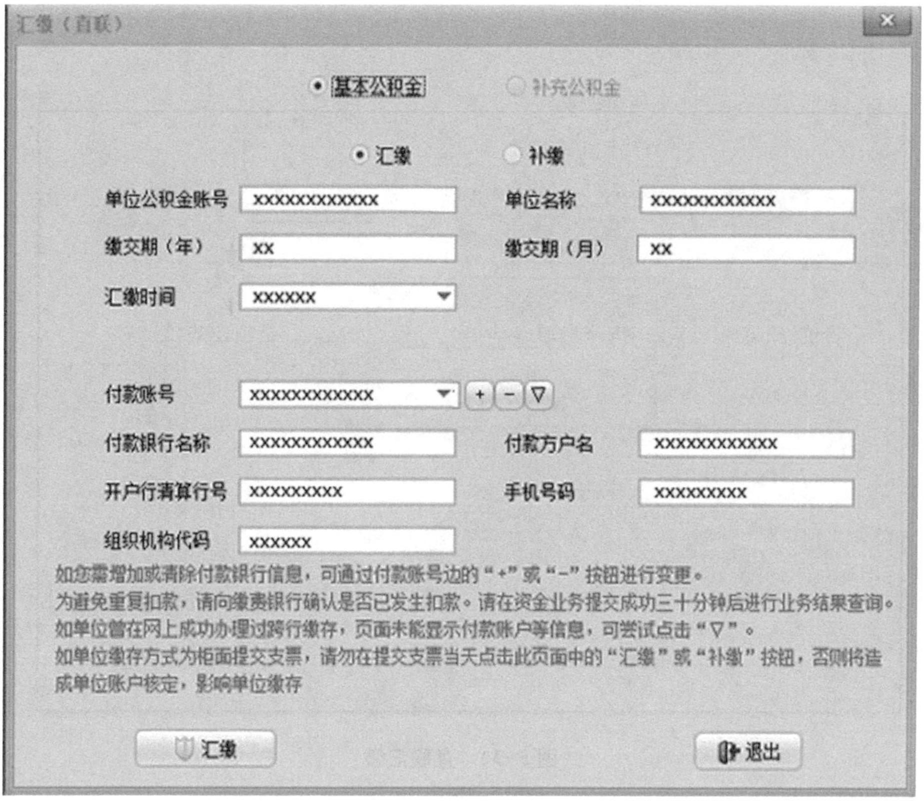

图 5-32 汇缴信息

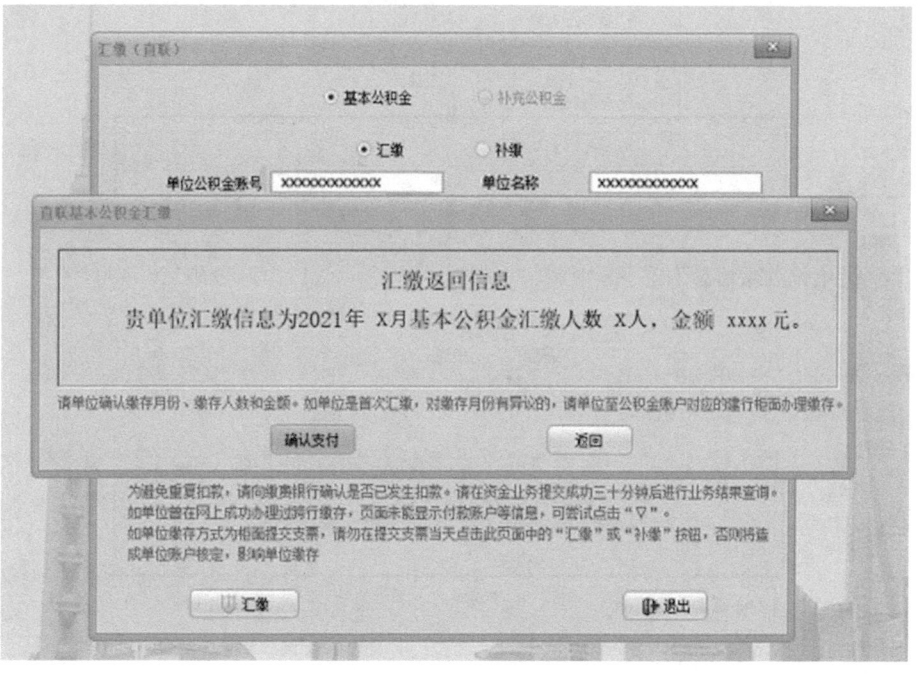

图 5-33 直联基本公积金汇缴

第五章 住房公积金制度

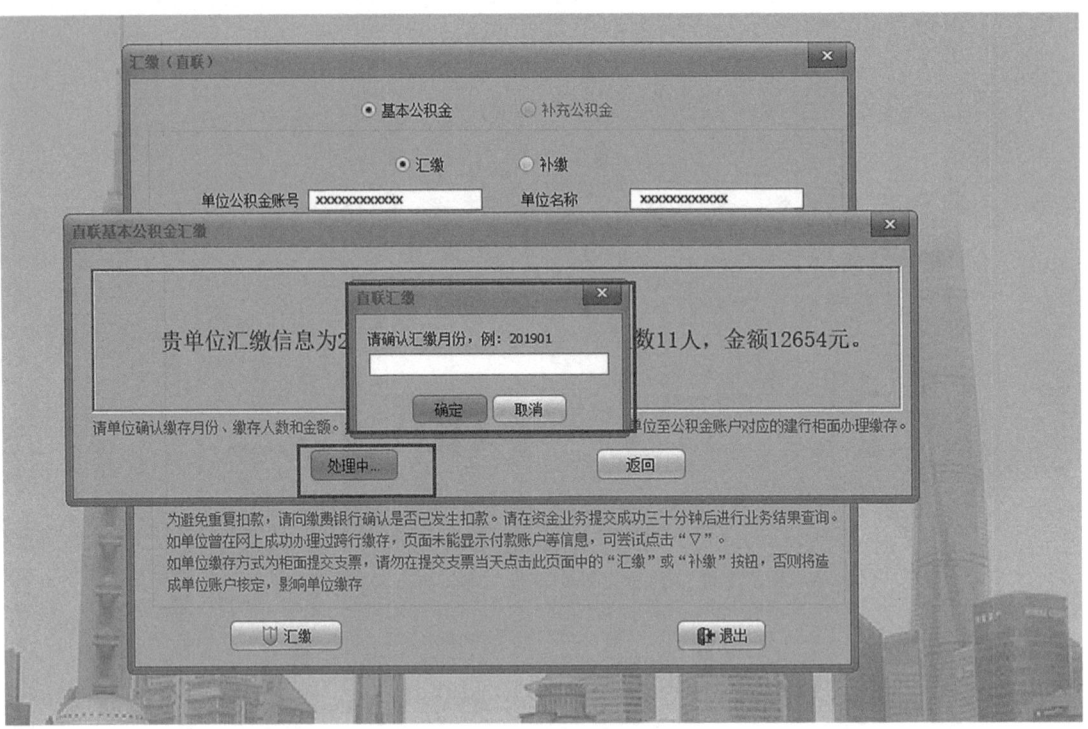

图 5-34 直联汇缴

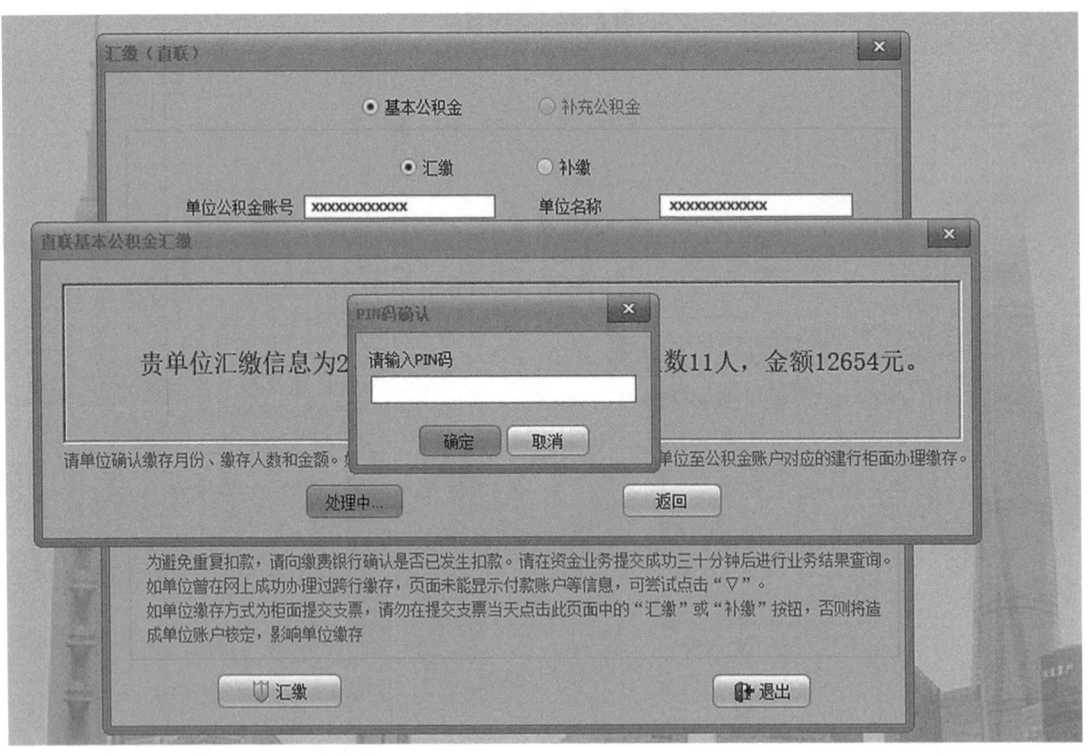

图 5-35 PIN 码确认

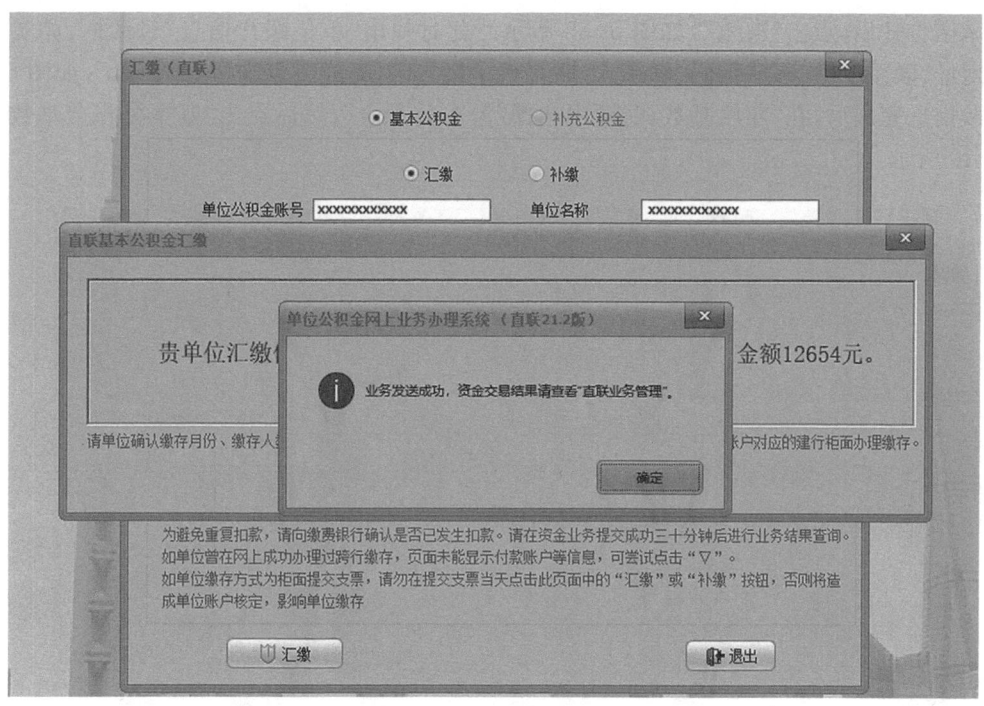

图 5-36 汇缴业务结果

## 三、年度基数调整

公积金基数年度调整是单位在汇缴完 6 月份公积金后进行的操作,此时申报的是新基数,基数为职工上一年度的平均月工资,调整完成后汇缴 7 月份公积金为新基数下的公积金。

进入基数调整:点击"单位业务"下拉菜单,点击"年度基数调整",如图 5-37 所示。仔细阅读

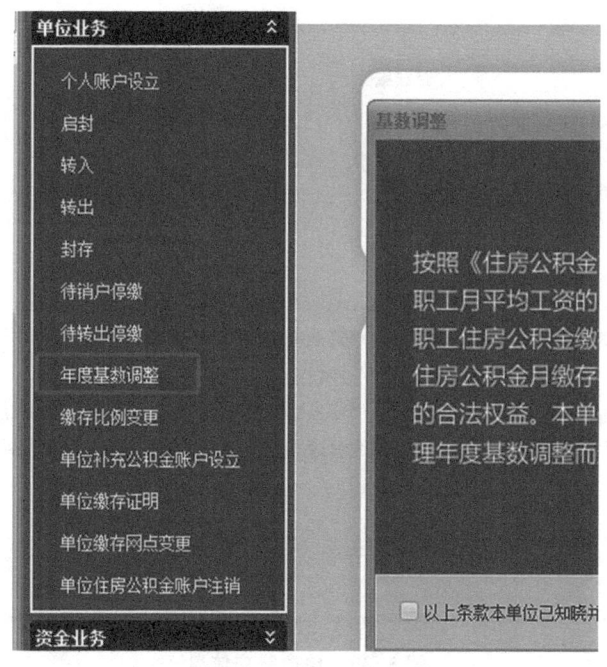

图 5-37 年度基数调整

并勾选承诺告知后,点击"继续",如图 5-38 所示。此时弹出"单位账户信息"对话框,如实填写单位联系地址、联系电话、邮政编码、联系人、联系人手机号码,完成后点击"修改信息",如图 5-39 所示。修改信息完成后,在"年度基数调整"中选择"基本公积金",然后点击"基本公积金基数调整",如图 5-40 所示。

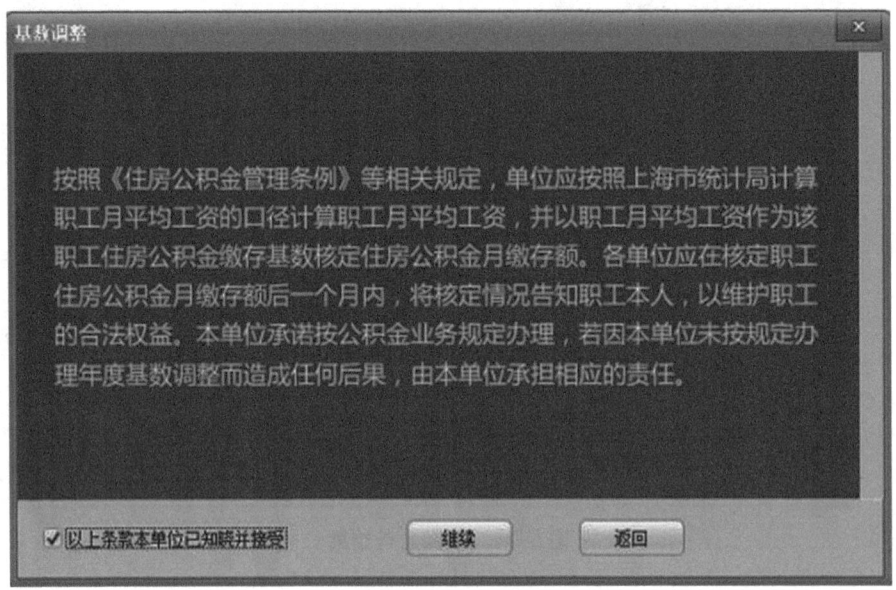

图 5-38　基数调整条款

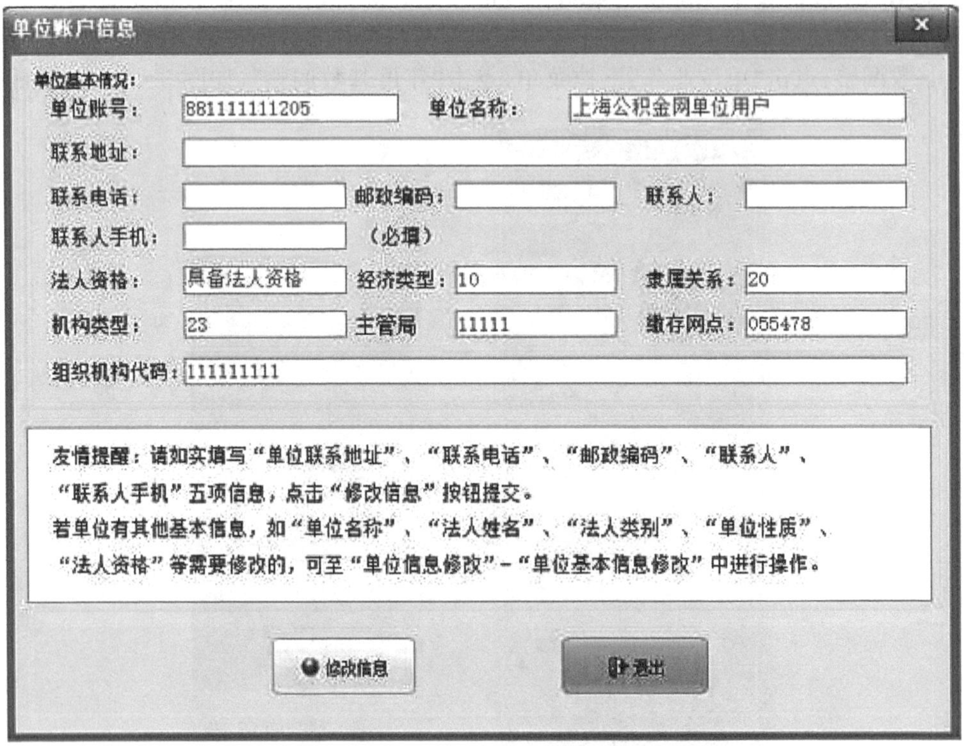

图 5-39　单位账户信息

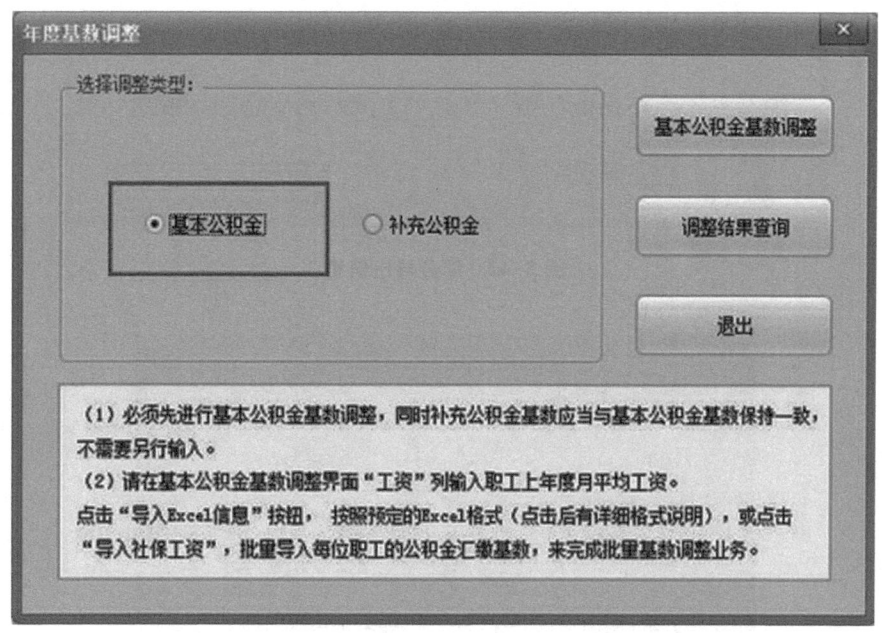

图 5-40　基本公积金基数调整

输入公积金工资基数:在"基本公积金基数调整"界面,点击"导出 EXCEL",将正常缴存基本公积金的职工信息导出,如图 5-41 所示。点击"部分导出",如图 5-42 所示,系统会生成 Excel 文件导出到所选择的路径存储位置。在 Excel 中完成工资(基数)数据的录入后,保存完成。在"基本公积金基数调整"中,点击"导入 EXCEL",选择 Excel 导入选项,在"导入匹配选项"中选择"职工账号"或者"身份证号",点击"选择文件"选择保存后的 Excel 文件,如图 5-43 所示。职工工资导入完成后如图 5-44 所示。

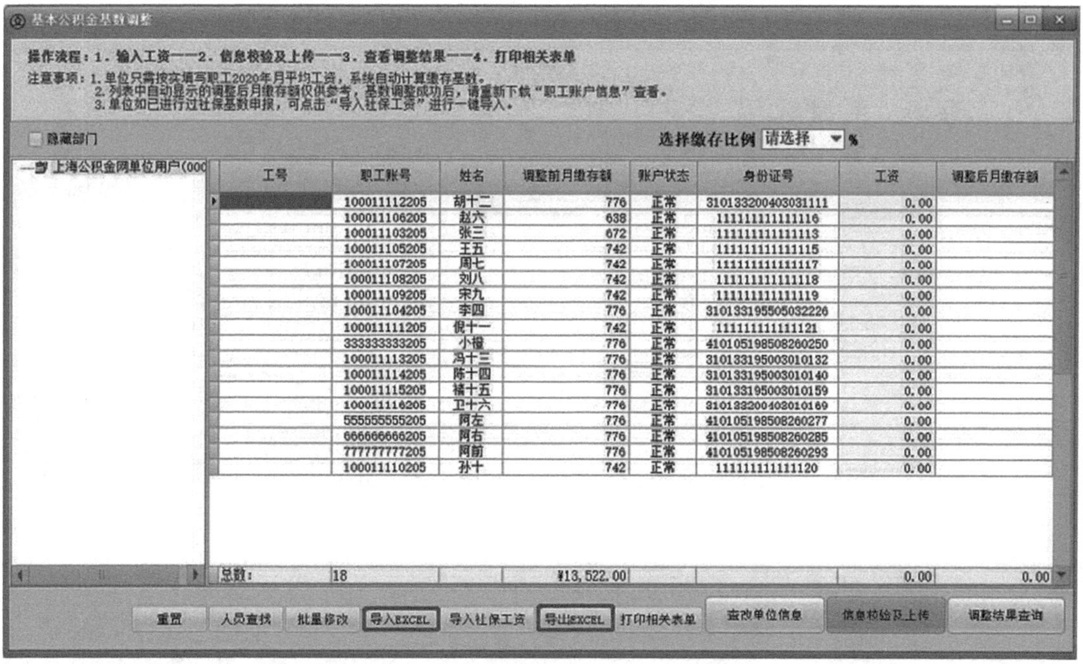

图 5-41　导出缴存基本公积金的职工信息

第五章　住房公积金制度 / 109

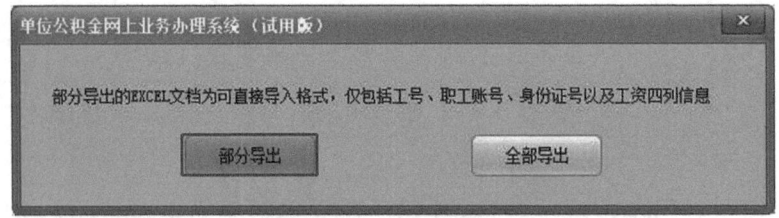

图 5-42 部分导出信息

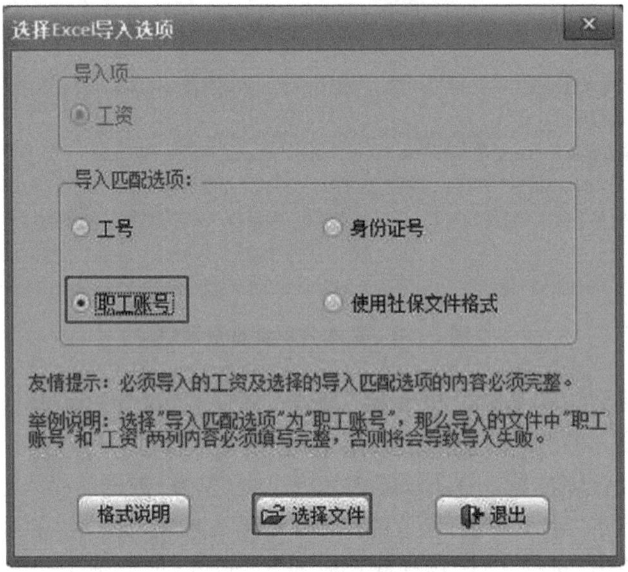

图 5-43 选择 Excel 导入选项

图 5-44 职工工资

信息校验及上传：在"基本公积金基数调整"界面，点击"信息校验及上传"，系统会自动检测录入信息中是否存在明显错误。如果检测出问题，修改相应的信息后重新导入文件，再次进行信息校验及上传；如果数据通过校验，可以点击"确认上传"，如图5-45所示，立即上传基数调整信息。上传成功后会出现上传结果及查询，如图5-46所示。

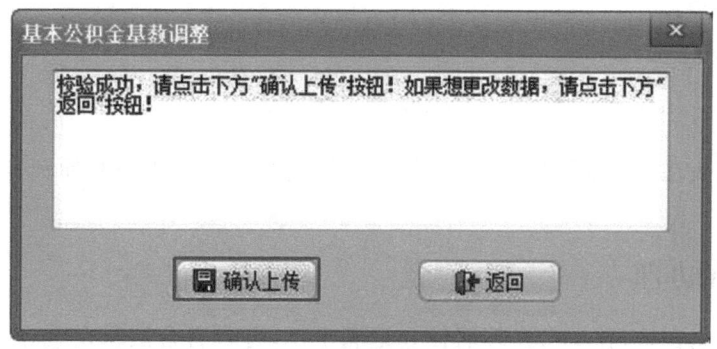

图5-45　上传基数调整信息

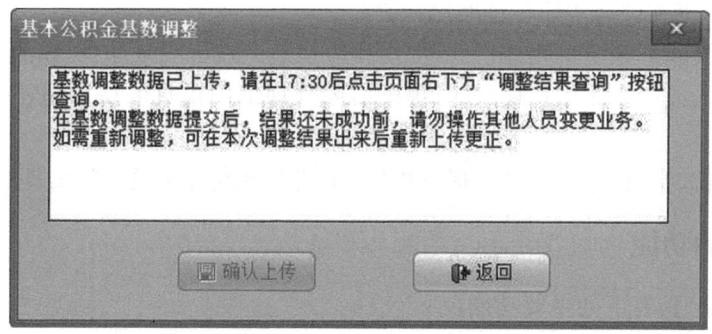

图5-46　上传结果及查询

查看调整结果：在"基本公积金基数调整"界面，点击"调整结果查询"，如果提示基数调整成功，如图5-47所示，就可以重新下载调整后的数据并开始操作7月份的公积金汇缴。

打印相关表单：在"基本公积金基数调整"界面，点击"打印相关表单"，进入"表单打印"界面，点击"打印基数调整表"，如图5-48所示，可以由单位打印后自行保管。

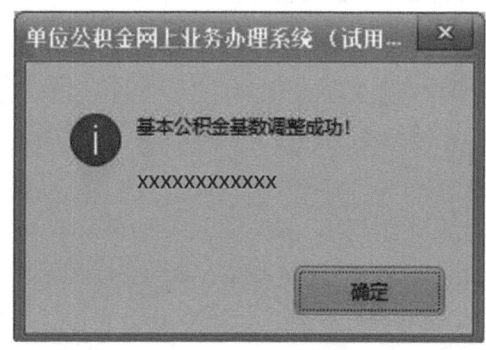

图5-47　调整结果

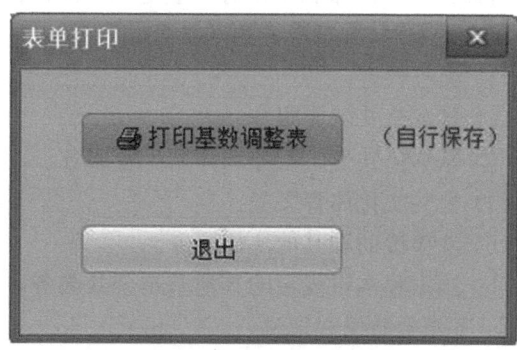

图5-48　打印基数调整表

# 第六章　人事人才制度

## 第一节　居住证制度

居住证是持证人在居住地居住、作为常住人口享受基本公共服务和便利、申请登记常住户口的证明。

### 一、居住证的办理

离开常住户口所在地，在本市办理居住登记满半年，符合有合法稳定就业、合法稳定住所、连续就读条件之一的境内来沪人员，可以依据《上海市居住证管理办法》到现居住地的社区事务受理服务中心申领《上海市居住证》，填写居住登记信息表，并提供本人居民身份证或者户口簿的复印件（验原件），以及以下在沪合法居住证明之一：

（1）居住在本人或近亲属自购住房的，提供相应房地产权证明复印件（验原件）；

（2）居住在本人或近亲属租赁住房的，提供房屋管理部门出具的房屋租赁合同登记备案证明复印件（验原件）；

（3）居住在单位、学校集体宿舍的，提供单位、学校人事或者保卫部门出具的集体宿舍证明。

### 二、居住证的功能

《上海市居住证》具有下列主要功能：

（1）作为《上海市居住证》持有人（以下简称持证人）在本市居住的证明；

（2）记录持证人基本情况、居住地变动情况等人口管理所需的相关信息；

（3）办理和查询个人积分，办理卫生计生、社会保险、教育等方面的个人相关事务。

### 三、享受待遇

**1. 可享受的基本公共服务**

持证人按照国家和本市有关规定，在本市享有劳动就业，参加社会保险，缴存、提取和使用住房公积金的权利，并享受下列基本公共服务：

（1）义务教育。

（2）基本公共就业服务。

（3）基本公共卫生服务和计划生育服务。

（4）公共文化体育服务。

（5）法律援助和其他法律服务。

（6）国家和本市规定的其他基本公共服务。

**2. 可享受的便利措施**

持证人按照国家和本市有关规定，在本市享受下列便利：

（1）办理出入境证件。

（2）换领、补领居民身份证。

(3) 机动车登记。
(4) 申领机动车驾驶证。
(5) 申报专业技术职称评定或者考试、职业资格考试。
(6) 办理生育服务登记和其他计划生育证明材料。
(7) 国家和本市规定的其他便利。

## 四、居住证积分介绍

### (一) 本市居住证积分管理

《上海市居住证》积分管理是通过设置积分指标体系，对在本市合法稳定居住和合法稳定就业的持证人进行积分，将其个人情况和实际贡献转化为相应分值；随着持证人在本市居住年限、工作年限、缴纳社会保险年限的增加和学历、职称等的提升，其分值相应累积。积分达到标准分值的，可以享受相应的公共服务待遇。

《上海市居住证》积分指标体系包括年龄、教育背景、专业技术职称和技能等级、在本市工作及缴纳社会保险年限等基础指标，并根据本市经济社会发展状况和人口服务管理需要，设置加分指标、减分指标、一票否决指标。各指标项目根据不同情况划分具体积分标准。

《上海市居住证》积分指标体系由市人力资源社会保障部门会同市发展改革、教育、卫生计生、公安、工商、税务、住房城乡建设、经济信息化等部门拟定，并报经市人民政府批准后向社会公布。

《上海市居住证》积分指标体系中的指标项目、积分标准以及标准分值，根据本市经济社会发展状况和人口服务管理需要进行动态调整。

积分达到规定分值后，持证人可申请办理本市常住户口的，按照国家有关规定和《持有〈上海市居住证〉人员申办本市常住户口办法》执行。

现行《上海市居住证积分管理办法》自2023年1月1日起施行，有效期至2027年12月31日。该办法中，总积分标准分值为120分。

### (二) 本市居住证积分具体指标体系

1. 基础指标

基础指标包含年龄、教育背景、专业技术职称和技能等级、在本市工作及缴纳职工社会保险年限等指标，见表6-1。

2. 加分指标

加分指标包括创业人才、创新创业中介服务人才、紧缺急需专业、投资纳税或带动本地就业、缴纳职工社会保险费基数、特定的公共服务领域、远郊重点区域、全日制应届毕业生、表彰奖励、配偶为本市户籍人员等指标。

(1) 创业人才。符合一定条件的创业人才，积120分。创业人才积分具体条件，由市科委会同相关部门制定后，向社会公布。

(2) 创新创业中介服务人才。符合一定条件的创新创业中介服务人才，积120分。创新创业中介服务人才积分具体条件，由市科委会同相关部门制定后向社会公布。

(3) 紧缺急需专业。持证人所学专业属于本市紧缺急需专业目录且工作岗位与所学专业一致的，积30分。本市紧缺急需专业目录，由市人力资源社会保障局会同相关部门制定后向社会公布。

(4) 投资纳税或带动本地就业。持证人在本市投资创办的企业，按照个人的投资份额计算，最近连续3年平均每年纳税额在10万元人民币及以上或平均每年聘用本市户籍人员在10人及以上,每纳税10万元人民币或每聘用本市户籍人员10人积10分,最高120分。

表6-1 本市居住证积分基础指标一览表

| 指标分类及名称 | | 最高分值 | 指标描述/具体积分标准 | 积分值 | 备注 |
|---|---|---|---|---|---|
| 基础指标 | 年龄 | 30分 | 56~60周岁,积5分;年龄每减少1岁,积分增加2分 | 少1岁积2分 | / |
| | 教育背景 | 110分 | 大专(高职)学历 | 50分 | 1. 两项指标选择一项进行积分;<br>2. 持证人以中、高级专业技术职称和技能等级二级、一级申请积分的,最近1年内累计6个月的缴纳职工社会保险费基数应不低于本市上年度城镇单位就业人员平均工资。 |
| | | | 大学本科学历 | 60分 | |
| | | | 大学本科学历和学士学位 | 90分 | |
| | | | 硕士研究生学历学位 | 100分 | |
| | | | 博士研究生学历学位 | 110分 | |
| | 专业技术职称和技能等级 | 140分 | 技能等级五级 | 15分 | |
| | | | 技能等级四级 | 30分 | |
| | | | 技能等级三级 | 60分 | |
| | | | 技能等级二级或中级职称 | 100分 | |
| | | | 技能等级一级或高级职称 | 140分 | |
| | 缴费年限 | / | 缴纳职工社会保险费,每满1年 | 3分 | |

(5)缴纳职工社会保险费基数。持证人在本市工作缴纳职工社会保险费基数指标最高分值120分,见表6-2。

表6-2 本市居住证积分缴纳职工社会保险费基数加分指标一览表

| 缴费基数标准 | 缴费基数与本市上年度城镇单位就业人员平均工资比值 | 积分值 | 备注 |
|---|---|---|---|
| 持证人最近4年内累计36个月在本市缴纳职工社会保险费基数 | 80%≤比值<100% | 25分 | 持证人因未正常缴纳本市职工社会保险费而补缴的、职工社会保险缴费基数与个人所得税缴费基数不能合理对应的、职工社会保险缴费单位与签订劳动(聘用)合同单位不一致的,不作为本项的积分依据。 |
| | 100%≤比值<200% | 50分 | |
| | 200%≤比值<300% | 100分 | |
| | 比值=300% | 120分 | |

持证人因未正常缴纳本市职工社会保险费而补缴的、职工社会保险缴费基数与个人所得税缴费基数不能合理对应的、职工社会保险缴费单位与签订劳动(聘用)合同单位不一致的,不作为本项的积分依据。

(6)特定的公共服务领域。持证人在本市特定的公共服务领域就业,每满1年积4分,满5年后开始计入总积分。

(7)远郊重点区域。持证人在本市重点发展的远郊区域工作并居住,每满1年积2分,满足一定年限后开始计入总积分,最高分值20分。

(8) 全日制应届毕业生。持证人为全日制应届高校大学毕业生,积 10 分。

(9) 表彰奖励。持证人在本市工作期间获得的表彰奖励可积分,最高分值 110 分。具体积分标准如下:持证人获得本市部、委、办、局等市级机关专项性表彰奖励,积 30 分。持证人获得本市部、委、办、局等市级机关综合性表彰奖励,积 60 分。持证人获得省部级及以上表彰奖励,积 110 分。本市部、委、办、局等市级机关表彰奖励项目目录,按照市委、市政府批准并公布的表彰奖励目录执行。

(10) 配偶为本市户籍人员。持证人配偶为本市户籍人员,结婚每满 1 年积 4 分,最高分值 40 分。

3. 减分指标

减分指标包括提供虚假材料、行政拘留记录和一般刑事犯罪记录等指标。减分指标包括提供虚假材料、行政拘留记录和一般刑事犯罪记录等指标。

(1) 申请积分时提供虚假材料。持证人 3 年内有提供身份、学历、就业、职称职业资格、婚姻、表彰奖励等方面虚假材料的,每次扣减 150 分。

(2) 行政拘留记录。持证人 5 年内有行政拘留记录的,每条扣减 50 分。

(3) 一般刑事犯罪记录。持证人 5 年内有一般刑事犯罪记录的,每条扣减 150 分。

(4) 一票否决指标。持证人有严重刑事犯罪记录的,取消申请积分资格。

## 五、申办本市居住证的条件、材料及流程

1. 申请条件

(1) 具有本科以上学历,以不改变其户籍的形式来本市工作或者创业的各类人才。

(2) 符合本市重点发展领域的紧缺急需的具有大专学历的特殊人才或高技能人才(详见沪人社力发〔2011〕54 号文件和大专学历申领人才类《上海市居住证》紧缺专业表)。

(3) 在沪投资创业,且本人投资额达到相当数额、企业符合本市重点发展的产业领域、企业经营良好、具有相当的社会贡献的优秀投资人才。可经企业所在地人事部门会同市场监管、财税、征信等部门认定,并出具推荐意见后报市人社部门审核。

(4) 其他特殊人才由市行业主管部门和区人社部门出具推荐意见后,报市人社部门审核。

注意事项:用人单位应向单位注册所在地的市、区受理点申报,不得随意跨区申领。

2. 书面材料

(1) 单位人事专员介绍信、身份证原件及复印件。

(2) 国内人才《上海市居住证》申请表(表格上加盖单位公章)(表格可在 21 世纪人才网下载)。

(3) 学历验证证明和学历证书原件及复印件。

(4) 单位营业执照(事业单位法人登记证、社团或非企业法人证书)和组织机构代码证复印件;单位为分公司需提供总公司营业执照及人事授权书复印件。

(5) 本人身份证原件及复印件;本人外地居民户口簿原件及复印件(需要外地详细住址首页及本人信息页),本人为集体户口的由集体户口所在地派出所出具户籍证明原件及复印件。

(6) 本市住所证明原件及复印件;已在沪购置产权房的提供产权证。

居住单位集体宿舍的由单位出具集体宿舍证明(附单位房地产权证复印件)。借住在亲友家的提供户主的房产证或者户口本、书面同意入住证明以及户主所在地居(村)委会出具的寄宿证明。

(7) 租房居住的须提供由房屋管理部门出具的房屋租赁合同登记备案证明。本市一级以上医院(包括二级)出具的健康状况证明原件及复印件化(体检证明三个月之内有效)。

(8) 一年期及以上的劳动合同原件及复印件(首次办理时劳动合同离截止日期应还有 6 个月以上有效期；具有资质的机构派遣的人才，还需提供派遣单位与用工单位的派遣协议、派遣岗位协议)。

(9) 个人档案查阅情况证明。不具有人事档案管理权限的单位，在递交申报材料后，由受理点所属的市、区人才服务中心，按照档案管理规定，将居住证申办人的人事档案调入人才服务中心，由中心档案管理部门核实相关信息后，出具个人档案查阅情况证明。

3. 本市居住证积分申请基本流程

(1) 来沪人员至现居住地街道社区事务受理服务中心申办《上海市居住证》。

(2) 来沪人员登录上海市居住证积分管理信息系统进行积分模拟打分。

(3) 模拟积分分值满足 120 分时，个人向所在单位提出积分申请。

(4) 用人单位首次申请时应按照《〈上海市居住证〉申请积分用人单位注册登记须知》进行网上注册，并至单位注册地区人才服务中心受理点审核单位信息。

(5) 已审核通过的用人单位登录上网，为申请人进行网上注册，并填写《〈上海市居住证〉积分申请表》(注册时将取得个人账号和密码，供申请人后续申请积分和网上查询使用)。提示：为保证居住证数据传送，申请人领取《上海市居住证》3 个工作日后，用人单位再为其网上注册创建积分账号。

(6) 单位为申请人进行网上信息审核，审核无误的，打印《〈上海市居住证〉积分申请表》，并点击"提交申请"按钮。

(7) 单位将积分申请材料递交至单位工商注册地、社团或民办非企业登记所在地的区人才服务中心受理点。

(8) 如材料齐全，受理点将受理相关材料，并出具收件凭证。

(9) 受理点调集申请人档案，以学历申请积分的，需进行教育经历的核实，随后进入审核程序。

(10) 申请人的居住证积分核定完成后，将通过短信形式通知持证人积分情况；单位也可以通过上网登录，了解积分申请进度和结果。

(11) 根据通知的时间和地址，持证人和用人单位可持有效身份证件至区人才服务中心领取《〈上海市居住证〉积分通知书》，也可至全市任一受理机构使用《上海市居住证》积分打印设备自助打印。

## 第二节　居住证网上经办操作实务

持有《上海市居住证》的来沪人员在上海市居住证积分管理信息系统进行积分模拟打分，模拟积分分值满足 120 分时，可向所在单位提出积分申请。

### 一、居住证积分新办

注册个人账号：员工新办积分，单位可在积分系统内为员工创建个人账户。点击"申请居住证积分"，如图 6-1 所示。创建账户需承诺及授权所填信息的真实性，并授权配合相关部门对本单位申请材料中相关信息进行核查。承诺经审核通过后，在单位内部公示办理《上海市居住证》人员名单。点击"我接受"，确认知晓承诺及授权的内容，如图 6-2 所示。输入员工姓名及身份证号，并设立账号密码，确认无误后点击"注册"，完成境内个人用户注册，如图 6-3 所示。注册成功后，积分系统内会显示该员工账户信息，告知员工账户及密码，员工自行登录网站填写。单位可查看本单位登记的申请居住证人员列表，如图 6-4 所示。

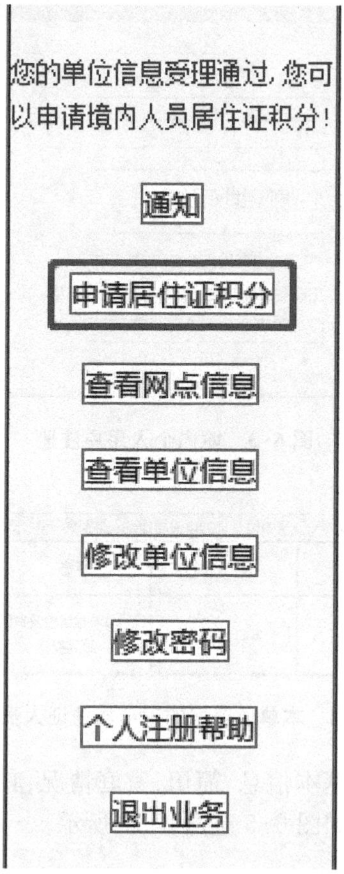
您的单位信息受理通过，您可以申请境内人员居住证积分！
通知
申请居住证积分
查看网点信息
查看单位信息
修改单位信息
修改密码
个人注册帮助
退出业务

**图 6-1　注册个人账号—申请居住证积分**

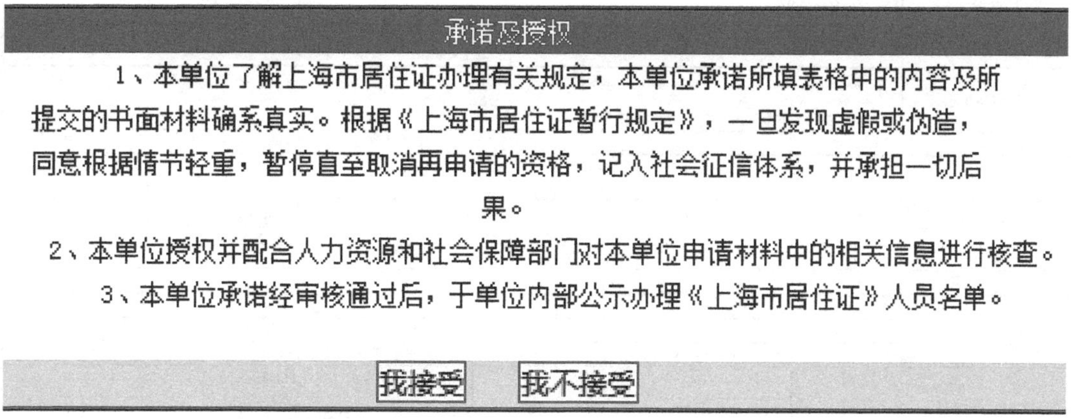
承诺及授权
1、本单位了解上海市居住证办理有关规定，本单位承诺所填表格中的内容及所提交的书面材料确系真实。根据《上海市居住证暂行规定》，一旦发现虚假或伪造，同意根据情节轻重，暂停直至取消再申请的资格，记入社会征信体系，并承担一切后果。
2、本单位授权并配合人力资源和社会保障部门对本单位申请材料中的相关信息进行核查。
3、本单位承诺经审核通过后，于单位内部公示办理《上海市居住证》人员名单。
我接受
我不接受

**图 6-2　承诺及授权**

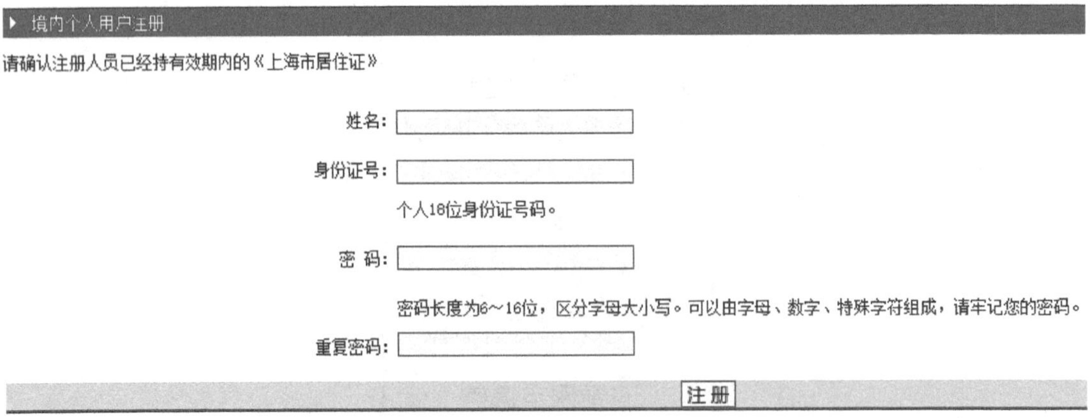


**图 6-3　境内个人用户注册**

| 贵单位登记的申请居住证人员列表 | | | | | | | |
|---|---|---|---|---|---|---|---|
| 序号 | 用户名 | 姓名 | 登记时间 | 状态 | 居住证有效期 | 积分有效期 | 操作 |
| 1 | xxxxxxxxxxxx | | 2021-10-27 | (新办)申报信息没有填写完整 | 2022-4-10<br>刷新有效期 | | 查看<br>修改<br>删除 |

**图 6-4　本单位登记的申请居住证人员列表**

申请人填写信息：申请人填写基本信息、简历、家庭情况、其他信息、创业信息、减分指标承诺信息，待填写完毕后，点击“完成”，如图 6-5 至图 6-10 所示。

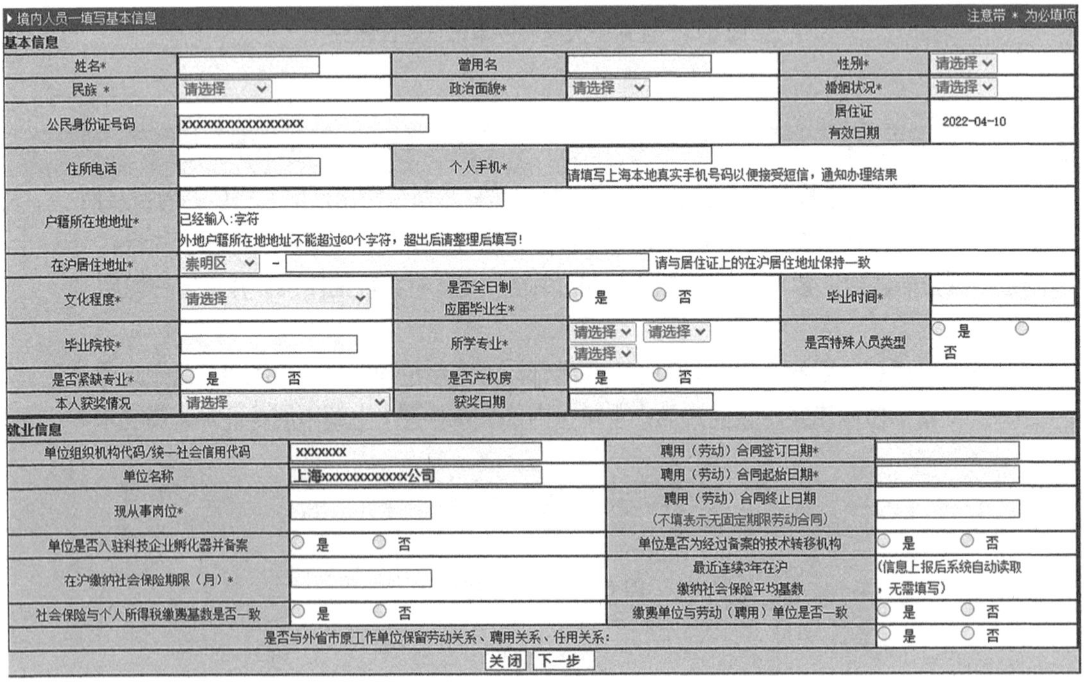


**图 6-5　基本信息**

▶境内人员一填写简历

个人简历

| 序号 | 起始年月* | 终止年月（不填表示至今） | 在何地区、何单位、何部门* | 任何职务* |
|---|---|---|---|---|
| 1 | | | | |
| 2 | | | | |
| 3 | | | | |
| 4 | | | | |
| 5 | | | | |
| 6 | | | | |
| 7 | | | | |
| 8 | | | | |

获奖信息

| 序号 | 获奖等级 | 获得本市委办局等市级机关颁发的个人奖励、获得省部级以上奖励 | 颁奖单位 | 获奖日期 |
|---|---|---|---|---|
| 1 | 请选择 | 请选择 | | |
| 2 | 请选择 | 请选择 | | |
| 3 | 请选择 | 请选择 | | |

上一步 关闭 下一步

图 6-6 简历

▶境内人员一填写家庭情况

配偶信息

| | | | | | |
|---|---|---|---|---|---|
| 姓名* | | 文化程度* | 请选择 | 结婚日期 * | |
| 身份证号码（护照号、军官号）* | | | | 是否外籍人士（军人） | ○ 是 ○ 否 |
| 是否本市常住户籍 | ○ 是 ○ 否 | | | 是否需享受积分相关待遇 | ○ 是 ○ 否 |
| 户籍地址 | | | | 配偶落户上海时间 | |
| 工作单位 | | | | 职务 | |

子女情况

请认真填写子女信息

| | | | | | | |
|---|---|---|---|---|---|---|
| 子女1 | 姓名* | | 姓名拼音 | | 身份证 | |
| | 性别* | 请选择 | 出生日期* | | 在读情况* | 请选择 |
| | 户籍地址 | | | | 是否享受积分相关待遇 | ○ 是 ○ 否 |
| 子女2 | 姓名* | | 姓名拼音 | | 身份证 | |
| | 性别* | 请选择 | 出生日期* | | 在读情况* | 请选择 |
| | 户籍地址 | | | | 是否享受积分相关待遇 | ○ 是 ○ 否 |
| 子女3 | 姓名* | | 姓名拼音 | | 身份证 | |
| | 性别* | 请选择 | 出生日期* | | 在读情况* | 请选择 |
| | 户籍地址 | | | | 是否享受积分相关待遇 | ○ 是 ○ 否 |
| 子女4 | 姓名* | | 姓名拼音 | | 身份证 | |
| | 性别* | 请选择 | 出生日期* | | 在读情况* | 请选择 |
| | 户籍地址 | | | | 是否享受积分相关待遇 | ○ 是 ○ 否 |
| 子女5 | 姓名* | | 姓名拼音 | | 身份证 | |
| | 性别* | 请选择 | 出生日期* | | 在读情况* | 请选择 |
| | 户籍地址 | | | | 是否享受积分相关待遇 | ○ 是 ○ 否 |

上一步 关闭 下一步

图 6-7 家庭情况

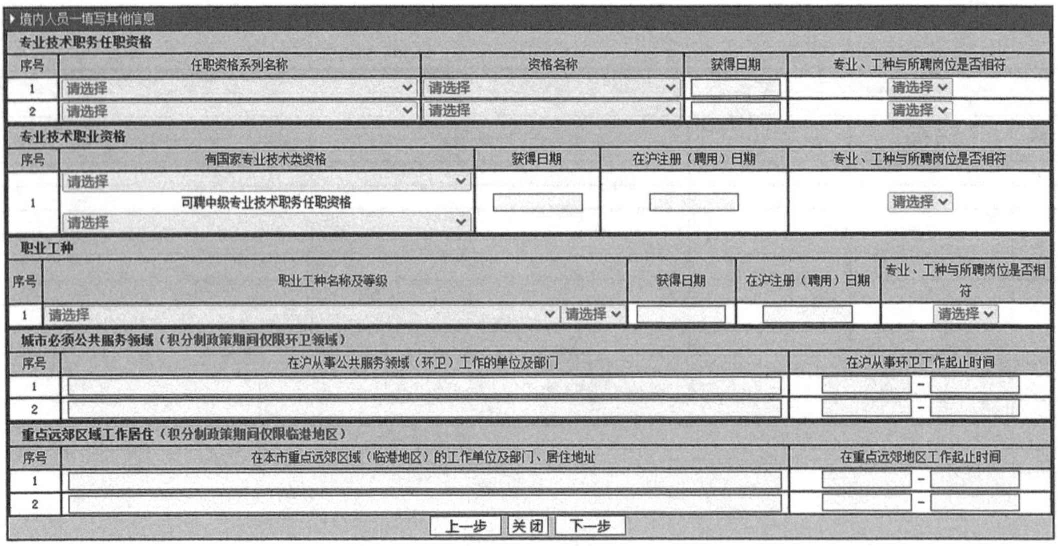

图 6-8　其他信息

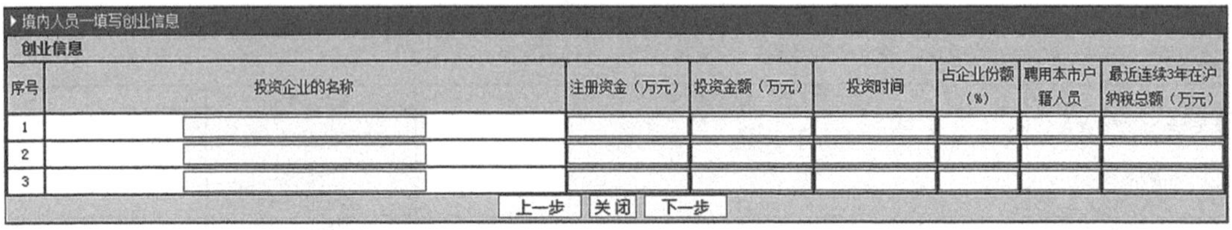

图 6-9　创业信息

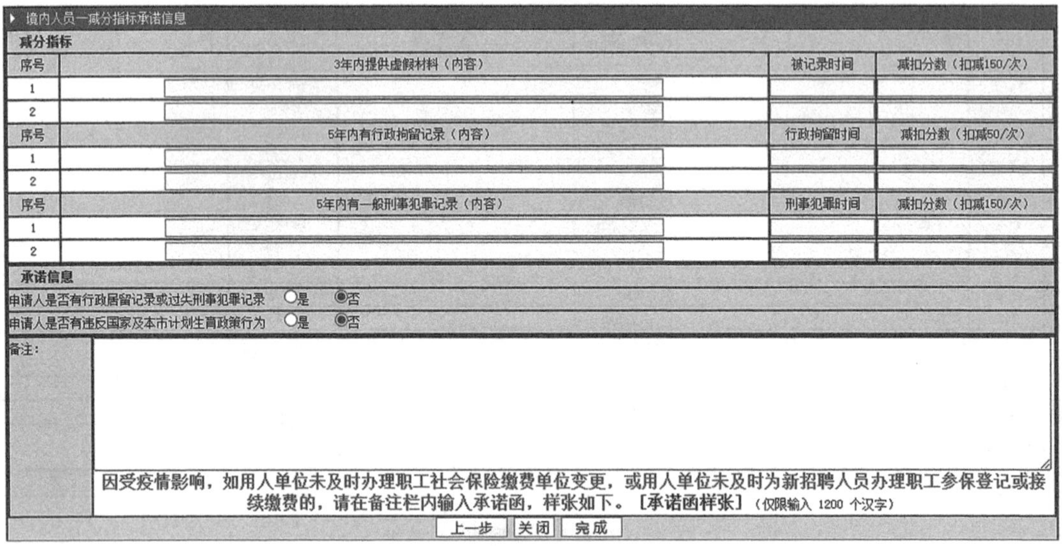

图 6-10　减分指标承诺信息

单位审核：单位可点击"审核"，根据员工提交的纸质文件与电子信息进行审核，如图 6-11 所示。单位为员工进行网上信息审核，审核无误的，点击"单位审核通过，无需递交书面材料"，如图 6-12 所示。提交审核后，系统会再次提示，是否确认提交，单位审核通过后将无法再次线上修改，若有修改或被退回，则需前往受理点柜面递交材料。确认无误后，点击"确定"，完成审核，如

图 6-13 和图 6-14 所示。

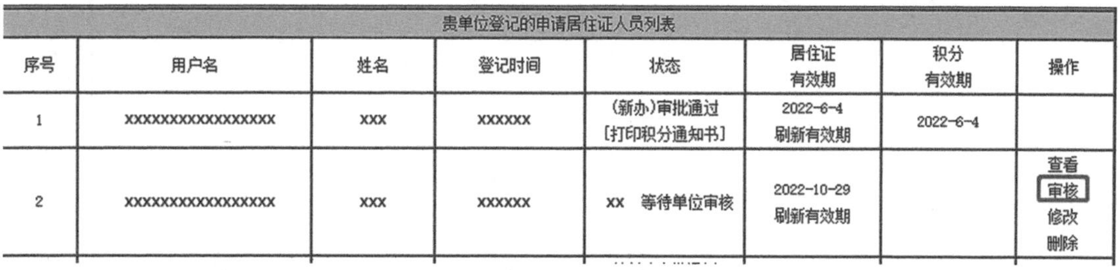

图 6-11 单位审核

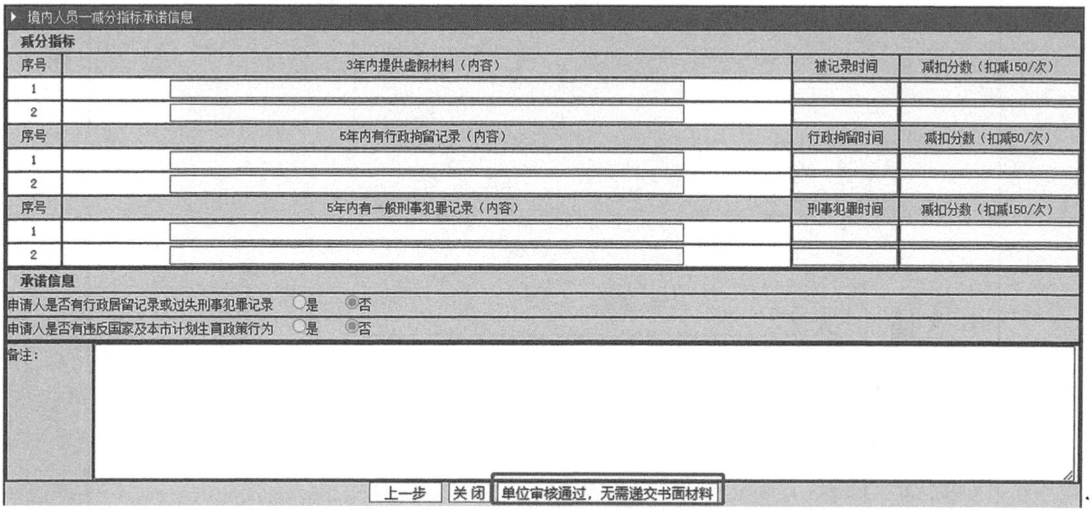

图 6-12 单位审核通过

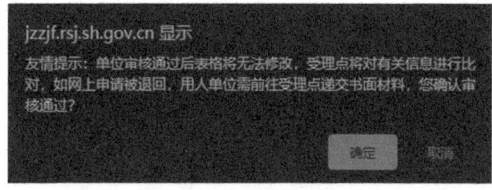

图 6-13 确认审核　　　　　图 6-14 审核结果

人才服务中心审核：单位审核通过后，等待人才服务中心受理，点击"打印"，打印该员工的积分申请表并填写，如图 6-15 所示。两个工作日后将积分申请表及相关信息材料快递至人才服务中心，如图 6-16 所示。

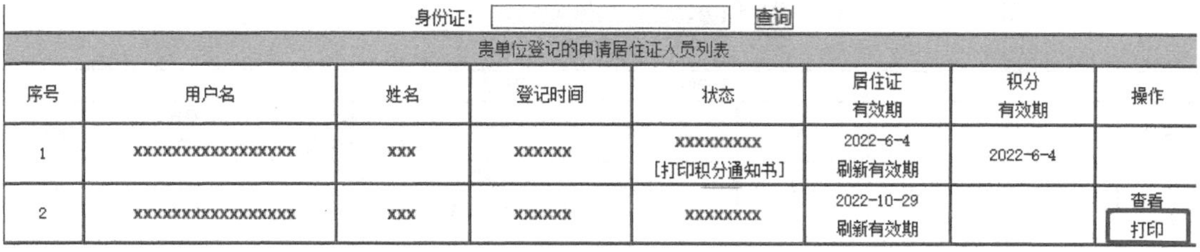

图 6-15 打印积分申请表

第六章 人事人才制度 /121

```
流水号:




             《上海市居住证》积分申请表




        申  请  人：_____

        申 请 单 位：_____
        单位组织机构
        代码/统一社会
        信 用 代 码：_____

        申 请 日 期：_____


                上海市人力资源和社会保障局
```

图 6-16 《上海市居住证》积分申请表

打印积分通知书：人才服务中心审批通过后，状态栏则会显示"（新办）审批通过"，可点击"打印积分通知书"，如图 6-17 和图 6-18 所示。

| 贵单位登记的申请居住证人员列表 | | | | | | | |
|---|---|---|---|---|---|---|---|
| 序号 | 用户名 | 姓名 | 登记时间 | 状态 | 居住证有效期 | 积分有效期 | 操作 |
| 1 | xxxxxxxxxxxxxxxx | xxx | 2021-7-2 | （新办）审批通过 [打印积分通知书] | 2022-6-4 刷新有效期 | 2022-6-4 | |

图 6-17 打印积分通知书

# 《上海市居住证》积分通知书

**姓　　　名：** xxx

**身份证号码：** xxxxxxxxxxxxxxxxxx

**所 在 单 位：** 上海xxxxxxxxxxxx公司

**户 籍 地 址：** xxxxxxxxxxxxxxxxxxxxxxxxxx

**上海居住地址：** 浦东新区 浦东新区 xxxxxxxxxxxxxxxxxxxxxxxxxx

**居住证有效期：** 2022年06月04日　，**(经审核积分达到标准分值)**

**同　住　人：** 配偶:　xxx　　xxxxxxxxxxxxxxxxxx

女:　xxx　　xxxxxxxxxxxxxxxxxx

**原积分办理网点：** 上海市金山区人力资源和社会保障局

上海市居住证积分
(电子签章)
网上业务专用章

请下载“上海人社”APP
扫描二维码查询积分信息

**图 6-18 《上海市居住证》积分通知书**

## 二、居住证积分续办

居住证积分续办申请条件：居住证积分有效期 60 天内会进行提醒，员工刷新居住证有效期后，即可申请续办。第三位员工居住证有效期未更新，无操作按钮，第四位员工已更新居住证有效期，可点击“申请”，申请续办居住证积分，如图 6-19 所示。若个人信息无变更，则可直接网上申请续办居住证积分。

由于居住证积分续办的填报与新办一致，因此申请人填写信息、单位审核、人才服务中心审核、打印积分通知书与积分新办一致，参照积分新办操作。人才服务中心审批通过后，状态栏则会显示“(续办)审批通过”，可点击“打印积分通知书”，如图 6-20 所示。

| 序号 | 用户名 | 姓名 | 登记时间 | 状态 | 居住证有效期 | 积分有效期 | 操作 |
|---|---|---|---|---|---|---|---|
| 1 | xxxxxxxxxxxxxxxx | xxx | xxxxxx | xxxxxxxxxxx | xxxxxx xxxxx | | |
| 2 | xxxxxxxxxxxxxxxx | xxx | xxxxxx | xxxxxxxxxxx | xxxxxx xxxxx | xxxxxx | |
| 3 | xxxxxxxxxxxxxxxx | xxx | xxxxxx | 距居住证积分有效期还剩8天[打印积分通知书] | 2021-11-6 刷新有效期 | 2021-11-6 | |
| 4 | xxxxxxxxxxxxxxxx | xxx | xxxxxx | 距居住证积分有效期还剩2天[打印积分通知书] | 2022-10-31 刷新有效期 | 2021-10-31 | 查看申请 |

图 6-19　申请续办居住证积分

| 序号 | 用户名 | 姓名 | 登记时间 | 状态 | 居住证有效期 | 积分有效期 |
|---|---|---|---|---|---|---|
| 1 | xxxxxxxxxxxxxxxx | xxx | 2016-9-7 | xxxxxxxxxxx | xxxxxx xxxxx | |
| 2 | xxxxxxxxxxxxxxxx | xxx | 2016-8-8 | (续办)审批通过[打印积分通知书] | 2022-3-17 刷新有效期 | 2022-3-17 |

图 6-20　打印积分通知书

# 第三节　落户制度

目前,上海有 6 种常见的落户政策:应届生积分落户,留学生落户,人才引进落户,居转户,投靠随迁以及创新创业、投资、企业人才落户等。

## 一、应届生积分落户政策

应届毕业生可以根据上海市学生事务中心发布的评分办法进行评分,达到标准分 72 分即可在上海落户,评分指标包括最高学位和学历、毕业学校、学习成绩、外语和计算机水平、用人单位要素分等。

### (一)申请主体

用人单位是非上海生源毕业生进沪就业申请落户的申请主体。符合下列条件之一的用人单位,直接录用非上海生源毕业生的,可以为录用人员申请本市户籍:

(1) 本市行政区域内的党政机关;

(2) 在本市登记的事业单位、社会团体、基金会、社会服务机构(民办非企业单位);

(3) 符合本市产业发展方向、信誉良好、注册资金达到人民币 100 万元(含)以上的企业,且在 2020 年 5 月 31 日前在本市注册登记(非上海生源毕业生最高学历阶段自主创业并担任企业法定代表人,为本人申请办理本市户籍的,不受上述注册资金和注册登记时间限制);

(4) 不符合上述条件的用人单位如确需引进非上海生源毕业生的,须在规定时间前由其政府主管部门、所在区政府或市级以上开发园区主管机构的人力资源工作部门,以正式公文形式向上海市高校招生和就业工作联席会议(以下简称联席会议)办公室提出申请(由上海市学生事务中心受理)。

**(二) 申请条件**

非上海生源毕业生符合以下条件,可以由用人单位为其申请办理本市户籍:

(1) 遵守法律法规及学校规章制度;

(2) 列入普通高校国家统一招生计划,不属于定向和委托培养,完成学业并取得相应的毕业证书和学位证书;

(3) 在校期间未与任何用人单位存在劳动关系或人事聘用关系,未缴纳社会保险(非上海生源毕业生最高学历阶段自主创业并担任企业法定代表人,为本人申请办理本市户籍,并由该企业为其缴纳社会保险的,不受该条件限制);

(4) 与符合前文规定申请条件的用人单位签订劳动或聘用合同期为一年及以上的就业协议(中介机构的派遣人员不予受理)。

**(三) 申请材料**

非上海生源毕业生进沪就业申请落户,须由用人单位一次性提交下列申请材料:

(1)《××××年非上海生源应届普通高校毕业生进沪就业办理户籍申请表》(含申请材料清单)。

(2)《××××年非上海生源应届普通高校毕业生个人信息表》。

(3) 普通高等学校毕业生推荐表。

(4) 普通高等学校毕业生就业协议书。

(5) 成绩单。

(6) 外语等级证书。

(7) 计算机等级证书。

(8) 用人单位为法人企业的分支机构需提交相关证明材料。

(9) 最高学历学习阶段所获奖项证书。

(10) 最高学历学习期间获得发明专利证书及相关材料。

(11) 最高学历学习期间创业的相关证明材料。

(12) 其他相关材料。

**(四) 申报流程**

1. 受理经办机构下属(辖)用人单位申报流程

(1) 各受理经办机构须在规定时间内向上海市学生事务中心提交受理经办机构基本情况及下属(辖)用人单位登记表。

(2) 各受理经办机构下属(辖)用人单位通过"一网通办"或登录上海学生就业创业服务网(以下简称就业创业服务网)的"用人单位服务交流平台",在网上填报相关申请信息,核对无误后从网上提交给相应受理经办机构。

(3) 各受理经办机构下属(辖)用人单位须备齐单位和非上海生源毕业生的相关书面材料,由人事管理部门派人事专员携带身份证及单位介绍信至相应受理经办机构进行现场申报。

(4) 各受理经办机构确认相关网上填报信息和纸质材料一致,审核通过后,在网上提交相关申请信息并预约时间,到上海市学生事务中心提交纸质材料。

2. 其他用人单位申报流程

如用人单位无相对应的受理经办机构,可通过"一网通办"或登录就业创业服务网上的"用人单位服务交流平台",在网上填报相关申请信息,核对无误后从网上提交给上海市学生事务中心,按照预约时间,由人事管理部门派人事专员携带身份证及单位介绍信等相关纸质材料到上海市学生事务中心进行现场申报。

上海市学生事务中心收到申请材料后,对申请材料齐全的,给予受理,并出具接收材料回执单,依据《××××年非上海生源高校毕业生进沪就业评分办法》(在就业创业服务网公布),对用人单位提交的申请材料进行初审并对相关信息进行公示后,报联席会议审定。相关结果通过就业创业服务网予以告知。公布结果后,单位及获得落户资格的学生应在6个月内完成实际落户手续。

《××××年非上海生源应届普通高校毕业生进沪就业申请本市户籍评分办法》中,上海四所名校的应届本科毕业生只要符合基本条件就可以落户,这四所院校就是上海交通大学、复旦大学、同济大学和华东师范大学。"世界一流大学建设高校"应届硕士毕业生、"世界一流学科建设高校"建设学科应届硕士毕业生,符合基本申报条件即可落户。除四所985大学外,如果报考了上海财经大学、华东理工大学、上海大学、东华大学四所在沪高校,只要顺利毕业即可加24分(硕士研究生)+15分(一类高校)+2分(最高学历在沪)+3分(会计重点学科)=44分落户积分。

## 二、留学生落户政策

1. 申请单位应具备的基本条件

申请单位应是在本市行政区域内注册登记的具有用人自主权的党政机关、事业单位、社会团体、民办非企业单位、合伙制企业(会计师事务所、律师事务所等)以及符合本市产业发展方向、注册资金在100万元及以上、信誉良好,并在本市正常经营、依法纳税、按规定参加社会保险的各类企业(非企业法人分支机构其上级法人注册资金应不低于100万元)。

2. 留学回国人员应具备的基本条件

(1) 留学回国人员获得的学历学位应符合下列条件之一:

① 在国(境)外高校学习获得博士学位,累计在外学习时间一般不少于1年;如为中外合作办学、联合培养等性质毕业生,累计在外学习时间一般不少于半年。

② 在国内"双一流"建设高校获得全日制本科、学士及以上学历学位(中央直属及中科院各研究生培养单位参照"双一流"建设高校执行),并在国(境)外高校学习获得硕士学位;或在国内非"双一流"建设高校获得全日制本科、学士及以上学历学位,并在国(境)外高水平大学学习获得硕士学位;或在国(境)外高校学习获得学士学位和硕士学位。

③ 在国(境)外高水平大学学习获得学士学位。

④ 在国内获得硕士研究生及以上学历学位或取得副高级及以上专业技术职务任职资格后,赴国(境)外高校或科研机构进修、做访问学者等满1年。

⑤ 其他不符合第二、三项条件,但在国(境)外高校学习获得学士学位或硕士学位。

本款第二、三项所指国(境)外学士学位,不含国内大专起点本科、有关国家高等教育文凭(HND)、国内计划外招生的合作办学及转学分等形式,本科阶段累计在外学习时间一般不少于2年;硕士阶段累计在外学习时间一般不少于半年(不含国内计划外招生的合作办学及转学分等形式);如为中外合作办学、联合培养等性质毕业生,应同时获得国内学历学位和国(境)外学位。

上述第五项所指国(境)外学士学位如为最高学位的,不含国内大专起点本科、有关国家高等教育文凭(HND)、国内计划外招生的合作办学及转学分等形式,本科阶段累计在外学习时间一般不少于2年。如最高学位为硕士的,国(境)外学士学位可不受前述限制,硕士阶段累计在外学习时间一般不少于半年(不含国内计划外招生的合作办学及转学分等形式)。

被国(境)外高校录取后如在国内校区或分校有就读经历的,累计在外学习时间和获得的学分一般不少于总学习时间和总学分的50%;被国(境)外高校录取后如利用暑期等在国内通过非学历教育获得学分的,累计在外获得的学分一般不少于总学分的80%。

国内"双一流"建设高校以国家公布的名单为准。国(境)外高水平大学参考英国泰晤士报高等教育副刊(Times Higher Education)、美国新闻与世界报道(U. S. News & World Report)、QS世界大学排名(Quacquarelli Symonds World University Rankings)、上海软科世界大学学术排名(Shanghai Rankings Academic Ranking of World Universities)发布的世界排名前500名高校名单,以上海市人力资源和社会保障局确认后发布的为准。

留学人员在国(境)外学习获得学位的院校以教育部出具的国外学历学位认证书中载明的颁发该学位证书的院校名称为准。

(2) 留学回国人员申办上海常住户口同时应符合下列条件:

① 留学人员应在回国后2年内来本市并持续在本市工作,与本市相关用人单位依法签订劳动或聘用合同、按规定在本市缴纳社会保险费和个人所得税(符合下述"激励条件"第一款条件的除外)。

② 符合"留学回国人员应具备的基本条件"第一款前四项条件的人员,最近连续6个月在同一单位社会保险缴费基数不低于上一年度本市城镇单位就业人员平均工资,个人所得税缴纳情况与社会保险缴费基数合理对应;符合"留学回国人员应具备的基本条件"第一款第五项条件的人员,最近连续12个月在同一单位社会保险缴费基数不低于上一年度本市城镇单位就业人员平均工资的1.5倍,个人所得税缴纳情况与社会保险缴费基数合理对应。社会保险缴费基数过渡期内每年的缴费基数以官方对外公布的数字为准。

社会保险缴费基数、期限及个人所得税缴纳情况原则上由系统自动比对;未正常缴纳社会保险费而补缴的、缴费单位与签订合同单位不一致的、委托非实际用人单位等第三方缴纳的、社会保险缴费基数与个人所得税缴纳情况不能合理对应的不予认可。

③ 留学回国人员应为单位紧缺急需并发挥重要作用、需长期使用的人才,与单位依法签订劳动或聘用合同,合同有效期在2年及以上,且自网上受理之日起有效期在3个月及以上(如合同约定有试用期的,需完成试用期后方可申报);派遣人员原则上不属于申办范围。④年龄距法定退休年龄5年以上。⑤符合国家及本市现行计划生育政策。⑥无刑事犯罪记录等不宜申办上海常住户口的情形。

3. 激励条件

(1) 在国(境)外高水平大学、国际知名科研机构等担任相当于副教授、副研究员及以上职务,在世界500强知名企业、跨国公司等担任高级管理、技术、科研职务,或者经上海市人力资源和社会保障局认定为高层次人才的留学人员,以及在国(境)外高水平大学学习获得博士学位的人员等,全职来本市工作后可直接申办落户。

(2) 纳入"上海科技创新职业清单"的用人单位,本市重点产业、重点区域和基础研究领域等用人单位引进的在国(境)外高水平大学获得科学、技术、工程和数学等紧缺急需专业学士及以上学位的留学人员,全职来本市工作并缴纳社会保险费满6个月后可申办落户。

(3) 拥有专利、科研成果、专有技术等来本市创办留学人员企业的负责人、团队核心成员(一般累计不超过3人),企业正常运营、招用至少1名员工(不含企业负责人本人),并按规定缴纳社会保险费满6个月后可申办落户。企业注册资金不少于50万元人民币(实缴),留学人员企业负责人为第一大股东(不含股份转让、后期资金注入),个人股份一般不低于30%。

4. 需要提交的材料

(1) 单位需提交以下基本材料:①法人营业执照或法人登记证书。如申请单位为非法人分支机构的,提供分支机构的营业执照或登记证书及上级法人的授权书。②单位经办人员有效身份证件。③"留学回国人员申办上海常住户口申请表"。④申请单位与留学回国人员签订的劳动或聘用合同。⑤人事档案核实情况表及相关材料复印件。如档案为非本单位保管的,由在沪档案保管单位提供。

其中,第1项材料仅需单位首次申请(注册)时提供。

(2) 单位有下列情形的,需补充提交以下材料:

来本市创办留学人员企业的留学回国人员及团队核心成员,单位另需提交:①企业验资报告。②企业最近连续6个月缴纳增值税(营业税)或企业所得税税单。③企业最近连续6个月为至少1名员工缴纳社会保险费凭证。④企业章程及相关决议。

其中,第四项材料仅需团队核心成员申报时提供。

(3) 个人需提交以下基本材料:

①教育部出具的国外学历学位认证书、国(境)外学位证书及成绩单。如为进修人员的,提供国(境)外进修材料和国内硕士研究生及以上学历学位证书或副高级及以上职称证书。②出国留学前国内获得的相应的最高学历学位证书。如出国前系在职人员的,提供原工作单位同意调出或已离职材料。③护照、签证及所有出入境记录。④居民户口簿和身份证。如留学期间户籍已注销的,提供90天内有效的户籍注销材料。⑤符合激励条件的,需补充提交相应材料。

(4) 个人有下列情形的,需补充提交以下材料:

①落非社区公共户的,提供在沪落户地址材料。落户本人在沪房屋的,提供房屋有效权证;落户在沪直系亲属房屋的,提供入户的房屋有效权证和产权人共同签署的同意入户意见书;落户单位集体户的,提供集体户管理单位的集体户口簿地址页和同意入户意见书。②已婚的,提供结婚证书;离异的,提供离婚证、离婚协议书或法院调解书、判决书等。③有子女的,提供子女出生证及符合国家和本市现行计划生育政策的个人承诺。

所需材料中,能够通过数据共享或网上核验的材料及能够通过电子证照库调取的证照,无须重复提交。

5. 申办流程

(1) 申请单位通过本市"一网通办"系统向本市人力资源社会保障部门提出申请,上传申请材料原件的扫描件等电子文档。

(2) 本市人力资源社会保障部门通过"一网通办"系统收到申请后,对材料不齐全或不符合要求的,由受理部门告知申请单位补齐或重新上传相关材料;对材料齐全有效的,进入人事档案核实阶段。核实通过后,申请单位向受理部门递交书面材料进行现场受理,受理部门核验原件、根据实际留存原件或复印件。受理部门在现场受理后的5个工作日内完成初审。

(3) 上海市人力资源和社会保障局按照规定对初审通过的材料进行审核,在10个工作日内完成审核。

(4) 审核通过的,本市人力资源社会保障部门通过数据共享方式,将人员信息发送至公安部门,并通过"一网通办"系统及短信等形式告知申请单位。审核不通过及审核过程中退回的,本市人力资源社会保障部门通过上述形式告知申请单位审核不通过或退回的结果及理由。

(5) 审核通过的人员按照公安部门的相关规定,办理户口迁移手续。

值得一提的是,《上海市人力资源和社会保障局关于助力复工复产实施人才特殊支持举措的通知》(沪人社力〔2022〕103号)规定,为加大世界名校留学人员引进力度,在符合留学人员落户基本条件的基础上,对于毕业于世界排名前50名院校的,取消社会保险费缴费基数和缴费时间要求,全职来本市工作后即可直接申办落户;对于毕业于世界排名51～100名院校的留学人员,全职来本市工作并缴纳社会保险费满 6 个月后可申办落户。

### 三、人才引进落户政策

人才引进落户政策适用于在本市行政区域内注册的用人单位引进本市紧缺急需的国内优秀人才。

**(一) 申办条件**

用人单位引进的人才在沪工作稳定且依法参加社会保险，符合下列条件之一的，可以申办本市常住户口。

1. 高层次人才

（1）具有博士研究生学历并取得相应学位或具有高级专业技术职务任职资格的专业技术人员和管理人员。

（2）获得省部级及以上政府表彰的人员。

（3）列入省部级及以上人才培养计划的人选。

（4）国家重大科技专项项目、国家重点研发计划项目和本市重大科技项目负责人及其团队核心成员。

2. 重点机构紧缺急需人才

（1）重点机构所需的具有硕士研究生学历并取得相应学位的人员。

（2）重点机构紧缺急需的具有本科及以上学历并取得相应学位的专业技术人员、管理人员和创新团队核心成员等核心业务骨干。

（3）重点机构紧缺急需的具有国家二级职业资格证书或技能等级认定证书（技师）的技能类高技能人才。

重点机构是指本市重点产业、重点区域和基础研究领域经行业主管部门和重点区域推荐的用人单位，并实行名单管理和动态调整。

3. 高技能人才

（1）获得中华技能大奖、全国技术能手称号、国务院特殊津贴、世界技能大赛奖项等荣誉的高技能人才。

（2）取得国家一级职业资格证书或技能等级认定证书（高级技师）的技能类高技能人才。

（3）取得国家二级职业资格证书或技能等级认定证书（技师）且获得国家及省部级以上技能竞赛奖励的技能类高技能人才。

4. 市场化创新创业人才

（1）获得一定规模风险投资的创业人才及其团队核心成员。

（2）在本市取得经过市场检验的显著业绩的创新创业中介服务人才及其团队核心成员。

（3）在本市管理运营的风险投资资金达到一定规模且取得经过市场检验的显著业绩的创业投资管理运营人才及其团队核心成员。

（4）市场价值达到一定水平的企业科技和技能人才。

（5）取得显著经营业绩的企业家人才。

5. 专门人才和其他特殊人才

（1）本市航运、文化艺术、体育、传统医学、农业技术及其他特殊行业紧缺急需的专门人才。

（2）本市各区和重点区域自主审批的紧缺急需人才。

（3）其他紧缺急需、确有特殊才能的人才。

## (二) 申办材料

在本市"一网通办"系统中能够通过调用电子证照、数据共享等方式核验申办材料信息的,可免于提交纸质申办材料。

(1) 上海市引进人才申办本市常住户口申请表。

(2) 个人有效身份证件、户籍凭证、学历学位凭证、专业技术职务任职资格凭证或职业资格凭证。

(3) 就业期间依法缴纳社会保险费和个人所得税凭证。

(4) 符合国家和本市现行计划生育政策及无刑事犯罪记录等其他不宜引进落户情形的个人承诺。

(5) 本人或者同意接受落户的单位、亲属的房屋相关产权证书或者租用居住公房凭证。

(6) 与申请条件相应的材料。

引进人才已婚的,其配偶、未成年子女可同时办理户口迁移手续。基本条件是用人单位应与引进落户的人才签订劳动(聘用)合同并在沪依法缴纳社会保险费。引进人才一般应距法定退休年龄5年以上。对于特别优秀或者特别紧缺急需的,可适当放宽年限要求。引进人才工作地点一般应在上海。

## 四、居转户政策

居转户政策适用于在本市行政区域内注册的用人单位工作并持有《上海市居住证》的境内人员。

1. 申办条件

(1) 持有《上海市居住证》满7年。

(2) 持证期间按规定参加本市城镇社会保险满7年(社保)。

(3) 持证期间依法在本市缴纳个人所得税。

(4) 在本市被聘任为中级及以上专业技术职务或者具有技师(国家二级职业资格证书)以上职业资格,且专业、工种与所聘岗位相对应。

(5) 无违反国家及本市现行计划生育政策,无刑事犯罪记录等其他不宜转办常住户口的情形。

2. 激励条件

持证人员符合下列条件之一的,可以优先申办本市常住户口:

(1) 在本市作出重大贡献并获得相应奖励,或者在本市被评聘为高级专业技术职务或高级技师(国家一级职业资格证书)且专业、工种与所聘岗位相对应的,可以不受上述"申办条件"第一、二项规定的持证及参保年限的限制;

(2) 在本市远郊地区的教育、卫生等岗位工作满5年的,持证及参保年限可以缩短至5年;

(3) 最近连续3年在本市缴纳城镇社会保险基数高于本市上年度职工平均工资2倍以上,或者最近连续3年计税薪酬收入高于上年同行业中级技术、技能或者管理岗位年均薪酬收入水平的技术管理和关键岗位人员,可以不受上述"申办条件"第四项规定的专业技术职务或者职业资格等级的限制;

(4) 按照个人在本市直接投资(或者投资份额)计算,最近连续3个纳税年度累计缴纳总额及每年最低缴纳额达到本市规定标准,或者连续3年聘用本市员工人数达到规定标准的相关投资和创业人才,可以不受上述"申办条件"第四项规定的专业技术职务或者职业资格等级的限制。

3. 申请材料

申办本市常住户口的申请材料具体包括:

(1) 有效身份凭证和"居住证持有人办理本市常住户口申请表"。
(2) 本市区以上税务机关出具的个人所得税或者企业纳税完税凭证。
(3) 专业技术职务、职业资格凭证及相关聘用(劳动)合同。
(4) 符合国家和本市现行计划生育政策及无刑事犯罪记录等情况的个人承诺。
(5) 本人或者同意接受落户的单位、亲属的房屋相关产权证书或者租用居住公房凭证。
(6) 相关部门要求提供的其他必要材料。

4. 申办流程

根据本市"一网通办"工作的相关要求,持证人员申办本市常住户口,可向用人单位提出申请并提供申报材料,用人单位对个人申报材料进行审核后,通过本市"一网通办"系统向人力资源社会保障部门提交申请。人力资源社会保障部门收到申办材料后,对于材料齐全有效的,应当现场受理;对于材料不齐全的,应当告知申请人补齐相关材料。现场受理通过后,人力资源社会保障部门按照规定条件,对申办材料进行审核,在规定时间内完成审核并告知结果。

## 五、投靠随迁

投靠类落户主要有三类,分别是夫妻投靠、子女投靠、老人投靠。

**(一) 夫妻投靠**

(1) 本市支内、知青人员及其生育的子女与本市常住户口居民(在本市户口登记满5年)婚姻登记满5年的,可以在配偶户口所在地落户。

(2) 与具有本市常住户口的少数民族、华侨人员(在本市户口登记满7年)婚姻登记满7年的,可以在配偶户口所在地落户。

(3) 外省市人员与本市常住户口人员结婚后,本市一方死亡的,其与本市一方生育的子女已有本市户籍,外省市人员未再婚、实际生活基础在本市、外省市无子女的;或外省市有子女但均已成年,其具有本市户籍的子女尚未成年的,可参照"沪府〔2009〕70号"夫妻投靠第(一)项规定在本市子女户口所在地落户,即外省市人员(指农业户口和非农业户口的无业人员,下同)与具有本市家庭常住户口的居民(指在本市已登记常住户口满10年)依法办理婚姻登记满10年、年满35周岁,可准予其在配偶户口所在地落户。

注意:除特殊情况外需要依法办理婚姻登记满10年、年满35岁,其他只需满足婚姻登记满5年、7年,即可申请办理落户。

**(二) 子女投靠**

(1) 原由本市经动员、分配去外省市工作人员(以下简称"支内、知青人员"),现户口已回沪落户的,其子女具有下列情况之一的,可以回沪落户:①本市支内、知青人员本人未生育子女,其户口回沪落户前已经依法收养的子女,长期随养父(母)在本市共同生活、年龄不超过25周岁、未婚、未育、无子女、在外省市未就业的,可以在养父(母)户口所在地落户;②本市支内、知青人员生育的子女,因病、因伤或因身体重度残疾而完全丧失生活自理能力,需要父母照顾,与父母长期共同生活,且未婚、未育、无子女、在外省市未就业的,可以在其父(母)户口所在地落户。

(2) 本市支内、知青人员无子女回沪落户的,可以照顾一名未婚、未育、无子女、在外省市未就业、且实际生活基础长期在本市的亲生子女,或符合前述规定的年满16周岁不超过25周岁的一名孙辈,在申请人本人拥有的合法住所处落户。

投靠人如系未成年人的,应当依法委托一名本市常住户口人员代为监护。

(3) 外省市人员与本市常住户口居民(在本市户口登记满5年)生育的未成年子女,已随外省市父(母)办理出生登记,现要求投靠本市父(母)落户的,可准予在父(母)户口所在地落户。

本市一方因死亡、判刑被注销本市常住户口的,其与外省市人员生育的未成年子女,出生后一直在本市生活的,可以在本市(外)祖父母户口所在地落户;如(外)祖父母死亡或不同意落户的,可在本人、亲属或愿意接受其落户人员在本市的合法住所处落户。

(4) 父(母)迁沪落户时,对其生育的未成年子(女)拥有抚养权满5年,且该子女随继父(母)在沪共同生活居住满5年的可以随迁。

### (三) 老人投靠

本市支内、知青,或因其他原因去外省市工作的人员(以下统称"外迁人员")及其配偶,按国家法定年龄退休,或者男性年满60周岁、女性年满55周岁的老人,符合下列条件之一的,可以回沪落户:

(1) 夫妻双方均为本市外迁人员的,按下列规定办理:①可以同时或者先后在其生育的子女户口所在地落户;②无子女的,可以同时或者先后在其父母、兄弟姐妹户口所在地,或本人、亲属在本市的合法住所处落户;③外省市无子女,其在本市的子女因应征入伍、出国(境)、死亡(失踪)或判刑等原因被注销本市户口的,可以同时或者先后在其父母、兄弟姐妹户口所在地,或本人、亲属在本市的合法住所处落户。

(2) 夫妻一方为本市外迁人员,其外省市配偶婚姻登记满10年的,按下列规定办理:①可以同时或者先后在其生育的子女户口所在地落户②无子女的,夫妻一方为本市支内、知青的,且享受社会保险待遇的,可以在其父母、兄弟姐妹户口所在地,或本人、亲属在本市的合法住所处落户;不享受社会保险待遇的,应在其本人拥有的本市合法住所处落户。其外省市配偶可以随迁,或待本市支内、知青回沪落户后再申请;③本市支内、知青已死亡的,其外省市配偶未再婚,可以在他们生育的子女户口所在地落户;④因其他原因去外省市工作的原有本市户口的人员死亡的,其外省市配偶未再婚,外省市无子女的,可以在他们生育的子女户口所在地落户

(3) 本市外迁人员属单身老人,其未生育、未领养过子女的,可在其父母、兄弟姐妹户口所在地,或本人、亲属在本市的合法住所处落户。

## 六、创新创业、投资、企业人才落户政策

1. 适用对象

该政策的适用对象为:创新创业中介服务人才、创业人才、风险投资管理运营人才;企业高级管理和科技技能人才;企业家。

不同的资质条件,依据衡量标准,可相应减少居转户持证年限和社保缴纳年限:5年、3年、2年、直接落户。

2. 具体要求

1) 创业人才

获得科技企业孵化器或创业投资机构首轮创业投资额1000万元及以上或者累计获得创业投资额2000万元及以上(须资金到位并持续投资满1年)的上海市企业中持股比例不低于10%的创业人才,在企业连续工作满2年的,可以直接申办上海市常住户口。

2) 创新创业中介服务人才

在上海市技术转移服务机构中连续从事技术转移和科技成果转化服务满2年,最近3年累计实现5000万元及以上技术交易额(技术合同双方当事人分别不少于5家且不是关联企业,技术合同履行率达到70%及以上)的技术合同第一完成人,可以直接申办上海市常住户口。

3）风险投资管理运营人才

直接落户：上海市创业投资机构的合伙人或副总裁及以上的高级管理人才，已经完成在上海市投资累计达到3000万元的，可以直接申办上海市常住户口。

4）企业高管和科技技能人才

直接落户：最近4年内累计36个月在上海市缴纳职工社会保险费基数等于上海市上年度职工社会平均工资3倍且缴纳个人所得税累计达到100万元的企业高级管理、科技和技能人才，可以直接申办上海市常住户口。

5）企业家

同时符合下列条件的企业家，可以直接申办上海市常住户口：

（1）运营上海市企业的法定代表人（担任董事长或总经理）或持股不低于10%的创始人。

（2）企业连续3年每年营业收入利润率10%以上，且上年度应纳税额不低于1000万元；或科技企业连续3年每年主营业务收入增长10%以上，且上年度应纳税额不低于1000万元；或企业在上海证券交易所、深圳证券交易所等资本市场挂牌上市。

（3）企业的生产工艺、装备和产品不属于国家和上海市规定的限制类、淘汰类目录。

（4）企业无重大违法违规行为和处罚记录，无不良诚信记录。

## 第四节　人事档案管理实务

人事档案管理是指用人单位办理招工或退工登记备案手续后，应当按国家和本市档案管理的有关规定，负责做好劳动者人事档案的调集、保管、转移等工作。

### 一、人事档案管理权限

#### （一）具有人事档案管理资质的单位范围

根据《干部人事档案工作条例》（中办发〔2018〕60号）有关规定："省、市级直属机关和国有企事业单位组织人事部门集中管理党委（党组）管理的干部和本单位其他干部的人事档案"，本市机关和设立党委（党总支）的国有企事业单位具有本单位干部人事档案的管理权限，也就具有人事档案保管资质，应该保管本单位干部职工的人事档案。

#### （二）办理人才引进业务单位开户的流程

具有人事档案管理权限的单位如需办理人才引进业务单位开户，进入到上海市人力资源和社会保障自助经办系统"人事人才"板块的"落户单位管理"功能后，在"是否具有人事档案管理资质"栏应如实勾选"是"，完整填写"档案保管资质单位全称"，并上传具有人事档案保管资质的档案接收证明（说明本单位具有人事档案管理权限并加盖党委章，可参考系统样张）。此类单位在为职工申办人才引进业务时，其人事档案将由本单位负责调转并进行核实。

### 二、本市户籍人员的档案转递及查询

#### （一）本市户籍高校应届毕业生毕业后人事档案的转递

未继续升学的本市户籍高校应届毕业生，其人事档案符合流动人员人事档案情形的，可由学校通过机要通信、专人送取或邮政特快专递等形式将其人事档案转递至毕业生户籍所在区公共就业服务部门。毕业后在机关、国有企事业单位就业的，其就业单位有档案保管资质的，其人事档案向其就业单位转递。

学校将档案转递至户籍所在地公共就业服务机构后,毕业生可持本人身份证件或《就业创业证》至区就业促进中心或街道(镇)社区事务受理服务中心查询档案所在地。转递人事档案须通过机要交通或派专人送取,严禁个人自带档案转递。

**(二)本市户籍人员的档案保管查询**

完成落户上海的员工,必须留意自己档案的去向,免得以后要用到档案时却找不到。如用人单位具有档案保管资质,工作期间一般应由用人单位进行保管。如用人单位不具有档案保管资质,根据属地化管理原则,一般由本市户籍所在地对应的区就业促进中心保管。例如,落户地址为上海市虹口区××路××弄××号××室,档案存放地一般应为上海市虹口区就业促进中心。市区人才服务中心根据个人提交的转档申请,将人事档案通过机要通信方式或内部流转至相应的区就业促进中心。

人事档案已调至市区人才服务中心的,请登录上海人才网(http://www.shrc.com.cn)进入"公共人事服务—人事档案管理服务"模块,点击"档案证明预约(打印)",在线注册打印存档证明后,至户籍所在区就业促进中心办妥就业创业登记证,即可携带新身份证至市区人才服务中心的档案服务窗口申请转档了。

非全日制就业形式的劳动者,个人档案在就业期间由原保管部门保管,不随本人流转。

**(三)用人单位转档、调档的办理**

用人单位调集、转移劳动者的人事档案应持"上海市单位招用从业人员名册"(第二联)或"上海市单位退工证明"(第二联),到受理招工或退工登记备案手续的职业介绍所办理。

## 三、本市流动人员的档案管理

在上海工作或生活的外省市户籍人员,目前被统称为上海市流动人员。

**(一)流动人员的档案管理情况**

(1)流动人员本身为上海市各级机关、事业单位干部身份的,人事档案由单位组织人事部门统一管理,不具备保管条件或档案很少的单位,由上一级单位管理。

(2)流动人员本身为国有企业、国企控股企业的员工(工作地在上海市),人事档案由具有党委级别和人事档案管理权限的单位管理(根据《干部档案工作条例》第八条、《关于简化优化流动人员人事档案管理服务的通知》第十四条)。

(3)流动人员在外企、民企等工作或为自由职业等身份的,因民营企业等不具有人事档案管理权限,且个人无法保管本人档案,根据上海市委组织部等5部门联合发布的《关于进一步加强本市流动人员人事档案管理服务工作的意见》(沪人社力〔2015〕468号)的规定,上海市各区县人力资源社会保障部门按照户籍所在地属地化管理的原则,外省市户籍人员的人事档案应由当事人的户籍所在地公共就业和人才服务机构管理。

**(二)流动人员人事档案主要范围**

(1)非公有制经济组织和社会组织聘用人员的人事档案。

(2)辞职辞退、解除(终止)聘用(劳动)合同、取消录(聘)用、被开除等与用人单位解除或终止人事(劳动)关系的未就业的原机关公务员、国有企事业单位的管理人员和专业技术人员、军队文职人员的人事档案。

(3)未就业的高校毕业生及中专毕业生的人事档案。

(4)自费出国(境)留学的高校毕业生及其他因私出国(境)人员的人事档案。

(5)外国企业常驻代表机构的中方雇员的人事档案。

(6) 自由职业或灵活就业人员的人事档案。
(7) 其他流动人员的人事档案。

**(三) 本市流动人员人事档案具体管理**

(1) 本市流动人员人事档案工作遵循"集中统一、归口管理"原则，主管部门为市人力资源社会保障部门，接受同级党委组织部门、档案主管部门的指导和监督。

(2) 本市流动人员人事档案管理服务机构包括各区公共就业和人才服务机构，以及经市人力资源社会保障行政部门授权的单位。其他任何未经授权的单位不得开展流动人员人事档案管理服务工作。

(3) 严禁个人保管本人或他人人事档案。

**(四) 本市流动人员人事档案管理服务机构提供的服务**

(1) 档案的接收、转递。
(2) 档案材料的收集、鉴别和归档。
(3) 档案的整理和保管。
(4) 为符合相关规定的单位提供档案查(借)阅服务。
(5) 依据档案记载出具存档、经历、亲属关系等相关证明材料。
(6) 为相关单位提供入党、参军、录(聘)用、出国(境)等政审考察服务等。

**(五) 流动人员人事档案管理服务的收费**

档案管理服务机构应当提供免费的流动人员人事档案基本公共服务，不得收取档案保管费、查阅费、证明费、转递费等名目的费用。

**(六) 流动人员人事档案的转递**

流动人员人事档案转递应当通过机要通信、专人送取或邮政特快专递等给据邮件方式进行。对曾属于党政领导干部、机关公务员、参照公务员法管理的机关(单位)工作人员(工勤人员除外)、国有企事业单位领导人员、管理人员和专业技术人员，军队文职人员人事档案的，应当通过机要通信或专人送取方式进行转递。严禁个人自带档案。

本市流动人员人事档案管理服务机构如表 6-3 所示。

表 6-3 本市流动人员人事档案管理服务机构

| 虹口区就业促进中心 | 虹口区曲阳路 191 号 | 021-65072590-6114 |
| 杨浦公共人事服务中心 | 杨浦区淞沪路 605 号 C-D | 021-33193308 |
| 杨浦区就业促进中心 | 杨浦区延吉东路 325 号 | 021-65890231-801 |
| 宝山区人才服务中心 | 宝山区友谊路 15 号北门(县前街) | 021-56119766 |
| 宝山区就业促进中心 | 宝山区宝杨路 1026 号 | 021-56111936 |
| 闵行区人才服务中心 | 闵行区水清路 388 号 | 021-52967576 |
| 闵行区就业促进中心 | 闵行区莘凌路 130 号 | 021-33883762 |
| 嘉定区人才服务中心 | 嘉定区嘉戬公路 118 号 | 021-69530382-802 |
| 嘉定区就业促进中心 | 嘉定区嘉戬公路 118 号 | 021-69989169 |
| 金山区人才服务中心 | 金山区蒙山北路 603 号 201 室 | 021-57922288 |
| 金山区就业促进中心 | 金山区卫零路 365 号 | 021-57960410 |

(续表)

| 松江区人才服务中心 | 松江区乐都西路 867-871 号 | 021-67848637 |
| --- | --- | --- |
| 松江区就业促进中心 | 松江区荣乐东路 2378 号 | 021-67848626 |
| 青浦区人才服务中心 | 青浦区北青公路 8098 号 | 021-33862059 |
| 青浦区就业促进中心 | 青浦区公园路 200 号 | 021-69717605 |
| 奉贤区人才开发服务中心 | 奉贤区望园南路 1529 弄 1 号 B 楼 2 层 | 021-67137600 |
| 奉贤区就业促进中心 | 奉贤区南桥镇人民南路 150 号 | 021-57103550 |
| 崇明区人才服务中心 | 崇明区城桥镇翠竹路 1501 号 | 021-69696988-8113 |
| 崇明区就业促进中心 | 崇明区城桥镇南门路 118 号 | 021-69693192 |
| 上海市临港新片区行政服务中心 | 浦东新区紫杉路 158 弄 A1 座 2 楼临港新片区国际人才服务港 | 021-68289698-8014 |

简而言之,流动人员人事档案具体由县级以上公共就业和人才服务机构以及经人力资源社会保障部门授权的单位管理,其他单位未经授权不得管理流动人员人事档案。

## 四、向不具有档案保管资质的单位调档

主申请人的工作单位或随调配偶的工作单位不具备人事档案保管资质的,按照以下内容进行调档。

### (一)确认现档案保管单位名称

提前确认好申请人(或随调配偶)的现档案保管地,以及现档案保管单位名称,并确保该单位具备跨地区流动人员人事档案保管权限的资质。

### (二)系统中档案信息的填写

不具备人事档案保管资质的单位在系统中填写档案信息时,现档案保管地根据实际情况选择"外省市"或"本市人才中心或其他单位",并准确填写现档案保管单位名称。

### (三)调档

预受理通过后,请及时在系统中下载《流动人员人事档案调函》,建议彩色打印《流动人员人事档案调函》,并自行联系调档。需注意的是:调档函抬头与寄件单位需保持一致,调档函的第二联归入申请人的人事档案,并随档案一同寄出。

### (四)查询档案的方式

1. 上海人才服务网(中国上海人才市场)

上海人才服务网,进入"公共人事服务—人事档案管理服务"模块,点击"档案信息查询",然后输入身份信息进行查询。

2."上海人才"微信公众号

关注上海人才微信公众号,点击菜单栏"服务大厅"—"业务查询"—"人事档案信息核实",输入身份信息进行查询。

预审通过后,请及时在系统中下载《流动人员人事档案调函》,建议彩色打印《流动人员人事档案调函》,并自行联系调档。

## 五、关于用人单位遗失人事档案补建

用人单位遗失人事档案,应负责为劳动者补建人事档案,并由上级主管部门按照有关规定,对

直接责任者予以处理。用人单位遗失劳动者的人事档案且已注销或被吊销营业执照的,可由上级主管部门补建人事档案。

具有人事档案保管资质的单位请按照规定的流程做好调档和核档工作。如配偶随调,同样需要先确认配偶工作单位是否具有档案保管资质。

1. 政策依据

《关于简化优化流动人员人事档案管理服务的通知》(人社厅发〔2016〕75号)第六条规定,个人跨地区就业且按照有关规定办理入职手续后,其档案在有人事档案管理权限的机关事业单位、国有企业和流动人员人事档案管理服务机构之间可直接办理转递手续。

2. 调档和核档的具体流程

(1) 由申报单位出具"调档函",将申请人的人事档案调至申报单位。

(2) 严格按照系统中的"人才引进调沪人员人事档案核实情况表"样张模板的要求,核查申请人的人事档案。

(3) 填写"人才引进调沪人员人事档案核实情况表",所有勾选"有"的相关材料,均需要先复印,然后加单位公章(党委章),最后再合并上传至相应的附件栏。

3. 系统中档案信息的填写

具有人事档案保管资质的单位在系统中填写档案信息时,现档案保管单位选择"本单位",现档案保管单位名称、在沪档案接收单位会根据单位信息自动填写。

4. "人才引进调沪人员人事档案核实情况表"及相关附件

"人才引进调沪人员人事档案核实情况表"按照档案相关记载如实填写。所有划线空白处均需填写,档案中没有相关记载的填写"无"。根据档案实际情况勾选有无相关材料,所有勾选"有"的材料,需要先复印,然后加单位公章(党委章),最后再合并上传至相应的附件栏。核实人、部门负责人、联系电话、日期均需完整填写,盖章处加盖单位公章(党委章)。

需要注意的是,"人才引进调沪人员人事档案核实情况表"盖章单位名称必须与落户单位管理模块中备案通过的档案保管资质单位全称保持一致。

# 第七章　电子劳动合同

## 第一节　电子劳动合同概述

近年来，随着"互联网＋"、大数据战略、数字经济的不断拓展，民生和社会保障工程力度不断加强，司法制度改革不断深化，人力资源社会保障领域的信息化建设方兴未艾，电子劳动合同的兴起对于创新驱动、改善营商环境、带动人力资源区块链的发展前景广阔。

### 一、概述

#### （一）电子劳动合同的定义

电子劳动合同是指劳动关系平等主体即用人单位与劳动者之间以数据电文为载体，并通过电子计算机网络系统电子数据、数字签名和电子邮件交换等电子通信方式建立、变更、终止双方劳动关系权利义务而签订的协议。

电子签约、变更、终止劳动合同，同样应当遵循平等自愿、协商一致的原则，不得违反法律、行政法规的规定。电子劳动合同依法订立即具有法律约束力，当事人必须履行电子劳动合同约定的义务。

#### （二）电子劳动合同的特征

1. 主体明晰

主体明晰，即一方是劳动者，一方是用人单位。签署电子劳动合同时，由系统进行实名认证，最大限度降低虚假信息、冒名代签、恶意诈骗等风险。主体双方要约和承诺是以数据电文的方式通过计算机互联网进行的，电子劳动合同的当事人均是通过电子数据的传递来完成的，一方电子数据的发出（输入）即可视为要约，另一方电子数据的回送（回执）即为承诺。由于电子数据交换具有自动审查和判断的功能，因此电子劳动合同的签订过程是通过互联网在计算机的操作下完成的。这是电子劳动合同区别于传统劳动合同的特征。

2. 依法合规

电子劳动合同的内容依法合规，明确主体双方的劳动权利和义务，确立双方的劳动关系。根据电子劳动合同，劳动者在合同期限内为用人单位工作服务，用人单位负责提供劳动条件和工作报酬等。在电子劳动合同中，劳动关系双方以提供劳动和劳动报酬互为条件，实现主体双方权利和义务的统一。与此同时，支持人力资源主管对海量合同模板进行上传、搜索、查看、编辑、删除等操作，实现在一个系统中完成所有合同模板的管理。

3. 安全便捷

电子劳动合同的签署、变更和解除无须采用传统的书面形式，具有电子化的特点。与传统劳动合同不同，电子劳动合同是采用电子数据交换的方法来签订的，表示合同生效的传统签字盖章方式被数字签名（电子签名）代替，安全便捷。此外，电子劳动合同可以完全储存在计算机内存、磁盘或者其他接收者选择的非纸质中介物上，无须采用书面形式。一旦在线发起合同签署流程后，系统通过短信、邮件等方式通知相关员工，员工通过电脑、手机 App、公众号等，最快可在 1 分钟内完成合同的远程或异地签署,既便捷又安全。

4. 区块链存证

劳动合同的管理涉及劳动合同的存放、查询、检索、复制、台账管理等,直接成本和间接成本支出不可避免,往往也是困扰用人单位的一个棘手问题。电子劳动合同实现区块链存证管理,即云端加密存储备份,支持自定义管理、编辑、多种条件检索功能,存储查询无纸化,既方便安全,又可大大节约人力资源管理成本。

### (三) 电子劳动合同属性

1. 自然属性

电子劳动合同以互联网信息化应用为载体,与电子印章、数字签名等要素相结合,具有与纸质劳动合同同等法律效力,在有效保障网络安全的前提下,可大量、长期储存,减少物理空间的占用,这是电子劳动合同的自然属性。

2. 本质属性

电子劳动合同是电子合同的一种,它与其他电子合同(如电子民事合同、电子经济合同、电子技术合同等)一样,具有电子合同的共性。例如,签订电子合同必须遵守国家法律法规,必须坚持平等自愿与协商一致的原则,电子合同内容都明确约定合同各方的权利与义务,电子合同签约各方必须自觉履行合同,违反合同者要承担相应的法律责任等。

但电子劳动合同也有不同于其他电子合同之处。电子签约劳动合同的目的是确立合同双方之间的劳动关系,而并不是其他社会关系,如购销、继承、代理等关系。确立劳动关系是劳动者与用人单位签订电子劳动合同的唯一目的。因此,签订电子劳动合同是建立劳动关系的必要形式,同时也是劳动关系双方社会价值取向和社会责任的具体体现。

## 二、电子劳动合同的法律效力

法律效力即法律约束力,指人们应当按照法律规定的那样行为,必须服从。如电子劳动合同发生法律效力,就是该合同符合法律规定的条件和程序,因而受到法律的保护。

电子劳动合同是否具备法律效力?电子劳动合同的法律环境如何?这是电子劳动合同是否具备法律效力的关键所在。

### (一) 具备合法性要素

《劳动合同法》第十条规定,"建立劳动关系,应当订立书面劳动合同"。所谓书面劳动合同,必须是纸质的吗?其实不然。

原《中华人民共和国合同法》第十一条规定,"书面形式是指合同书、信件和数据电文(包括电报、电传、传真、电子数据交换和电子邮件)等可以有形地表现所载内容的形式"。

《中华人民共和国电子签名法》(以下简称《电子签名法》)第三条规定,民事活动中的合同或者其他文件、单证等文书,当事人约定使用电子签名、数据电文的文书,不得仅因为其采用电子签名、数据电文的形式而否定其法律效力;第四条规定,"能够有形地表现所载内容,并可以随时调取查用的数据电文,视为符合法律、法规要求的书面形式";第十四条规定,可靠的电子签名与手写签名或者盖章具有同等的法律效力。

《中华人民共和国电子商务法》(以下简称《电子商务法》)第四十八条规定,电子商务当事人使用自动信息系统订立或者履行合同的行为对使用该系统的当事人具有法律效力。

《中华人民共和国民法典》(以下简称《民法典》)第四百六十九条规定,当事人订立合同,可以采用书面形式、口头形式或者其他形式。书面形式是合同书、信件、电报、电传、传真等可以有形地表现所载内容的形式。以电子数据交换、电子邮件等方式能够有形地表现所载内容,并可以随时调取查用的数据电文,视为书面形式。

因此,根据相关法律的规定,书面形式既包括合同书、信件,也包括电报、电传、传真、电子数据交换和电子邮件等数据电文形式,它们都可以有形地表现所载内容,都属于电子劳动合同的书面形式。上述法律条款的规定同样适用于"书面劳动合同"的解释,其实质已经赋予了电子劳动合同与传统合同同等的法律效力。

2020年3月,人力资源社会保障部办公厅发布《关于订立电子劳动合同有关问题的函》(人社厅函〔2020〕33号),明确规定用人单位与劳动者协商一致,可以采用电子形式订立书面劳动合同。采用电子形式订立劳动合同,应当使用符合电子签名法等法律法规规定的可视为书面形式的数据电文和可靠的电子签名。用人单位应保证电子劳动合同的生成、传递、储存等满足电子签名法等法律法规规定的要求,确保其完整、准确、不被篡改。符合劳动合同法规定和上述要求的电子劳动合同一经订立即具有法律效力。这是人力资源和社会保障领域进一步贯彻实施《劳动法》《劳动合同法》的重大举措,是对"建立劳动关系,应当订立书面劳动合同"规定的重大突破,具有里程碑意义。

2021年7月,为指导用人单位和劳动者依法规范订立电子劳动合同,人力资源社会保障部办公厅发布《电子劳动合同订立指引》(人社厅发〔2021〕54号),就电子劳动合同的法律效力、电子劳动合同的订立、电子劳动合同的调取、储存、应用、信息保护和安全、主要技术用语等做了进一步规范。

2022年4月,上海市人力资源和社会保障局印发《关于进一步维护当前劳动关系和谐稳定的工作指引》(沪人社关〔2022〕89号),明确指出企业与劳动者因疫情影响不能依法及时订立或续订书面劳动合同,可通过协商等方式,合理顺延订立或续订劳动合同的时间。企业与劳动者协商一致,可以采用电子形式订立或续订书面劳动合同。

**(二)契合劳动法立法精神**

劳动合同法与合同法是特别法与普通法的关系,在特别法没有规定的情况下,应适用普通法的规定。也就是说,数据电子版的一般合同具有与传统纸质合同相同的法律效力,那么电子劳动合同也理应具有与传统纸质劳动合同相同的法律效力。换言之,将电子合同打印出来,也就成了纸质合同。

就劳动合同的本质而言,劳动合同是确立劳动者与用人单位之间劳动权利义务关系的协议,这种协议是双方、有偿、诺成、继续性合同,其订立也要经过要约和承诺阶段,而且在订立合同时同样要贯彻自愿、平等原则。因此,劳动合同符合民事合同的特征,应当受合同法的调整,合同法特别是总则的内容在不违反劳动合同法基本精神时对劳动合同同样适用。

劳动合同签订本身就是一种民事活动,自然属于《民法典》适用范畴。只要电子劳动合同的内容符合劳动法、劳动合同法的有关规定,它就与传统书面形式的劳动合同书一样具有相同的法律效力。

**(三)相关诉讼法及司法解释予以确认**

依据2019年6月14日发布的可信区块链推进计划《区块链司法存证应用白皮书(1.0版)》,2012年之前,在我国法律体系下,电子数据不能作为独立证据参与诉讼。我国2012年修改的《中华人民共和国民事诉讼法》《中华人民共和国刑事诉讼法》以及2014年修改的《中华人民共和国行政诉讼法》(以下简称《行政诉讼法》)分别在第六十三条、第四十八条、第三十三条将电子数据作为一种新的证据种类纳入立法,使其获得了独立的证据地位。2015年《最高人民法院关于适用〈中华人民共和国民事诉讼法〉的解释》第一百一十六条第二款还规定了电子数据的部分形式。

2018年9月,最高人民法院发布《最高人民法院关于互联网法院审理案件若干问题的规定》(法释〔2018〕16号)。其第十一条规定,"当事人提交的电子数据,通过电子签名、可信时间戳、哈希值校验、区块链等证据收集、固定和防篡改的技术手段或者通过电子取证存证平台认证,能够证明其真实性的,互联网法院应当确认"。

随着互联网通信工具的高度普及适用,电子数据存证已成为当今社会的现实要求,电子证据在确立了其作为独立证据的地位后得到快速发展。《最高人民法院关于互联网法院审理案件若干问题的规定》以司法解释形式对可信时间戳及区块链等固证存证手段进行了法律确认,标志着我国区块链电子固证存证技术在司法领域的应用得到确立。

### (四)获得相关司法实践的支持

电子劳动合同不但在相关法律层面被证明具备法律效力,在劳动争议仲裁和人民法院司法实践中,不乏有判定"书面不限于纸质载体"的案例。

**【电子劳动合同签署纠纷案例】**

2020年12月,陈某因电子劳动合同签署诉求双倍工资一案,不服上海市普陀区人民法院民事判决书[(2020)沪0107民初3278号]之判决,向上海市第二中级人民法院提起上诉。

上海市第二中级人民法院审理认为,用人单位自用工之日起超过一个月不满一年未与劳动者订立书面劳动合同的,应当向劳动者每月支付二倍的工资。数据电文和纸质合同一样,是书面形式的一种,可靠的电子签名与手写签名或者盖章具有同等的法律效力。

本案中,陈某于2019年7月1日入职瑞泓公司,瑞泓公司于2019年7月5日与陈某签订电子劳动合同,该电子劳动合同系瑞泓公司租赁使用第三方人事信息管理系统平台(帅签系统)签订亦生成了劳动合同文本,且通过上海市数字证书认证中心出具的情况说明及数字签名验证报告对该电子劳动合同的真实性予以确认。陈某在一审审理中亦自认其登入该系统后对该电子劳动合同进行电子签名且并未改动过,应视为其同意双方的劳动合同以电子合同形式订立,故该电子劳动合同系一份完整有效的书面劳动合同。现陈某仅以双方劳动合同采用电子签名、数据电文的形式而否定该电子劳动合同的法律效力,没有事实和法律依据,本院不予支持。

综上,上海市第二中级人民法院民事判决书[(2020)沪02民终11398号]载明,陈某的上诉理由不能成立,其请求应予驳回,一审法院查明事实清楚,适用法律正确。依照《中华人民共和国民事诉讼法》第一百七十条第一款第(一)项之规定,驳回上诉,维持原判。

## 第二节 电子劳动合同的优势及技术支持

### 一、电子劳动合同的优势

#### (一)签署便捷高效

通过电子劳动合同系统接口为电子劳动合同签署业务应用提供电子劳动合同签名服务,系统保证电子劳动合同签约服务的合法有效性,经电子签名服务签署的电子劳动合同与签署纸质合同具有同等的法律效力。

同时,可以实现无缝对接内外系统,电子劳动合同的签署支持PC、H5、App、微信、小程序等多终端,全部流程均在线上完成,3分钟即可实现随时随地便捷签署,对于跨区域企业、异地子公司、物流、派送、远程外勤劳动者,具有无可比拟的便捷性。

劳动合同法规定了用人单位与劳动者协商一致，可以变更劳动合同约定的内容。使用电子劳动合同系统也可以像电子劳动合同签署一样更便捷，易操作。

### （二）签署过程真实有效

通过系统平台签署电子签名文件时，先行预览展示合同模板的内容并转化为可视的 PDF 文档，劳动者完全可以查看需要签署的电子文本并阅读相应条款；劳动者在使用其数字证书签署文件时，经过验证程序，无论是姓名验证、身份证验证、短信验证、人脸识别验证还是密码验证，都需要签署人亲自操作才能完成签署，不存在被人代签的问题。因此，劳动者的知情权是可以得到保障的。

电子劳动合同数据的真实性是指电子劳动合同在技术层面及存在形式上的电子数据是否真实，是否与真相保持一致，是否存在被修改、删除、增加等问题。它是电子劳动合同保持原始性、同一性、完整性的技术前提，对于合同真实性的审查判断具有基础性意义。

电子劳动合同文本内容的真实性是电子劳动合同真实性的核心问题。其包含以下两层意义：一是在"排除合理怀疑"证明标准场合，合同所包含的信息与其他证据所包含的信息能够相互印证，从而准确证明事实；二是在"优势证据"证明标准场合，电子劳动合同所包含的信息可以证明一定的法律事实，特别是证明当事人的意思表示和法律行为。

跨区域及远程签署非常安全，对此，应考察以下几个方面：

一是运行环境的安全，即系统运行所依赖的硬件应当 7×24 小时全天稳定运行，并有完善的监控体系。

二是软件的安全，区块链网络以及应用系统具有较强的安全能力，构建安全威胁和漏洞检测体系，及时处理安全漏洞和安全事件。

三是网络传输的安全，传输过程应对数据采用业内通用方式加密，验证数据来源和完整性。

四是数据的安全，数据加密存储，对密钥采用保护机制。保证数据隐私的保护，只有被授权方才能访问数据。通过可信联盟及相关技术保证数据不被篡改，所有数据访问留痕，全方位监控数据的存储和流向，确保数据安全。如果这些环节安全了，跨区域及远程签署自然就是安全的。

### （三）合同文本防篡改

系统平台采用国际通用哈希值技术固化原始电子文件数据，经过可靠数字签名的电子劳动合同可防止任何一方篡改。所谓"数字签名"，就是通过某种密码运算，生成一系列符号及代码组成电子密码，以代替书写签名或印章的签名形式。对于这种电子式的签名还可进行技术验证，其验证的准确度是一般手工签名和图章验证所无法比拟的。

"数字签名"是目前电子商务、电子政务中应用最普遍、技术最成熟、可操作性最强的一种电子签名方法。它采用了规范化的程序和科学化的方法，用于鉴定签名人的身份、确认其对电子数据内容的认可。它还能验证出文件的原文在传输过程中有无变动，确保传输电子文件的完整性、真实性，具备保障劳动关系双方合法权益的功能和作用。

### （四）拓展人力资源管理

《关于印发"互联网＋人社"2020 行动计划的通知》（人社部发〔2016〕105 号）指出，要促进人力资源和社会保障领域数据资源和服务资源的聚集、整合和共享，形成基于大数据的"互联网＋"基础能力，为管理服务创新行动和社会协作发展行动提供基础支撑。

电子劳动合同的应用，对于助力复工复产和返岗就业、劳动合同签署及区块链存证、人力资源数字化管理、劳动争议仲裁机构和人民法院对劳动合同证据的真实性查证等具有重要的意义。

### （五）降本增效

电子劳动合同实行无纸化管理。电子劳动合同系统同时支持电子劳动合同的自定义管理、编辑、多种条件检索查询功能,减少纸质合同的印刷、快递和存储成本,降低人力资本支出,满足人力资源管理提升效能的需求。

## 二、电子劳动合同的技术支持

### (一) 强大的身份实名认证功能

身份认证,即实名认证,就是撮合当事人姓名、合法的身份证号码和本人现场的人脸识别、数字签名、数字信封、时间戳等技术,由电子劳动合同平台进行严格的实名查验认证,保证签署主体的真实身份、真实意愿和现场环境。

电子劳动合同系统平台严格的实名认证技术,保证了签署主体的真实身份、真实意愿。

### (二) 可靠的数字签名,不被篡改

所谓"数字签名",就是通过某种密码运算,生成一系列符号及代码组成电子密码,以代替书写签名或印章的签名形式。对于这种电子式的签名还可进行技术验证,其验证的准确度是一般手工签名和图章验证所无法比拟的。

可靠的电子签名技术、先进的第三方取时和区块链存证技术,精确记录签约时间,保证了电子劳动合同签订、传输、存储的安全性、完整性和合法性,也杜绝了劳动合同被篡改,最大化避免劳务纠纷。

### (三) 权威的电子签名出证

为用户提供电子签名出证,即对于使用了该系统存证服务的电子劳动合同文件,用户可有偿获取由系统平台出具的书面证明报告,用以确认相关文件的数字签名信息状态和文件内容,此书面报告即出证报告。

出证报告由三部分组成:①用户(申请人)的基本情况;②验证过程概述;③数据分析说明。

出证报告可证明协议签署事实、协议内容的真实性、各签署方数字签名信息合法有效、各方签署协议的时间,从而增强电子合同的证明力。

系统平台使用的数字证书是目前国际上最成熟并被广泛应用的信息安全技术。数字证书以密码学为基础,采用数字签名、数字信封、时间戳服务等技术,在互联网上建立起有效的信任机制。它主要包含证书所有者的信息、证书所有者的公开密钥和证书颁发机构的签名等内容。通俗而言,数字证书就是个人或单位在网络上的身份证。

认证机构(Certificate Authority, CA)是采用公开密钥基础技术,专门提供网络身份认证服务,负责签发和管理数字证书,且具有权威性和公正性的第三方信任机构。CA的作用类似于现实生活中颁发证件的机构,如身份证办理机构等。

### (四) 区块链存储存证

系统兼备"前端存证应用+第三方存证机构自行验证"和"前端存证应用+后端权威机构背书"两种功能应用。在系统平台的服务项下,可以为客户及时提供电子合同证据出证服务(CA版),由上海CA中心出具电子劳动合同中电子签名验证服务报告;或提供电子合同司法鉴定服务(第三方版),由具有资质的专业司法鉴定机构出具电子合同证据司法鉴定报告。

随着《电子签名法》和《民法典》等相关法律法规的颁布实施,电子合同被赋予了与传统合同同等的法律效力,市场上利用电子合同进行缔约的行为日益增加,电子合同服务提供商不断涌现,这说明了电子合同市场的极大繁荣。

同时,由于缺乏对电子合同信息的统一和规范化描述,这引起了交易纠纷调解难、取证难等一系列问题。因此,为了规范电子商务交易中的合同行为,维护企业和消费者的合法权益,营造公平、诚信的交易环境,必须对电子合同基础信息的信息描述进行规范。

2018年6月7日,国家标准化委员会发布了2018年第九号标准公告,其中包括:《电子合同基础信息描述规范》(GB/T 36319—2018)、《电子合同订立流程规范》(GB/T 36298—2018)、《第三方电子合同服务平台功能建设规范》(GB/T 36320—2018),该三项电子合同国家标准于2018年10月1日起正式施行。《电子合同基础信息描述规范》规定了电子合同基础信息的信息描述属性、信息描述方法、信息模型和信息摘要描述以及信息扩展方法。其适用于对电子合同基础信息的展示、交换、发布和查询等。该标准符合国家现行法律、法规、规章和强制性国家标准的要求,有助于《电子签名法》和《民法典》等相关法律、法规、规章和强制性国家标准的实施。

## 第三节  电子劳动合同签署实务

下面以帅签电子签署系统为例来介绍电子劳动合同的签署。

### 一、系统简介

帅签签署系统V1.0(以下简称帅签电子系统),是由上海市人才服务百强企业之一、具有20多年人力资源管理经验的专业机构研发的电子劳动合同产品。该系统引入实名认证、电子签名、多功能检索、区块链认证等技术,具备权威认证系统、防篡改技术、第三方取时技术"三位一体"特质,是经国家版权主管部门计算机软件著作权登记的第三方电子签署平台。

帅签电子系统是上海市唯一经过市劳动和社会保障学会劳动法专家论证评审的电子劳动合同签署系统,也是上海市首起电子劳动合同签署司法判例检验的电子劳动合同签署系统,目前已入选上海"一网通办"平台。

帅签电子系统的运行环境为CPU:奔腾双核2.0 GHz,内存:2 GB,硬盘空间:100 GB。其主要功能有人员信息管理、合同模板设置、合同发起、合同签署、数据导出、用户自定义印章查验、经办人设置、通知管理等。

### 二、企业操作流程

#### (一)登录和注册

帅签签署系统欢迎用户登录和注册。用户输入账号、密码,拖动滑块,点击"登录"和"注册",可进行登录和注册,如图7-1所示。

图7-1  帅签签署系统登录界面

## (二) 信息导入

信息导入是对签署人员进行基本信息录入、导出、修改等管理。合同中的人员基本信息匹配来源于此模块数据,如图 7-2 所示。

图 7-2 员工信息—信息导入

点击"下载模板",下载员工信息 Excel 模板填写信息(带 * 为必填字段),填写完成后回到签署系统,点击"导入",完成人员信息的导入或修改,如图 7-3、图 7-4 和图 7-5 所示。

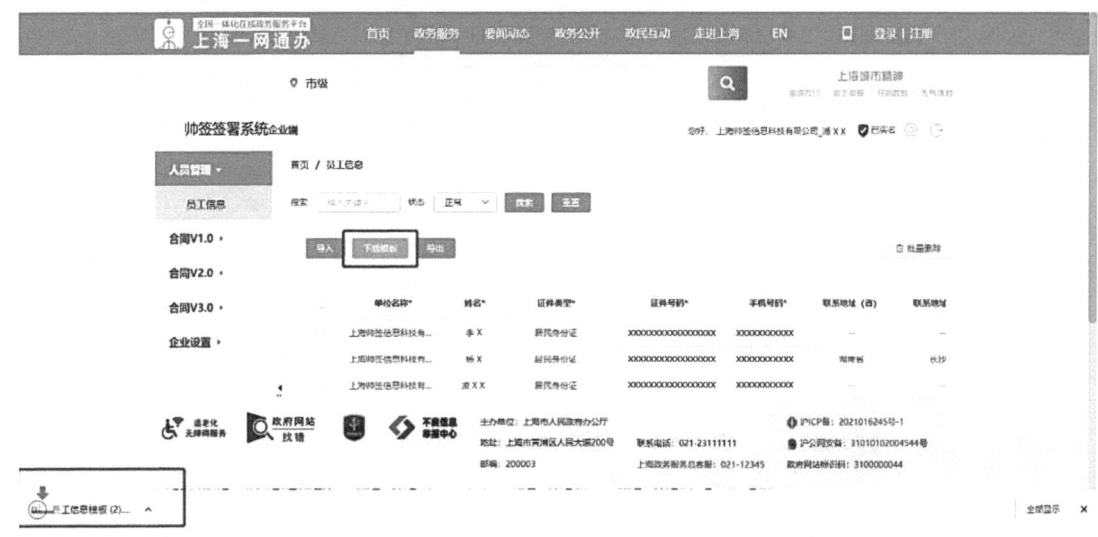

图 7-3 员工信息导入模板下载

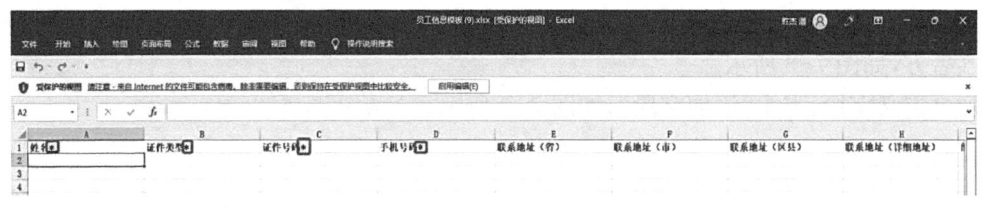

图 7-4 员工信息模板字段内容展示

第七章 电子劳动合同 /145

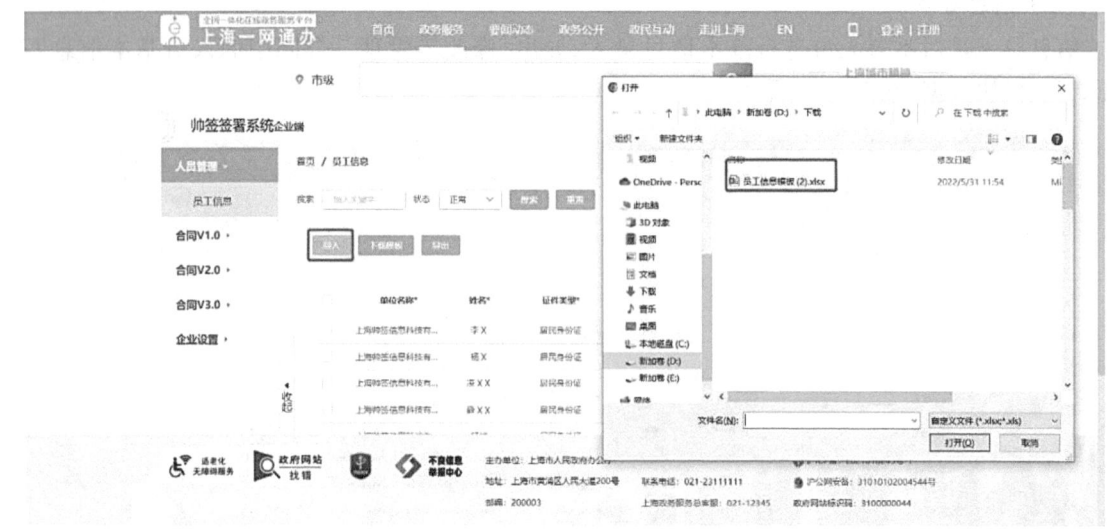

图 7-5 员工信息导入

### (三) 文本签署

劳动合同文本签署是电子劳动合同的核心。合同 V3.0 文本签署包括两个模块,即合同模板和合同发起,如图 7-6 所示。

图 7-6 员工合同信息—文本签署

**1. 合同模板**

合同模板是设定合同名称、合同签署顺序、合同签署文件、自定义字段的模块。

点击"新建模板",跳转至模板设置页面,添加合同名称、签署文件,如图 7-7 所示。

设置签署方:点击"添加企业"或"添加个人"设置签署方 1~N 和签署顺序,点击右侧删除按钮删除此签署方,如图 7-8 所示。

添加自定义字段:点击"添加字段",如图 7-9 所示。

146  劳动人事数字化操作实务

图 7-7 新建合同模板

图 7-8 设置签署方

图 7-9 添加自定义字段

自定义字段设置：字段名称需与 Word 模板中＄{×××}中字符一致，如设置联系地址、户籍地址、常住地址、紧急联系人、紧急联系人电话需关联签署方，设置完成点击"保存"，如图 7-10 和图 7-11 所示。

图 7-10　自定义字段设置

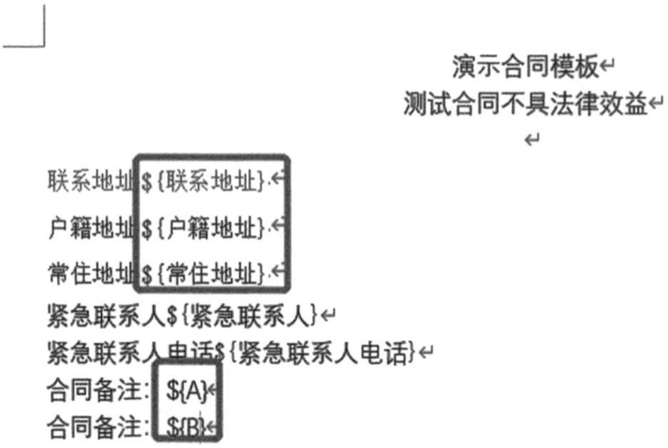

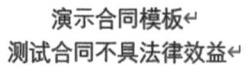

图 7-11　模板替换字段设置

点击"预览"检查合同模板，点击"修改"修改合同模板，点击"删除"取消合同模板该条数据，点击"锁定"固化此模板不可再修改，进入下方合同发起模块，如图 7-12 所示。

2. 合同发起

电子劳动合同的签署是劳动关系双方签署劳动合同，建立劳动关系的法定程序，由合同发起模块完成。

合同发起模块是导入人员合同数据、生成签署文件、发出短信通知、批量签署、批量下载、导出签署信息的模块。

图 7-12　合同模板

人员合同数据导入：在"合同模板"中选择签署所需模板，点击"导入模板"，下载 Excel 进行信息填写（带 * 为必填字段），如图 7-13 和图 7-14 所示。

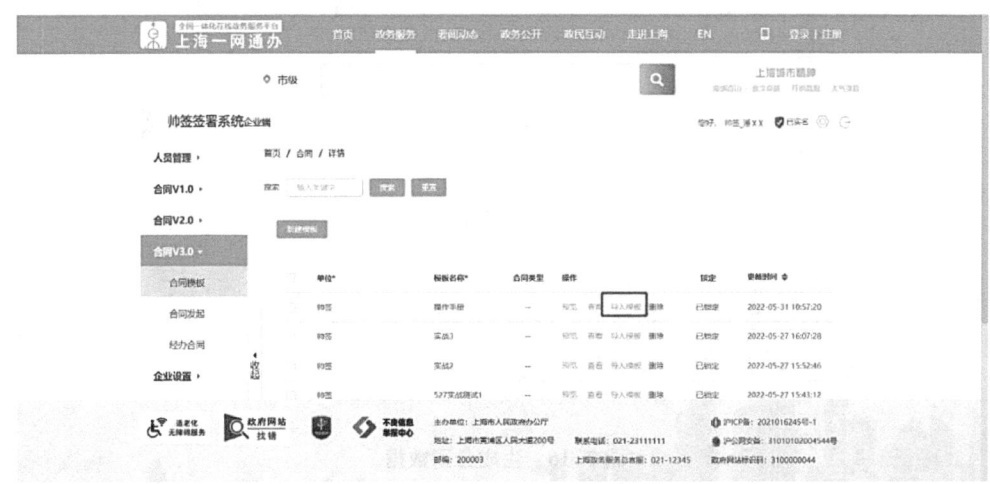

图 7-13　合同导入模板下载

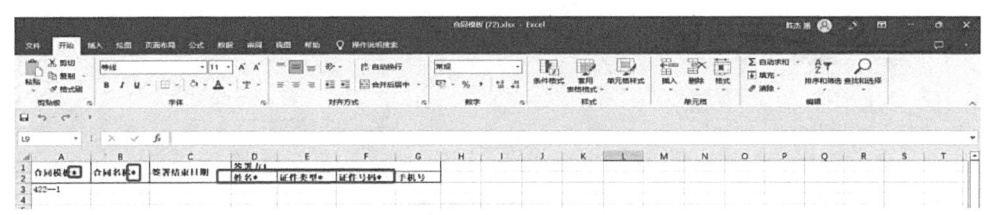

图 7-14　合同导入模板字段内容展示

填写完成后回到签署系统，点击"导入"，完成员工合同信息的导入，如图 7-15 所示。
选择"待生成数据"，点击"批量生成"，生成合同数据，如图 7-16 所示。
选择"待签署数据"，点击"签署通知"，如图 7-17 所示，系统发送签署通知短信至签署人手机。
点击"批量签署"，跳转至可批量签署数据中，如图 7-18 所示。

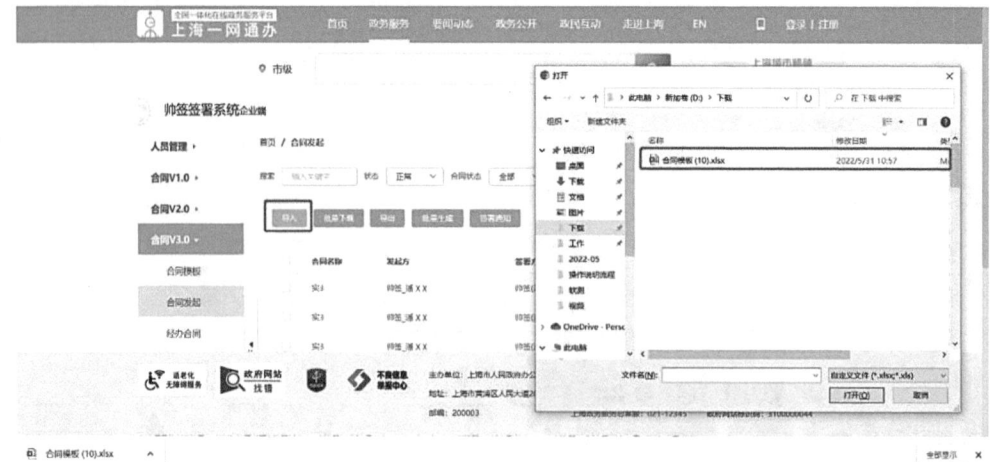

图 7-15 员工合同信息导入

图 7-16 生成合同数据

图 7-17 签署通知

图 7-18 批量签署合同数据

选择需签署数据,点击"批量签署",并点击"确定",如图 7-19 和图 7-20 所示。

图 7-19 选择签署合同数据

图 7-20 确认批量签署合同数据

获取验证码并回填,确认签署意愿,如图7-21所示,完成批量签署。

图7-21 确认签署意愿

选择已签署数据,点击"批量下载",系统下载已签署文件PDF压缩包至本地。

### (四) 数据导出

选择合同数据,点击"导出",系统导出数据信息至Excel模板,如图7-22和图7-23所示。

图7-22 合同数据导出

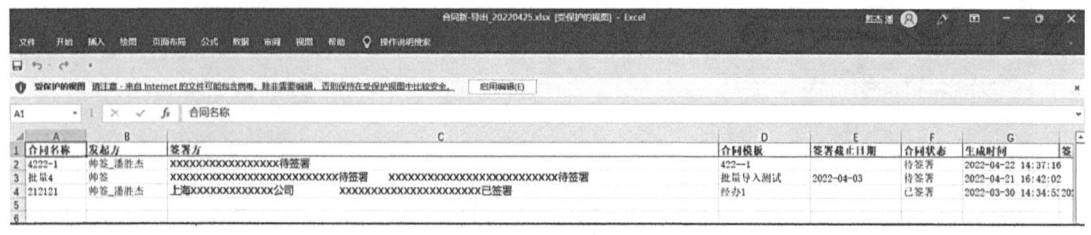

图7-23 导出合同数据字段内容展示

### (五) 自定义设置

自定义设置是系统为用户预留的模块,包括印章管理、企业经办人、通知管理,如图7-24所示。

图 7-24 自定义设置

1. 印章管理

印章管理用于查验企业公章和专用章,如图 7-25 和图 7-26 所示。

图 7-25 印章管理—企业公章

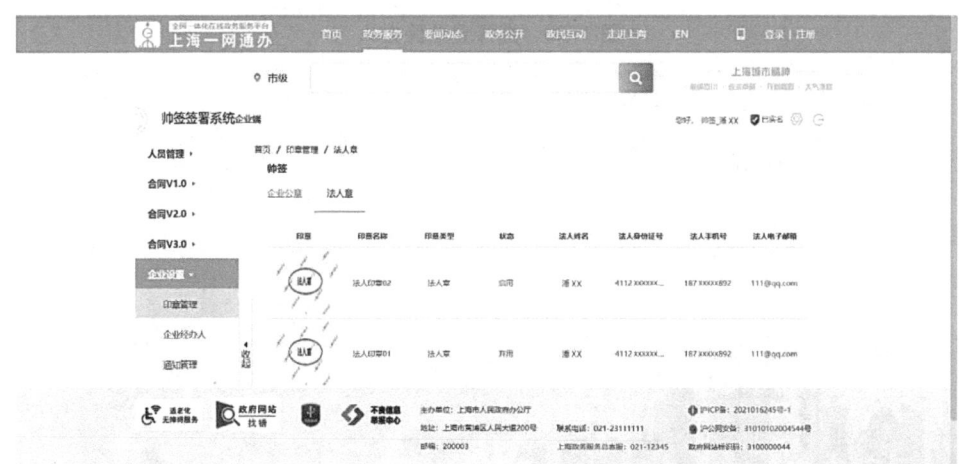

图 7-26 印章管理—企业专用章

## 2. 企业经办人

该模块用于企业经办人新增和删除。点击"新增",通过状态栏搜索需设置的人员信息,如图 7-27 所示。

图 7-27　企业经办人设置

点击"设为企业经办人",二次确认经办人信息,确认无误后点击"确认",完成企业经办人设置,如图 7-28 和图 7-29 所示。

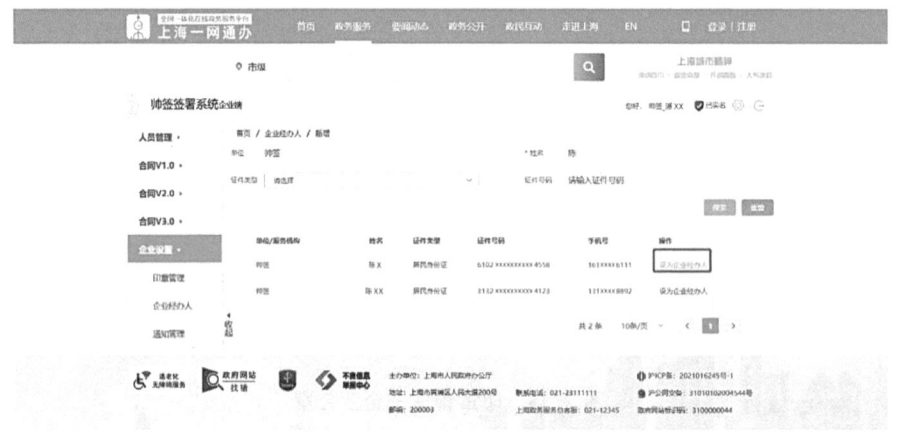

图 7-28　选择企业经办人

图 7-29　确认设置企业经办人

如删除企业经办人,选择需删除的企业经办人数据,点击"批量删除",二次确认无误后点击"确认",完成删除,如图 7-30 和图 7-31 所示。

图 7-30　删除企业经办人

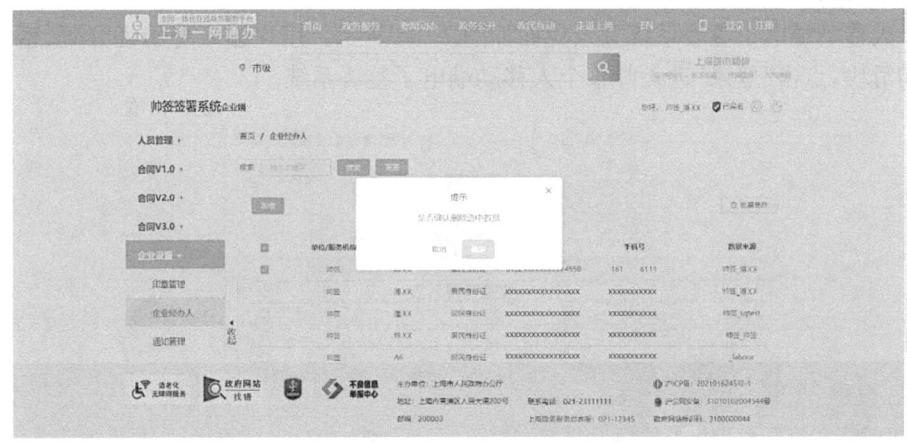

图 7-31　确认删除企业经办人

3. 通知管理

通知管理用于设置企业经办人是否接受签署完成短信通知。点击"是否接受"完成设置,如图 7-32 和图 7-33 所示。

图 7-32　企业经办人接收短信设置

图 7-33　确认短信接收设置

## 三、个人签署流程

### (一) 个人登录

帅签个人移动端电子签署系统登录界面如图 7-34 所示。用户输入身份证号码、密码(密码可修改),拖动滑块,点击"登录"进入帅签个人移动端电子签署系统。

图 7-34　帅签个人移动端电子签署系统登录界面

### (二) 合同签署

在"待本人签署"界面点击"预览"可预览合同内容,确认无误后,点击"签章/盖章",如图 7-35 和图 7-36 所示。

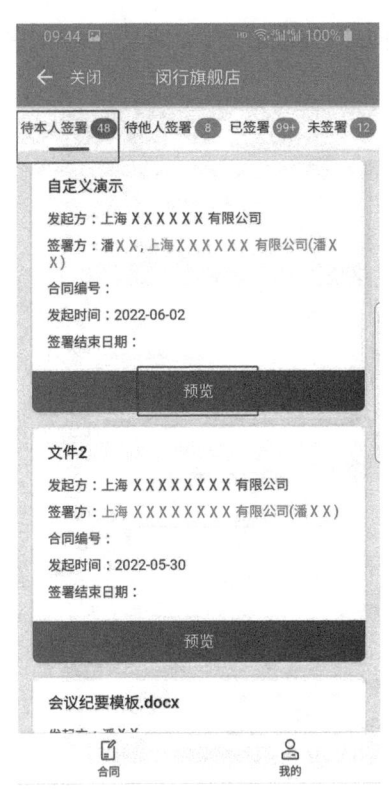

图 7-35 "待本人签署"界面　　　　图 7-36 合同内容预览

根据需求选择个人印章类型,如图 7-37 至图 7-39 所示。

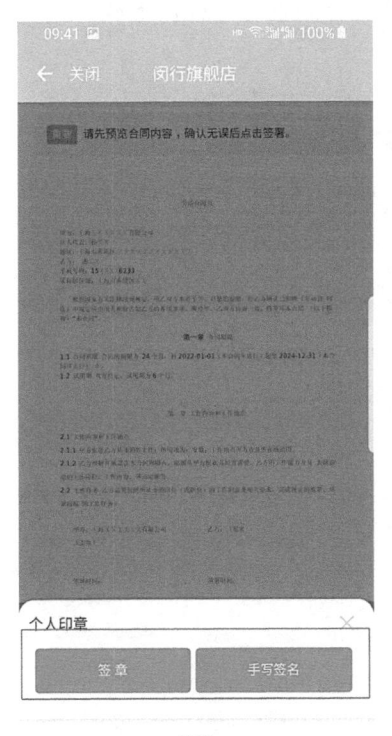
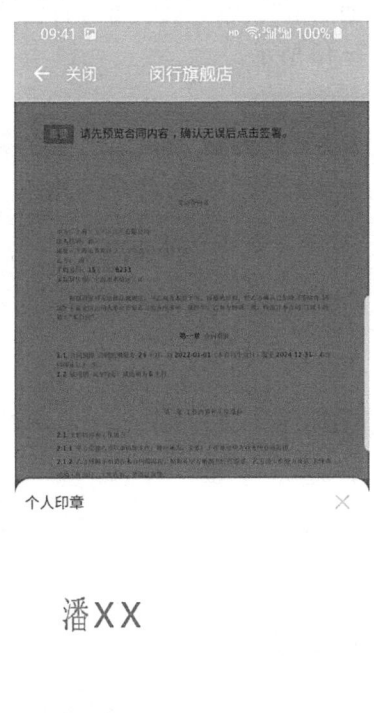

图 7-37 选择个人印章类型　　　图 7-38 签章展示　　　图 7-39 手写签名展示

第七章　电子劳动合同／157

个人签名无误后点击"提交签署",获取验证码并回填,完成签署,如图7-40和图7-41所示。

图7-40 个人签名展示

图7-41 确认签署意愿

## (三) 查看下载

双方完成签署,在"已签署"界面点击"查看/下载"可进行已签署合同查看,点击"下载"复制下载链接进行下载,如图7-42和图7-43所示。

图7-42 "已签署"界面

图7-43 已签署合同查看

# 第八章　劳动人事争议及其处理

## 第一节　劳动人事争议概述

### 一、劳动人事争议的概念

劳动争议，又称"劳资纠纷""劳资争议"，是指劳动关系当事人（劳动者与用人单位）之间的劳动权利义务纠纷。劳动争议是在执行劳动方面的法律法规和劳动合同、集体合同的过程中，因劳动权利义务发生分歧而引起的争议，它不同于民事争议，用人单位和劳动者双方存在管理和被管理关系，双方并不处于平等主体地位。

人事争议是人事关系双方因权利、义务发生分歧而产生的争议，具有主体多元化、内容复杂化与争议敏感化三个特征。其中，人事关系包括我国实施公务员法的机关与聘任制公务员之间、事业单位与编制内工作人员之间、社团组织与工作人员之间，以及军队聘用单位与文职人员之间的四组关系。值得注意的是，事业单位只有与编制内工作人员在劳动权利与义务方面产生纠纷才能视为人事争议。如果事业单位与编制外人员或劳务派遣人员发生了相关纠纷，仍属于劳动争议。

劳动争议、人事争议主要存在以下不同点：

**（一）试用期规定不同**

劳动争议中，劳动合同期限三个月以上不满一年的，试用期不得超过一个月；劳动合同期限一年以上不满三年的，试用期不得超过二个月；三年以上固定期限和无固定期限的劳动合同，试用期不得超过六个月。

人事争议中，初次就业的工作人员与事业单位订立的聘用合同期限3年以上的，试用期为12个月。

**（二）调整范围不同**

劳动争议范围则广泛得多，主要包括：劳动者与用人单位在订立、履行、解除或终止劳动合同过程中发生的纠纷，因社会保险、退休后追索养老金、医疗费、工伤保险待遇和其他社会保险待遇而发生的纠纷，请求用人单位依法给予工伤保险待遇发生的纠纷等。

人事争议主要是指事业单位与其工作人员之间因辞职、辞退及履行聘用合同所发生的争议。

**（三）法律依据不同**

劳动争议，除主要适用《劳动法》《劳动合同法》外，各个地区高级人民法院关于审理劳动争议案件解答也可作为裁判依据。

人事争议根据最高院司法解释，事业单位与其工作人员之间因辞职、辞退及履行聘用合同所发生的争议，适用《劳动法》的规定处理。事业单位与实行聘用制的工作人员订立、履行、变更、解除或者终止劳动合同，法律、行政法规或者国务院另有规定的，依照其规定；未作规定的，依照《劳动合同法》有关规定执行。据此，人事争议在国务院《事业单位人事管理条例》没有规定时，依照《劳动合同法》有关规定执行。

## 二、劳动人事争议的特征

### （一）主体特征

劳动争议的主体是劳动关系双方，即用人单位和劳动者，这是区别于用人单位与用人单位之间的民事或经济法律关系，国家与劳动者或国家与用人单位之间的行政管理关系的根本特征。从主体上认知劳动争议的特征，可以认识劳动争议的主体不是独立平等的，而是经济上的不平等且具有支配从属关系。

### （二）内容特征

劳动争议是基于劳动关系而产生的，在执行劳动法律、法规或订立、履行、变更、解除和终止劳动合同等过程中因劳动权益纠纷而引发的争议，是劳动争议的内容特征。有些争议虽然发生在用人单位和劳动者之间，但争议的内容不涉及劳动合同和其他执行劳动法律法规问题，如劳动者与用人单位因买卖合同而发生纠纷等，其属于民事纠纷，不属于劳动争议。

### （三）社会影响特征

劳动争议的社会影响特征，主要是指集体劳动争议，由于劳动关系产生于集体劳动过程中，因此一旦发生集体劳动争议而不能妥善处理，就会引发集体上访、罢工等群体性劳动纠纷事件，不仅给企业生产造成严重损害，还会影响社会的稳定。

# 第二节 劳动人事争议处理的基本制度和基本原则

## 一、劳动人事争议处理的基本制度

劳动人事争议处理制度，是劳动人事争议处理的组织机构、程序规则及其他专项制度的总称，包括劳动人事争议的调解、仲裁及诉讼制度。劳动争议处理制度具有民间性、司法性以及行政和司法结合的特性。

劳动人事争议仲裁是指劳动人事争议当事人依法向劳动人事争议仲裁委员会提出申请，由仲裁委员会组织仲裁庭对双方的争议进行审理并作出调解或裁决的活动。同时，劳动人事争议仲裁，是国家维护劳动者和用人单位合法权益，实现社会公平正义的重要手段，也是劳动人事争议诉讼的法定前置程序。

通过仲裁解决劳动人事争议，使受到侵害的合法权益得以维护，有利于劳动人事关系的和谐和社会的稳定，有利于构建和谐劳动关系、加强和创新社会管理、实现社会公平正义，在维护社会稳定等方面具有重要的作用。

### （一）劳动争议调解组织制度

《劳动争议调解仲裁法》规定，我国劳动争议调解组织有企业劳动争议调解委员会，依法设立的基层人民调解组织，在乡镇、街道设立的具有劳动争议调解职能的组织等。企业劳动争议调解制度具有民间性、群众性的特点；基层人民调解组织和在乡镇、街道设立的具有劳动争议调解职能的组织，一般有行政主导的特点。

### （二）劳动争议仲裁委员会制度

根据《劳动争议调解仲裁法》的规定，劳动争议仲裁委员会由劳动行政部门代表、工会代表和企业代表组成，仲裁委员会下设办事机构，办事机构一般设在人力资源和社会保障部门，仲裁委员会主任也一般由行政方面的代表担任。由此可以看出行政部门在仲裁委员会中起着主导作用；但仲裁委员会的职责是依法独立处理劳动争议,其调解书、裁决书均具有法律约束力,因此劳动争议仲裁制度又有一定的司法性(也称准司法性),它是行政主导和司法性的结合体。

**(三)其他制度及相关内容**

《劳动争议调解仲裁法》由中华人民共和国第十届全国人民代表大会常务委员会第三十一次会议于2007年12月29日通过,自2008年5月1日起施行。为及时有效地保护当事人的合法权益,《劳动争议调解仲裁法》在过去劳动争议处理制度的基础上,增加了以下内容。

(1)扩大了受案范围。《劳动争议调解仲裁法》第二条详细规定了仲裁受案范围,即"中华人民共和国境内的用人单位与劳动者发生的下列劳动争议,适用本法:①因确认劳动关系发生的争议;②因订立、履行、变更、解除和终止劳动合同发生的争议;③因除名、辞退和辞职、离职发生的争议;④因工作时间、休息休假、社会保险、福利、培训以及劳动保护发生的争议;⑤因劳动报酬、工伤医疗费、经济补偿或者赔偿金等发生的争议;⑥法律、法规规定的其他劳动争议"。

(2)强化了调解。对调解制度进行专章规定,提高了调解在争议处理中的地位和作用,确立了三类调解组织,规定了调解员的条件、调解程序和调解协议的效力等。

(3)部分案件实行一裁终局制度。①追索劳动报酬、工伤医疗费、经济补偿金或者赔偿金,不超过当地月最低工资标准12个月金额的争议;因执行国家的劳动标准在工作时间、休息休假、社会保险等方面发生的争议。②区别不服一裁终局案件的救济途径,劳动者可以起诉至人民法院,而用人单位只能向仲裁委员会所在地的中级人民法院申请撤销。

(4)增设了支付令的规定。《劳动争议调解仲裁法》第十六条规定:"因支付拖欠劳动报酬、工伤医疗费、经济补偿或者赔偿金事项达成调解协议,用人单位在协议约定期限内不履行的,劳动者可以持调解协议书依法向人民法院申请支付令。人民法院应当依法发出支付令。"

(5)规定了先予执行。《劳动争议调解仲裁法》第四十四条规定:"仲裁庭对追索劳动报酬、工伤医疗费、经济补偿或者赔偿金的案件,根据当事人的申请,可以裁决先予执行,移送人民法院执行……劳动者申请先予执行的,可以不提供担保。"

(6)加大了用人单位的举证责任。新增由用人单位掌握管理的证据,如用人单位不提供则承担不利后果。《劳动争议调解仲裁法》第六条规定:"发生劳动争议,当事人对自己提出的主张,有责任提供证据。与争议事项有关的证据属于用人单位掌握管理的,用人单位应当提供;用人单位不提供的,应当承担不利后果。"

(7)延长了仲裁时效。①时效的计算起点发生变化,非劳动争议发生之日,而是视为知道或应当知道权利受侵害之日;②仲裁时效由原来的60天改为1年;③特别规定劳动关系存续期间,拖欠工资不存在时效问题;④规定了仲裁时效中断、中止的情况。

(8)缩短了仲裁周期。《劳动争议调解仲裁法》第四十三条规定,"仲裁庭裁决劳动争议案件,应当自劳动争议仲裁委员会受理仲裁申请之日起四十五日内结束。案情复杂需要延期的,经劳动争议仲裁委员会主任批准,可以延期并书面通知当事人,但是延长期限不得超过十五日"。

(9)明确了劳务派遣当事人。原来用工单位一般可以申请或追加为第三人,但不能是共同被诉人,《劳动争议调解仲裁法》明确,劳务派遣单位与用工单位为共同当事人。

(10)确定了不收费原则。《劳动争议调解仲裁法》第五十三条规定:"劳动争议仲裁不收费。劳动争议仲裁委员会的经费由财政予以保障。"

(11)规定了劳动合同履行的优先原则。《劳动争议调解仲裁法》第二十一条规定第二款:"劳动争议由劳动合同履行地或者用人单位所在地的劳动争议仲裁委员会管辖。双方当事人分别向劳动合同履行地和用人单位所在地的劳动争议仲裁委员会申请仲裁的,由劳动合同履行地的劳动争议仲裁委员会管辖。"这改变了过去由用人单位所在地和劳动者工资关系所在地的劳动争议仲裁委员会管辖的状况。

可见,我国劳动人事争议调解仲裁法规政策体系初步建立,初步形成了以《劳动争议调解仲裁法》为基础,以《中华人民共和国公务员法》《劳动合同法》《中华人民共和国劳动合同法实施条例》(以下简称《劳动合同法实施条例》)、《中国人民解放军文职人员条例》《人事争议处理规定》《劳动人事争议仲裁办案规则》《劳动人事争议仲裁组织规则》《企业劳动争议协商调解规定》等为主,有关政策集成配套的劳动人事争议调解仲裁法律体系。

劳动人事争议调解仲裁基本制度逐步健全。《劳动争议调解仲裁法》颁布后,我国的劳动争议处理制度基本上还是延续以前的"一裁两审"制,即劳动争议发生后,当事人之间协商不成,可以向调解机构申请调解(也可以直接向劳动争议仲裁委员会申请仲裁);调解不成的,当事人可以向劳动争议仲裁委员会申请仲裁;对仲裁裁决不服的,劳动争议当事人可以在收到裁决书之日起15日内向人民法院提起诉讼,人民法院按照两审制继续审理。

## 二、劳动人事争议处理的基本原则

《劳动人事争议仲裁办案规则》第三条规定:"仲裁委员会处理争议案件,应当遵循合法、公正的原则,先行调解,及时裁决。"我国劳动人事争议的处理原则包括合法性原则、公正性原则、着重调解原则与及时处理原则。

**(一)合法性原则**

合法性原则,就是在劳动人事争议的处理过程中,劳动人事争议处理机构应当通过深入调查,查明争议的起因、发展和现状,依照相关的劳动法律、法规、规章规定的程序要求和权利、义务要求来解决劳动人事争议。同时,要遵循法律效力从大到小的原则掌握好依法的顺序,即首先依照相关法律规定,无相关法律的依照行政法规,无相关行政法规的依照地方行政法规规章。达成的调解协议、作出的裁决和判决不得违反国家现行法律、法规以及政策规定,不得损害国家利益、社会公共利益或他人合法权益。

合法性原则包含三个方面:一是劳动合同、聘用合同的主体必须合法。二是劳动合同、聘用合同的内容必须合法。三是劳动合同、聘用合同订立的程序和形式合法。并且,合法性原则要求在劳动人事争议处理过程中依据程序法,其处理结果依据实体法。

**(二)公正性原则**

公正性原则主要包括两个方面:一是劳动人事争议双方当事人在处理争议过程中的法律地位平等,平等享有权利和履行义务,任何一方都不得把自己的意志强加于另一方。二是劳动人事争议处理机构应当公正执法,保障和便利双方当事人行使权利,对当事人在适用法律上一律平等,不得偏袒或歧视任何一方。劳动人事争议双方当事人在法律地位上的平等,体现在劳动人事关系的建立、变更、解除以及终止方面。

**(三)着重调解原则**

着重调解原则要求处理劳动人事争议,着重以调解方式解决,使双方当事人达成协议并认真履行,贯穿于整个争议处理程序之中。双方当事人发生劳动人事争议,可以依法申请调解、仲裁、提起诉讼,也可以协商解决。调解有利于矛盾的解决,避免矛盾激化,有利于及时维护劳动人事关系双方当事人的合法权益。

注重调解原则的基本要求是:第一,在处理劳动人事争议案件时,应尽量采用调解方式结案,避免采取裁决的方式结案;第二,在调解过程中必须坚持平等、自愿、合法的原则,有利于协议的履行;第三,应对劳动人事争议案件及时裁决,对于当事人不愿调解或调解不成的,不应久拖不决,以免耽搁时日,有损于当事人的合法权益,甚至造成不良后果。

**(四) 及时处理原则**

《劳动人事争议仲裁办案规则》第四十五条对劳动争议案件的处理期限作出了明确的规定:仲裁庭裁决案件,应当自仲裁委员会受理仲裁申请之日起 45 日内结束。案情复杂需要延期的,经仲裁委员会主任或者其委托的仲裁院负责人书面批准,可以延期并书面通知当事人,但延长期限不得超过 15 日。

处理劳动人事争议,还应遵循及时处理的原则。及时处理原则的根本目的是保障劳动者的就业、劳动报酬、劳动条件等切身利益,它关系到劳动者的生存问题,如不及时处理,势必影响劳动者的生活和生产秩序的稳定。因此,在处理劳动人事争议时可采取先行裁决、先予执行的方式。《劳动争议调解仲裁法》第四十三条、第四十四条规定,仲裁庭裁决劳动争议案件时,其中一部分事实已经清楚,可以就该部分先行裁决;仲裁庭对追索劳动报酬、工伤医疗费、经济补偿或者赔偿金的案件,根据当事人的申请,可以裁决先予执行,移送人民法院执行。

## 第三节　劳动人事争议仲裁

### 一、受案范围

劳动人事争议的受案范围是指各级劳动人事争议仲裁委员会受理劳动人事争议案件的范围。

1. 因确认劳动关系而发生的争议

因确认劳动关系发生的争议是指劳动者与用人单位就双方之间是否存在劳动关系而发生的争议。原劳动和社会保障部发布的《关于确立劳动关系有关事项的通知》提出,认定劳动关系应具备三项条件:一是用人单位和劳动者符合法律、法规规定的主体资格;二是用人单位依法制定的各项规章制度适用于劳动者,劳动者受用人单位的劳动管理,从事用人单位安排的有报酬的劳动;三是劳动者提供的劳动是用人单位业务的组成部分。由于新的用工方式不断出现,劳动关系的类型也显得十分复杂,出现了很多由于确认劳动关系而发生的争议,如因事实劳动关系而发生的争议,因界定劳动关系与劳务关系而发生的争议,因界定劳动关系与承包关系而发生的争议,因界定全日制与非全日制劳动关系而发生的争议等。

2. 因订立、履行、变更、解除和终止劳动合同而发生的争议

劳动合同订立是指劳动者和用人单位通过平等协商,明确双方的权利和义务,通过签订劳动合同达成合意的过程。常见的订立劳动合同争议包括:①劳动者要求用人单位签订无固定期限劳动合同的争议;②用人单位与劳动者建立劳动关系时未订立劳动合同,劳动者要求补签劳动合同的争议;③劳动合同期满后,双方因续订劳动合同而发生的争议;④要求确认订立的劳动合同无效的争议。

《劳动法》第十九条规定,"劳动合同应当以书面形式订立"。《劳动合同法》第十条规定,"建立劳动关系,应当订立书面劳动合同"。

用人单位与劳动者在用工前订立劳动合同的,劳动关系自用工之日起建立。另外要注意:

① 固定期限劳动合同期满后,如需继续用工,需要在前一个劳动合同到期后一个月内,重新续签劳动合同。如果超过一个月没有签订劳动合同,需按二倍工资支付。《中华人民共和国劳动合同法》第八十二条第一款规定,用人单位自用工之日起超过一个月不满一年未与劳动者订立书面劳动合同的,应当向劳动者每月支付二倍的工资。但需要注意的是,非全日制用工双方当事人可以订立口头协议。从事非全日制用工的劳动者可以与一个或者一个以上用人单位订立劳动合同,

但后订立的劳动合同不得影响先订立的劳动合同的履行。

② 应当订立无固定期限劳动合同的情形。《中华人民共和国劳动合同法》第十四条第二款、第三款规定，有下列情形之一，劳动者提出或者同意续订、订立劳动合同的，除劳动者提出订立固定期限劳动合同外，应当订立无固定期限劳动合同：

（一）劳动者在该用人单位连续工作满十年的；

（二）用人单位初次实行劳动合同制度或者国有企业改制重新订立劳动合同时，劳动者在该用人单位连续工作满十年且距法定退休年龄不足十年的；

（三）连续订立二次固定期限劳动合同，且劳动者没有在试用期间被证明不符合录用条件，以及患病或者非因工负伤，在规定的医疗期满后不能从事原工作，也不能从事由用人单位另行安排的工作的情形，续订劳动合同的。

用人单位自用工之日起满一年不与劳动者订立书面劳动合同的，视为用人单位与劳动者已订立无固定期限劳动合同。

③《中华人民共和国劳动合同法》第十七条规定，劳动合同应当具备以下条款：

（一）用人单位的名称、住所和法定代表人或者主要负责人；

（二）劳动者的姓名、住址和居民身份证或者其他有效身份证件号码；

（三）劳动合同期限；

（四）工作内容和工作地点；

（五）工作时间和休息休假；

（六）劳动报酬；

（七）社会保险；

（八）劳动保护、劳动条件和职业危害防护；

（九）法律、法规规定应当纳入劳动合同的其他事项。

劳动合同除前款规定的必备条款外，用人单位与劳动者可以约定试用期、培训、保守秘密、补充保险和福利待遇等其他事项。

④ 劳动合同无效或部分无效的情形。《中华人民共和国劳动合同法》第二十六条规定，下列劳动合同无效或者部分无效：

（一）以欺诈、胁迫的手段或者乘人之危，使对方在违背真实意思的情况下订立或者变更劳动合同的；

（二）用人单位免除自己的法定责任、排除劳动者权利的；

（三）违反法律、行政法规强制性规定的。

对劳动合同的无效或者部分无效有争议的，由劳动争议仲裁机构或者人民法院确认。

在实践中，导致劳动合同无效的常见情形有以下两种：

一是用人单位对劳动者学历、专业技能有特别要求的情况下，劳动者伪造学习、专业技能证书的，属于劳动者以欺诈的手段订立劳动合同的情形；二是劳动合同中有放弃缴纳社保、用人单位有任意调岗权、劳动者不得请假、放弃加班费、裁员后放弃经济补偿金、放弃工伤伤残待遇、合同期不准恋爱结婚生育等用人单位免除自己的法定责任、排除劳动者权利的条款。

⑤ 劳动合同无效或部分条款无效的法律后果。《中华人民共和国劳动合同法》第二十八规定，劳动合同被确认无效，劳动者已付出劳动的，用人单位应当向劳动者支付劳动报酬。劳动报酬的数额，参照本单位相同或者相近岗位劳动者的劳动报酬确定。《最高人民法院关于审理劳动争议案件适用法律问题的解释（一）》第四十一规定，劳动合同被确认为无效，劳动者已付出劳动的，用人单位应当按照劳动合同法第二十八条、第四十六条、第四十七条的规定向劳动者支付劳动报酬

和经济补偿。由于用人单位原因订立无效劳动合同,给劳动者造成损害的,用人单位应当赔偿劳动者因合同无效所造成的经济损失。

劳动合同履行是指劳动合同依法订立生效后,双方当事人按照劳动合同约定履行其义务,共同完成劳动过程和实现劳动权益的法律行为。履行劳动合同是一个广义的概念,解除劳动合同争议,因工作时间、休息休假、劳动保护等而发生的争议,都属于履行劳动合同争议。

劳动合同变更是指依法订立的劳动合同在尚未履行或者未完全履行之前,合同双方当事人就已订立的劳动合同的部分条款进行修改、补充的法律行为。劳动合同变更争议主要集中在因工作岗位、劳动报酬调整而引发的争议。

劳动合同解除是指劳动合同签订后,由于一定事由的出现而导致劳动合同双方当事人或一方当事人提前消灭劳动关系的一种法律行为。《劳动合同法》第三十六至四十三条对劳动合同的解除条件和解除程序做了全面详细的规定。

劳动合同终止是指劳动合同约定的劳动合同履行期限届满,或者因为双方或一方当事人出现法定情形而使劳动合同权利义务关系结束的法律行为。《劳动合同法》第四十四条规定了劳动合同终止的法定条件,第四十五条规定了限制终止劳动合同的条件。

劳动合同的解除和终止是劳动合同制度的重要环节,极易发生劳动争议。劳动合同解除、终止争议主要表现在:①用人单位以劳动者严重违反规章制度、不胜任工作或经济性裁员等方式解除劳动合同引发争议;②劳动者以用人单位未及时足额支付劳动报酬、未依法缴纳社会保险等理由要求与用人单位解除劳动合同引发争议;③用人单位违法解除、终止劳动合同引发争议;④用人单位关闭、破产引发争议等。

3. 因除名、辞退和辞职、离职而发生的争议

国务院1982年颁布的《企业职工奖惩条例》因被《劳动法》《劳动合同法》替代,已于2008年1月被废止。上述争议属于中共中央组织部、人事部、原总政治部联合印发的《人事争议处理规定》(国人部发〔2007〕109号)第二条第二项关于"事业单位与工作人员之间因解除人事关系、履行聘用合同发生的争议"的范围。

4. 因工作时间、休息休假、社会保险、福利、培训以及劳动保护而发生的争议

因工作时间、休息休假而发生的争议,主要涉及用人单位规定的工作时间是否符合有关法律的规定,劳动者是否享有国家的法定节假日和带薪休假的权利,用人单位实行计件工资制导致工作时间过长,因加班加点而引发的争议等。

社会保险是国家通过立法建立的,对劳动者因退休、生病、工伤、生育、失业而发生生活困难时,给予劳动者物质帮助的制度。社会保险争议主要涉及用人单位未依法为劳动者缴纳社会保险费,发生少缴、漏缴和不缴的争议,参照法律法规规定的社会保险待遇标准支付劳动者相关待遇的争议。社会保险征缴、核定等属于社会保险征缴机构的法定职权,不属于劳动人事争议仲裁处理范围。

5. 因劳动报酬、工伤医疗费、经济补偿或者赔偿金等而发生的争议

此类争议涉及劳动者与用人单位因金钱给付问题而发生的劳动争议。劳动报酬是劳动关系中,劳动者因履行劳动义务而获得的由用人单位以法定方式支付的各种形式的物质报酬。工资构成包括基本工资、奖金、津贴和补贴、加班工资以及特殊情况下支付的劳动报酬等。劳动报酬争议主要包括因工资支付、工资标准、加班加点工资等而发生的争议。

工伤医疗费是劳动者因工遭受事故伤害或患职业病进行治疗时应享受的工伤医疗待遇,包括挂号费、检查费、治疗费、药费、住院费、住院伙食补助费、就医路费、统筹地区以外就医交通食宿费等相关费用。如用人单位依法参加了工伤保险,工伤医疗费由工伤保险基金和用人单位按规定分

别承担；如用人单位未参加工伤保险，工伤医疗费则由用人单位全额支付。

经济补偿金是用人单位根据国家规定或者劳动合同的约定在与劳动者解除或终止劳动合同，或在拖欠、克扣劳动者的工资，以及在要求劳动者履行竞业限制义务时，以货币形式直接支付给劳动者的补偿费用或额外补偿费用。赔偿金是法律、法规规定用人单位因违法或违约行为向劳动者支付的赔偿费用和劳动者因违法或违约行为应当向用人单位支付的赔偿费用。

6. 法律、法规规定的其他劳动争议

例如，《劳动合同法》第五十六条规定，因履行集体合同发生争议，经协商解决不成的，工会可以依法申请仲裁、提起诉讼。根据《工伤保险条例》第六十六条的规定，非法经营单位的伤残职工或者死亡职工的近亲属就赔偿数额与单位发生争议，以及童工或者童工的近亲属就赔偿数额与单位发生争议的，按照处理劳动争议的有关规定处理。

## 二、劳动人事争议仲裁管辖

劳动人事争议仲裁管辖是划分各级仲裁委员会之间受理案件的分工和权限的法律制度。

1. 劳动人事争议仲裁管辖的原则

《劳动争议调解仲裁法》《劳动人事争议仲裁办案规则》对劳动争议仲裁管辖规定了如下原则。

（1）劳动争议仲裁以地域管辖为主。《劳动争议调解仲裁法》第二十一条第一款规定，劳动争议仲裁委员会负责管辖本区域内发生的劳动争议。劳动争议由劳动合同履行地或者用人单位所在地的劳动争议仲裁委员会管辖。劳动合同履行地是指劳动者实际工作场地。

（2）方便当事人行使仲裁权利的原则。《劳动争议调解仲裁法》第二十一条规定，双方当事人分别向劳动合同履行地和用人单位所在地的劳动争议仲裁委员会申请仲裁的，由劳动合同履行地的劳动争议仲裁委员会管辖。一般情况下，劳动合同履行地与用人单位所在地是一致的，但也有用人单位异地经营的情况，以劳动合同履行地优先管辖，方便当事人申请仲裁和仲裁委员会确定管辖。

（3）原则规定与灵活规定相结合原则。在案件处理过程中，对于当事人多方申诉、劳动合同履行地或用人单位注册地发生变动等情况，《劳动人事争议仲裁办案规则》做了灵活性规定，即案件受理后，劳动合同履行地和用人单位所在地发生变化的，不改变争议仲裁的管辖；多个仲裁委员会都有管辖权的，由最先受理的仲裁委员会管辖。

2. 管辖异议的处理

（1）移送管辖。移送管辖是指仲裁委员会将已受理的无管辖权的案件移送给有管辖权的仲裁委员会。《劳动人事争议仲裁办案规则》第九条第一款规定，仲裁委员会发现已受理案件不属于其管辖范围的，应当移送至有管辖权的仲裁委员会，并书面通知当事人。

移送管辖应符合三个条件：一是移送的仲裁委员会已受理了案件；二是移送的仲裁委员会经过审查，发现对该案件无管辖权；三是受移送的仲裁委员会依法对该案件具有管辖权。

（2）指定管辖。指定管辖是指上一级仲裁委员会主管部门将管辖权有争议的案件指定给某仲裁委员会管辖。《劳动人事争议仲裁办案规则》第九条第二款规定，受移送的仲裁委员会认为受移送的案件依照规定不属于本仲裁委员会管辖，或仲裁委员会之间因管辖争议协商不成的，应当报请共同的上一级仲裁委员会主管部门指定管辖。

指定管辖包括两种情形：一是受移送的仲裁委员会认为受移送的案件不属于其管辖，此时不能将该案退回原移送的仲裁委员会，也不能再移送给自己认为有管辖权的其他仲裁委员会，应报请共同的上一级仲裁委员会主管部门来决定由哪个仲裁委员会管辖；二是仲裁委员会之间因管辖争议协商不成,此时不能搁置不理或争抢立案,也应报请共同的上一级仲裁委员会主管部门决定管辖权。

### 三、劳动人事争议仲裁参加人

劳动人事争议仲裁参加人是指为维护劳动人事争议当事人的合法权益,依法参加劳动人事争议仲裁活动,享有仲裁权利,承担仲裁义务的人或单位。其包括仲裁当事人(含共同当事人)、仲裁第三人以及仲裁代理人等。

1. 仲裁当事人

劳动人事争议仲裁的当事人是指因劳动人事权利义务发生争议,以自己的名义参加仲裁活动,请求保护自己的合法权益,并受仲裁委员会裁决约束的直接利害关系人。

《劳动争议调解仲裁法》第二十二条第一款规定,发生劳动争议的劳动者和用人单位为劳动争议仲裁案件的双方当事人。在因履行集体合同而发生的争议中,由工会组织和用人单位作为履行集体合同争议的双方当事人,尚未建立工会组织的,由上级工会指导劳动者推举的代表作为履行集体合同的一方当事人。

2. 仲裁第三人

仲裁第三人是指与劳动人事争议案件的处理结果有利害关系,申请参加或者由劳动人事争议仲裁委员会通知参加仲裁的人。

仲裁第三人既不是申请人也不是被申请人,其享有的权利与申请人、被申请人不同,第三人不能对案件的管辖提出异议,只有仲裁裁决判令其承担责任时,才能依据法律规定提起诉讼。

3. 仲裁代理人

仲裁代理人是指代理当事人一方,以被代理人的名义,在法律规定或当事人授权范围内,为被代理的当事人的权益,参加劳动人事争议仲裁活动的人。

### 四、劳动人事争议仲裁程序

劳动人事争议仲裁程序是处理劳动人事争议的法定流程和重要环节,包括申请与受理、送达与答辩、仲裁审理、调解与裁决、期间与送达。

1. 申请与受理

劳动人事争议仲裁申请是指劳动人事争议一方当事人,认为另一方当事人侵犯其合法权益,依法向劳动人事争议仲裁机构提出申请,要求仲裁机构对劳动人事争议进行仲裁,以保护其合法权益的行为。

仲裁申请的条件有:

(1) 申请仲裁的争议应当属于劳动人事争议处理范围。
(2) 申请人应当是劳动人事争议的一方当事人。
(3) 申请人应当向有管辖权的仲裁委员会提出仲裁申请。
(4) 仲裁申请应当有明确的被申请人。
(5) 仲裁申请应当在法定的仲裁时效内提出。

对经过审查符合仲裁委员会受理条件的,仲裁委员会在收到仲裁申请之日起 5 个工作日内向申请人出具受理通知书,并在受理仲裁申请后 5 个工作日内将仲裁申请书副本送达被申请人。

如果仲裁申请涉及的主体、争议内容、管辖、时效等不符合受理条件,仲裁委员会应当自收到仲裁申请之日起 5 个工作日内作出并出具不予受理通知书。不予受理通知书应当写明仲裁委员会不予受理的理由。申请人收到不予受理通知后可以依法向人民法院起诉。

2. 送达与答辩

仲裁委员会受理仲裁申请后,在5日内将仲裁申请书副本送达被申请人。如果申请人符合口头申请的条件,仲裁委员会对申请人申请进行了记录,也应在5日内将有关笔录送达被申请人。

答辩是被申请人对申请人请求事项所提出的抗辩意见。被申请人收到仲裁申请书副本后,应当在10日内向仲裁委员会提交答辩书。答辩是被申请人的一项权利。一方面,被申请人通过答辩表明自己的立场,对申请人提出的请求予以反驳,维护自己的合法权益;另一方面,仲裁委员会通过答辩书了解案件,掌握双方争执的焦点。被申请人未提交答辩书的,不影响仲裁程序的进行。

答辩书应当按申请人人数提供副本。仲裁委员会收到答辩书后,在5日内将答辩书副本送达申请人。

3. 仲裁审理

审理劳动人事争议以开庭审理为原则,以不开庭审理为例外。开庭审理是指仲裁机构在当事人和其他仲裁参与人的参加下,依照法定程序和形式,以仲裁庭的形式对当事人之间的争议进行审理的过程。开庭审理可以让当事人充分行使主张和抗辩的权利,对当事人提出的证据予以质证,便于仲裁庭查明案件事实,明确双方的权利和义务,进行调解和作出裁决。

仲裁庭审理劳动人事争议以公开审理为原则,不公开审理为例外。《劳动争议调解仲裁法》第二十六条规定:"劳动争议仲裁公开进行,但当事人协议不公开进行或者涉及国家秘密、商业秘密和个人隐私的除外。"除法律规定的特定情形外,劳动人事争议仲裁应当公开进行,有利于公开、公正裁决,接受社会监督。

庭审按以下程序进行:

(1) 申请人提出仲裁请求事项及事实理由;被申请人答辩,明确案件争议焦点问题。

(2) 仲裁庭围绕争议事项进行事实调查和质证。

(3) 辩论。在仲裁庭主持下,当事人依据在庭审调查阶段查明的争议事实和证据,提出各自的主张、陈述意见,相互辩驳和论证。

(4) 询问最后意见。辩论终结时,仲裁员按照申请人、被申请人、第三人的顺序分别询问当事人对该争议案件的最后意见,以保障当事人充分行使辩论权。

(5) 当庭调解。根据《劳动人事争议仲裁办案规则》的规定,仲裁庭审调查、辩论后,仲裁裁决作出前,当事人愿意调解的,仲裁庭应当主持当事人进行调解。调解达成调解协议的,仲裁庭制作调解书,经双方当事人签收后,调解书发生法律效力。

(6) 签阅庭审笔录。仲裁庭审笔录是仲裁委员会的书记员对仲裁庭开庭审理全过程的书面记录。庭审笔录为案件的正确处理提供依据,也是制作仲裁裁决书等其他仲裁文书的重要依据,反映仲裁庭审理案件程序的合法性。庭审笔录要求客观、准确、全面、清楚地反映仲裁庭开庭审理的全过程。《劳动人事争议仲裁办案规则》第四十二条规定,仲裁庭应当将开庭情况记入笔录。当事人或者其他仲裁参与人认为对自己陈述的记录有遗漏或者差错的,有权当庭申请补正。

4. 调解与裁决

仲裁调解是指在仲裁庭的主持下,双方当事人经过平等协商达成协议,经仲裁庭审核后制作调解书,终结仲裁程序的活动。《劳动争议调解仲裁法》第四十二条规定,仲裁庭在作出裁决前,应当先行调解。调解达成协议的,仲裁庭应当制作调解书。调解书应当写明仲裁请求和当事人协议的结果。调解书由仲裁员签名,加盖劳动争议仲裁委员会印章,送达双方当事人。调解书经双方当事人签收后,发生法律效力。调解不成或者调解书送达前,一方当事人反悔的,仲裁庭应当及时作出裁决。

仲裁裁决是仲裁庭对争议案件经过审理后,根据查明的事实和证据,就双方当事人之间的权利义务所作出的具有约束力的判定。仲裁裁决是仲裁机构行使仲裁权的体现,是仲裁庭对争议案件进行处理的手段和形式,体现了仲裁庭对当事人争议案件的认定。

《劳动争议调解仲裁法》第四十六条规定,裁决书应当载明仲裁请求、争议事实、裁决理由、裁决结果和裁决日期。裁决书由仲裁员签名,加盖劳动争议仲裁委员会印章。

对部分案件,实行"一裁终局"制度。这是指仲裁机构受理并经仲裁庭审理的纠纷,一经仲裁庭裁决,该裁决即发生终局的法律效力,用人单位依法不能就同一纠纷向人民法院起诉,也不能向仲裁机构再申请仲裁。当事人对仲裁裁决应当自觉履行,否则对方当事人有权申请人民法院强制执行。《劳动争议调解仲裁法》第四十七条规定,下列劳动争议,除本法另有规定的外,仲裁裁决为终局裁决,裁决书自作出之日起发生法律效力:①追索劳动报酬、工伤医疗费、经济补偿或者赔偿金,不超过当地月最低工资标准12个月金额的争议;②因执行国家的劳动标准在工作时间、休息休假、社会保险等方面发生的争议。

5. 期间与送达

期间是仲裁委员会、当事人和其他仲裁参与人实施或完成某种仲裁行为所应遵守的时间期限。这种时间期限可以分为期日和期间。期日是指某一特定日期,表示时间长度中的某一点,如开庭日期;期间是指从某一时间起至某一时间止的一段时间,表示时间长度之"线"。

规定期间的意义在于,其有利于保障仲裁活动的顺利进行,有利于及时维护当事人和其他仲裁参与人的合法权益,有利于维护仲裁活动的严肃性和法律的权威性。

送达是仲裁委员会依照法定的程序和方式,将仲裁文书交给当事人和其他仲裁参与人的行为。送达的方式有直接送达、留置送达、邮寄送达、公告送达等。

《劳动人事争议仲裁办案规则》第二十条规定,仲裁委员会送达仲裁文书必须有送达回证,由受送达人在送达回证上记明收到日期,并签名或盖章。受送达人在送达回证上的签收日期为送达日期。不同类型的送达有不同的要求。

# 第九章　劳动保障监察

## 第一节　劳动保障监察概述

### 一、劳动保障监察的概念

劳动保障监察是指法定的专门机关代表国家对人力资源社会保障法律法规的执行情况进行的检查、处理、处罚等一系列监督活动。它作为一种国家干预责任，是维护劳动者权益的重要的强制性手段。

### 二、劳动保障监察的特征

劳动保障监察具有以下基本特征：

（1）专门性。劳动保障监察不同于一般的监督检查，劳动保障监察是由专门的机关为保证人力资源社会保障法律、法规和规章的贯彻实施所进行的专门监督。

（2）法定性。劳动保障监察履行的是政府的一项公共职能，其监察活动具有强制性的特点，必须依法进行。为保证监察执法的公正，其监察的主体、监察的范围、监察的措施以及监察程序均应依法进行。

（3）行政性。劳动保障监察是政府为维护劳动者的合法权益，保证人力资源社会保障法律法规有效地贯彻实施而采取的一项专门监督制度。因此，劳动保障监察属于行政监督的范畴，是一项重要的行政执法活动。

劳动保障监察工作是关系到维护劳动者的合法权益，维护劳动力市场的正常秩序，促进形成公平竞争的社会主义市场经济环境，乃至保障整个国民经济保持健康、平稳运行，实现可持续发展战略的一项重要工作；同时，它又是关系到贯彻和实施国家人力资源社会保障有关政策和法律法规，实现政府的行政管理职能和社会管理职能的一项重要工作；另外，它还是关系到保障宪法赋予公民的劳动权等各项基本权利的实现，促进公民包括生存权和发展权在内的各项人权的实现，维护社会公平和社会稳定，从而促进经济发展和社会进步的一项重要工作。

### 三、劳动保障监察适用范围

《劳动保障监察条例》第二条规定："对企业和个体工商户（以下称用人单位）进行劳动保障监察，适用本条例。对职业介绍机构、职业技能培训机构和职业技能考核鉴定机构进行劳动保障监察，依照本条例执行。"

下面对适用范围的主体分别予以说明。

#### （一）用人单位

用人单位是劳动保障监察的主要对象，包括企业、个体经济组织、民办非企业单位等组织，以及与劳动者建立劳动关系的国家机关、事业单位、社会团体等。

（1）企业。企业是指依法注册取得营业执照，从事生产、流通或者服务等经营活动，以获取利润为目的，实行独立经济核算的经济单位，包括法人企业和非法人企业。

我国境内的企业,不论所有制形式和组织形式,都属于劳动法意义上的用人单位,是劳动保障监察最主要的对象。

国家统计局与原国家工商行政管理总局联合制发的《关于划分企业登记注册类型的规定》(国统字〔1998〕200号)(已于2011年修订),以登记注册类型为标准,将我国企业分为内资企业,港、澳、台商投资企业,外商投资企业三大类。内资企业包括国有企业、集体企业、股份合作企业、联营企业、有限责任公司、股份有限公司、私营企业及其他企业。港、澳、台商投资企业包括合资经营企业(港或澳、台资),合作经营企业(港或澳、台资),港、澳、台商独资经营企业,港、澳、台商投资股份有限公司,其他港、澳、台商投资企业。外商投资企业包括中外合资经营企业、中外合作经营企业、外资企业、外商投资股份有限公司、其他外商投资企业。

(2) 个体经济组织。个体经济组织是指依法登记注册、取得个体营业执照的个体工商户。

(3) 民办非企业单位。民办非企业单位是指企业、事业单位、社会团体和其他社会力量以及公民个人利用非国有资产举办的,从事非营利性社会服务活动的社会组织。

(4) 劳动合同法及其实施条例规定的其他用人单位。根据《劳动合同法》和《劳动合同法实施条例》的规定,除企业、个体经济组织、民办非企业单位外,用人单位还包括依法成立的会计师事务所、律师事务所等合伙组织和基金会。

(5) 国家机关、事业单位和社会团体。根据《劳动保障监察条例》第三十四条的规定,人力资源社会保障行政部门根据职责,对国家机关、事业单位、社会团体执行人力资源社会保障法律、法规和规章的情况实施劳动保障监察。其主要包括:一是依照《劳动法》《劳动合同法》等人力资源社会保障法律、法规和规章规定,与劳动者建立劳动关系的国家机关、事业单位和社会团体;二是按照《社会保险费征缴暂行条例》等社会保险方面的法律、法规和规章,属于社会保险费征缴范围内的国家机关、事业单位和社会团体。

(6) 用人单位的分支机构。《劳动合同法实施条例》第四条规定,"劳动合同法规定的用人单位设立的分支机构,依法取得营业执照或者登记证书的,可以作为用人单位与劳动者订立劳动合同"。也就是说,这类分支机构可以作为用人单位直接招用劳动者,属于劳动保障监察对象;但这类分支机构不具备完全独立的法律地位,其无力承担全部法律责任时,由设立分支机构的用人单位承担责任。

同时,《劳动合同法实施条例》第四条还规定,用人单位设立的分支机构"未依法取得营业执照或者登记证书的,受用人单位委托可以与劳动者订立劳动合同",即意味着这类分支机构不能作为用人单位直接招用劳动者,此时应当以设立这类分支机构的用人单位作为劳动保障监察对象。

此外,劳动保障监察对象还包括有劳动用工行为的非法"用人单位",主要是指无营业执照或者已被依法吊销营业执照且有劳动用工行为的组织和个人。无照经营主要包括四种情况:①应当取得而未依法取得营业执照,擅自从事经营活动的;②已经办理注销登记,擅自从事经营活动的;③被吊销营业执照,擅自继续从事经营活动的;④营业执照有效期届满后未按照规定重新办理登记手续,擅自继续从事经营活动的。

**(二) 职业介绍机构、职业技能培训机构和职业技能考核鉴定机构**

(1) 职业介绍机构(此处指营利性机构)。营利性职业介绍机构是指由法人、其他组织和公民个人举办,从事营利性职业介绍活动的服务机构。

(2) 职业技能培训机构。职业技能培训机构主要是指经人力资源社会保障行政部门许可设立的开发劳动者的职业技能,增强劳动者就业能力和工作能力的培训机构。以出资性质进行分类,该类培训机构有民办职业技能培训机构、中外合作职业技能培训机构等。

(3) 职业技能考核鉴定机构。职业技能考核鉴定机构是经人力资源社会保障行政部门许可设立的,依据职业技能标准,对劳动者的技术水平和工作能力进行评估与认定的专门机构,主要包括行业技能鉴定指导中心和职业技能鉴定站(所)等。

### 四、劳动保障监察工作的原则

劳动保障监察遵循公正、公开、高效、便民的原则。实施劳动保障监察,坚持教育与处罚相结合,接受社会监督。

**(一)公正原则**

1. 实体公正

第一,《劳动保障监察条例》第十一条规定了劳动保障监察的具体事项:用人单位支付劳动者工资和执行最低工资标准的情况,用人单位与劳动者签订劳动合同的情况,用人单位遵守工作时间和休息休假规定的情况,用人单位参加各项社会保险和缴纳社会保险费的情况,用人单位遵守女职工和未成年工特殊劳动保护规定的情况等。这些监察事项无不与劳动者的切身利益息息相关,人力资源和社会保障行政部门正是通过监察这些事项,检查督促用人单位遵守人力资源社会保障法律、法规和规章的情况,并且在出现违法情况时,通过依法纠正和查处等途径和手段,来维护劳动者的合法权益。

第二,劳动者的劳动权利、休息休假权、通过劳动获得报酬的权利、获得安全卫生的劳动环境的权利等与劳动相关的诸项权利,不仅属于财产权的范畴,而且某些权利还属于政治权利的范畴。但侵犯劳动者的合法权益的情况时常发生,严重影响了市场经济秩序和社会的公平。这种不平等、不公正很可能引发、激化社会矛盾,影响社会的稳定,进而阻碍经济的发展。因此,制定和实施保障劳动者生存和发展的法律制度,合理分配经济发展所带来的资源和财富,消除劳动力市场关系中的不合理因素,促进社会公正的实现,是我国在深化改革、发展经济过程中所面临的重要问题之一。

第三,从人力资源社会保障领域内各种主体之间的利益关系看,我国法律在调整各种利益关系之间的矛盾时遵循的原则是兼顾整体与个体的利益。企业营利与承担保障劳动者合法权益之间的关系,实质上是作为个体的企业的经济利益与社会整体利益之间的矛盾关系。在这种关系中,企业是作为个体存在的,而劳动者是一个群体概念,代表了全社会的共同利益。个体是社会的个体,个体要在社会中存在,个体利益和整体利益之间具有内在的统一性。在处理两者关系时,应考虑在追求个体经济利益最大化的同时,也应当顾及社会整体利益。因此,企业在追求自身经济利益最大化的同时承担一定的社会责任。

调整各种经济利益矛盾的准则是效率优先、兼顾公平。也就是说,在效率和公平这对矛盾中,效率一般占主导地位,为了实现营利最大化目标,企业应追求尽可能高的效率,但同时也要考虑公平的因素。如果企企一味追求高效高利,而破坏社会的公平,最终将影响全社会的进步。因此,保障劳动者的合法权益是实现社会公平的具体体现,它是企业在追求效率的同时,应当兼顾的公平因素。

2. 程序公正

劳动保障监察是人力资源和社会保障行政部门的一项工作职能,是政府的行政行为,程序公正是政府依法行政的必然要求。因此,劳动保障监察的各项制度,既要从保证政府行政行为的效力出发,加强和规范劳动保障监察,同时也要考虑到行政相对人的利益,保障行政相对人的合法权益。规范劳动保障监察工作,保证劳动保障监察工作依法进行,其重点就是要规范劳动保障监察的工作程序。因为程序公平是形式的公正,是结果公正的基础。

具体地说,程序公正表现在:

(1) 规范工作程序。《劳动法》《中华人民共和国行政处罚法》(以下简称《行政处罚法》)所确定的程序原则和规则适用于劳动保障监察,如回避制度、听证制度等。例如,《劳动保障监察条例》第十六条规定,劳动保障监察员进行调查、检查,不得少于2人,并应当佩带劳动保障监察标志、出示劳动保障监察证件。劳动保障监察员办理劳动保障监察事项与本人或者其近亲属有直接利害关系的,应当回避。

不仅如此,为了进一步规范劳动保障监察工作,针对劳动保障监察工作的特点,《劳动保障监察条例》规定了一些特别程序,如劳动保障监察采取日常巡视检查、审查用人单位按照要求报送的书面材料、举报投诉调查等形式进行。人力资源和社会保障行政部门认为用人单位有违反人力资源社会保障法律、法规或者规章的行为,需要进行调查处理的,应当及时立案。人力资源社会保障行政部门或者受委托实施劳动保障监察的组织应当设立举报、投诉信箱和电话,为劳动者举报和投诉提供便利。对因违反人力资源社会保障法律、法规或者规章的行为而引起的群体性突发事件,人力资源和社会保障行政部门应当根据应急预案,迅速会同有关部门处理。

为保证案件查处的效率,《劳动保障监察条例》规定,人力资源和社会保障行政部门对用人单位违反人力资源社会保障法律、法规或者规章的行为的调查,应当自立案之日起60个工作日内完成;对情况复杂的,经人力资源和社会保障行政部门负责人批准,可以延长30个工作日。

(2) 规范监察人员。劳动保障监察员是执行劳动保障监察公务的人员。劳动保障监察员的执法行为是否合法、适当,关系到劳动保障监察行政行为是否合法、适当,进而影响到违反人力资源社会保障法律、法规和规章的行为是否能够得到及时有效的正确查处,甚至影响到人力资源社会保障法律、法规和规章的实效。

因此,《劳动保障监察条例》第十二条规定了对劳动保障监察员的要求,即"劳动保障监察员应当忠于职守,秉公执法,勤政廉洁,保守秘密",并在法律责任中相应规定:劳动保障监察员滥用职权、玩忽职守、徇私舞弊或者泄露在履行职责过程中知悉的商业秘密的,依法给予行政处分;构成犯罪的,依法追究刑事责任。除了在人力资源和社会保障行政部门内部加强对劳动保障监察员的监督,《劳动保障监察条例》还规定了对劳动保障监察员的违法违纪行为,任何组织或者个人可以向人力资源社会保障行政部门或者有关机关检举、控告,从而强化了对劳动保障监察员执法行为的外部监督。

(3) 保护行政相对人利益的程序规定。首先,《劳动保障监察条例》当然适用《行政处罚法》《中华人民共和国行政复议法》《行政诉讼法》《中华人民共和国国家赔偿法》等有关上位法律所规定的行政相对人所享有的权利,如听证权利等。其次,《劳动保障监察条例》通过适当重复《行政处罚法》中保护行政相对人权益的有关条款,强调了保护用人单位合法权益过程中的几个重要程序,如回避制度,《劳动保障监察条例》第十六条规定,"劳动保障监察员办理的劳动保障监察事项与本人或者其近亲属有直接利害关系的,应当回避"。《劳动保障监察条例》规定,用人单位在人力资源和社会保障行政部门对违反人力资源社会保障法律、法规或者规章的行为作出行政处罚或者行政处理决定前,享有陈述和申辩权。

**(二) 公开原则**

公开原则的意义在于:一方面,可以促进政府管理方式的改进和行政效率的提高,降低行政成本,优化政府行政资源,从而促进市场经济的发展和社会文明的进步;另一方面,增加了暗箱操作和权力寻租的成本,降低了腐败的可能性,为市场经济秩序的正常运行提供保障。

1. 公开原则的要求

(1) 人力资源和社会保障行政部门实施劳动保障监察的依据要公开。也就是说,有关人力资源社会保障法律、法规和规章应当公开,要以适当和通行的形式公布于众,并且广为宣传,使公民、法人和其他组织事先了解。

（2）对违反人力资源社会保障法律、法规和规章者依法给予行政处罚时，要履行告知义务。要告知被处罚的当事人，人力资源和社会保障行政部门作出行政处罚所依据的事实理由、具体的法律规定以及当事人依法享有的权利，并听取当事人的陈述和申辩。

（3）行政处罚的结果要公开。这既便于公众民主监督，也有利于公众进一步了解法律，起到教育的作用。

2. 公开原则的体现

如何体现全面贯彻公开原则呢？

（1）处罚的依据公开。根据《行政处罚法》第五条第三款"对违法行为给予行政处罚的规定必须公布；未经公布的，不得作为行政处罚的依据"的规定，人力资源和社会保障行政部门在进行劳动保障监察过程中具有宣传人力资源社会保障法律、法规和规章的职能。

（2）表明身份的义务。劳动保障监察员进行调查、检查，不得少于两人，并应当佩戴劳动保障监察标志，出示劳动保障监察证件。

（3）听取当事人的陈述和申辩的义务。人力资源和社会保障行政部门对违反人力资源社会保障法律、法规或者规章的行为作出行政处罚或者行政处理决定前，应当听取用人单位的陈述和申辩。

（4）告知义务。人力资源和社会保障行政部门作出行政处罚或者行政处理决定，应当告知用人单位依法享有申请行政复议或者提起行政诉讼的权利。对应当通过劳动争议处理程序解决的事项或者已经按照劳动争议处理程序申请调解、仲裁或者已经提起诉讼的事项，人力资源和社会保障行政部门应当告知投诉人依照劳动争议处理和诉讼的程序办理。

（5）处罚结果公开的义务。用人单位有重大违反人力资源社会保障法律、法规或者规章的行为的，由有关的人力资源社会保障行政部门向社会公布。

### （三）高效、便民原则

提高行政效率是行政管理的基本原则和追求的目标，也是行政机关依法行政的具体体现。遵循高效原则和便民原则，这是以人为本依法行政的要求。高效原则要求人力资源和社会保障行政部门实施劳动保障监察过程中，严格遵守法定程序，在每个环节都必须遵守法定的时间限度要求。便民原则要求劳动保障监察法律制度的设计要为提高人力资源和社会保障行政部门的服务意识和服务水平，方便公众参与和社会监督作最大限度的努力。

另外，《劳动保障监察条例》还规定人力资源和社会保障行政部门对违反人力资源社会保障法律、法规或者规章的行为的调查，应当自立案之日起60个工作日内完成；对情况复杂的，经人力资源和社会保障行政部门负责人批准，可以延长30个工作日。

为了方便公众参与和社会监督，《劳动保障监察条例》确立了劳动保障监察的举报和投诉制度，人力资源和社会保障行政部门或者受委托实施劳动保障监察的组织应当设立举报、投诉信箱和电话；对事实清楚、证据确凿、可以当场处理的违反人力资源社会保障法律、法规或者规章的行为，人力资源和社会保障行政部门有权当场予以纠正；为了与其他行政管理部门或者司法机关的职责相衔接，给予公众更多的便利，对发现违法案件不属于劳动保障监察范围的，应当及时移送有关部门处理；涉嫌犯罪的，应当依法移送司法机关。

### （四）教育与处罚相结合原则

在劳动保障监察实践中，对严重违法者作出行政处罚，一方面，可以及时制止和纠正违法行为，另一方面，可以使违法者受到教育，增加对有关法律的认识和了解，增强其遵守人力资源社会保障法律、法规和规章的自觉性。但是,劳动保障监察的根本目的是保证人力资源社会保障法律法规的贯彻实施,维护劳动者的合法权益,而非行政处罚,更重要的是教育违法者主动纠正并不再犯。另外,教育和处罚作用是法律的基本作用。因此,在行政执法过程中,只有坚持教育与处罚相结合的原则,才能达到实施行政处罚的真正目的。

### (五) 接受社会监督原则

对劳动保障监察工作进行社会监督的意义在于:

(1) 有利于监督人力资源和社会保障行政部门依法行政,纠正和防止违法的具体行政行为,规范劳动保障监察工作。劳动保障监察工作,不仅关系到维护广大劳动者的合法权益,正确贯彻和实施人力资源社会保障法律、法规和规章,还关系到在实施监察过程中是否侵犯用人单位的合法权益的问题。加强对劳动保障监察工作的监督,及时发现和纠正劳动保障监察过程中的违法行为,规范劳动保障监察工作十分必要。

(2) 有利于促进劳动保障监察工作的开展和完善。通过发动社会力量,发挥社会监督的优势。一方面,通过建立和完善对劳动保障监察工作的社会监督机制,了解劳动保障监察的实施情况,人力资源和社会保障行政部门可以及时发现劳动保障监察工作中的一些问题以及人力资源社会保障法律、法规和规章自身存在不完善和相互之间不协调的地方,采取相应措施,进一步完善法律制度、改进工作。另一方面,充分发挥社会监督作用,加强与公众的沟通与联系,加强人力资源社会保障法律、法规和规章的宣传工作。为了便于社会监督,人力资源和社会保障行政部门或者受委托实施劳动保障监察的组织应当设立举报、投诉信箱和电话,为劳动者举报和投诉提供便利;对劳动保障监察员的违法违纪行为,任何组织或者个人可以向人力资源和社会保障行政部门或者有关机关检举、控告;人力资源和社会保障行政部门应当建立用人单位人力资源社会保障守法诚信档案,用人单位有重大违反人力资源社会保障法律、法规或者规章的行为的,由有关的人力资源和社会保障行政部门向社会公布。

## 第二节 劳动保障监察的事项、形式和程序

### 一、劳动保障监察的事项

《劳动保障监察条例》第十一条规定,人力资源和社会保障行政部门对下列事项实施劳动保障监察:①用人单位制定内部劳动保障规章制度的情况;②用人单位与劳动者订立劳动合同的情况;③用人单位遵守禁止使用童工规定的情况;④用人单位遵守女职工和未成年工特殊劳动保护规定的情况;⑤用人单位遵守工作时间和休息休假规定的情况;⑥用人单位支付劳动者工资和执行最低工资标准的情况;⑦用人单位参加各项社会保险和缴纳社会保险费的情况;⑧职业介绍机构、职业技能培训机构和职业技能考核鉴定机构遵守国家有关职业介绍、职业技能培训和职业技能考核鉴定的规定的情况;⑨法律、法规规定的其他劳动保障监察事项。

### 二、劳动保障监察的形式

劳动保障监察的形式包括日常巡视检查、审查用人单位按照要求报送的书面材料、接受举报和投诉以及专项检查等形式。

#### (一) 日常巡视检查

日常巡视检是指人力资源和社会保障行政部门监察人员按照制定的规划,以一定的周期和频

率主动巡视用人单位及其劳动场所,及时发现违法行为,并依法处理的过程。这是我国劳动保障监察采取的最主要方式,能够保障劳动保障监察经常化和制度化。

劳动保障监察日常巡视检查的基本要求包括:一是人力资源和社会保障行政部门要经常组织监察人员主动巡视用人单位及其劳动场所,巡视检查时至少应有2名监察员。二是人力资源和社会保障行政部门及监察人员应按照目标管理考核的要求,保证巡视检查企业的数量,一般要求专职监察员年巡视用人单位不得少于50户。三是人力资源和社会保障行政部门应根据工作重点确定巡视检查的主要内容和检查的企业范围。做好巡视检查工作有利于监控和准确掌握劳动关系动态,宣传人力资源社会保障法律、法规和有关政策,指导企业制定内部规章制度、订立劳动合同、落实各项劳动标准,促进企业依法管理。

## (二)要求报送材料

审查用人单位按照要求报送的书面材料是指人力资源和社会保障行政部门根据工作需要,要求用人单位定期或不定期报送其劳动用工和社会保险方面的书面材料,并对书面材料进行审查。这是人力资源和社会保障行政部门对用人单位遵守人力资源社会保障法律、法规和规章情况进行全面监督检查的一项重要措施,也是劳动保障监察执法的有效形式。

审查的内容主要是用人单位报送的劳动管理规章制度、有关签订劳动合同、遵守有关最低工资、工资支付、工作时间及休息休假、参加社会保险等方面的书面材料。用人单位报送书面材料的时间由各地人力资源和社会保障行政部门确定,可以每年固定时间集中报送,也可以随时针对违法行为要求某个用人单位报送。

## (三)接受举报和投诉

《劳动保障监察条例》第九条规定:任何组织或者个人对违反劳动保障法律、法规或者规章的行为,有权向劳动保障行政部门举报。劳动者认为用人单位侵犯其劳动保障合法权益的,有权向劳动保障行政部门投诉。劳动保障行政部门应当为举报人保密;对举报属实,为查处重大违反劳动保障法律、法规或者规章的行为提供主要线索和证据的举报人,给予奖励。

举报是指任何组织和个人向有关国家机关对非涉案组织和个人的违法犯罪事实检举、揭发或者提供线索,有关国家机关依法予以受理、查处的活动。

举报有以下几个法律特征:一是举报的受理机关是国家专门机关。所谓国家专门机关,是指权力机关、司法机关和行政机关。除此之外,其他政党、团体、企事业单位不能作为举报的受理机关。二是举报人必须是非涉案单位组织或个人。举报人可以是组织,也可以是个人,但必须具备"非涉案"这个基本条件。"非涉案"是指作为举报人的组织或个人与违法犯罪行为没有直接的联系或利益关系。三是举报的范围是违法犯罪事实或者线索。有奖举报是举报制度的一种特殊形式,其目的是鼓励和奖励举报人的举报行为,从而提高公众参与度。

投诉制度与举报制度都是维护当事人权益的救济方式,但与举报制度相比较,投诉制度又有其特点:其一,投诉人是权益被侵害者本人。如果非权益被侵害者本人,而是其他个人或者组织向有关行政管理部门和其他接受投诉的主体反映情况,则不能作为投诉处理,而作为举报处理。其二,由于投诉人是权益被侵害者本人,投诉的违法事实涉及投诉人本人,因此,在案件的查处过程中无法隐藏投诉人的信息,不能适用举报制度的举报人保密规则。其三,投诉人认为有管辖权的人力资源和社会保障行政部门拒绝履行其法定职责的,可以申请行政复议或者提起行政诉讼。

接受举报和投诉是人力资源社会保障行政部门对于任何组织和个人有关用人单位违反人力资源社会保障法律、法规和规章行为的举报,以及劳动者认为用人单位侵犯其劳动保障权益的投诉,进行调查并作出处理的行政执法活动,是劳动保障监察采取的重要形式。

对举报和投诉符合下列条件的,人力资源社会保障行政部门予以受理:①有明确的被举报人和被投诉的用人单位;②有具体的违反人力资源社会保障法律、法规或者规章的事实;③属于劳动保障监察事项和接受举报投诉的劳动保障行政部门管辖。

人力资源和社会保障行政部门审查后分别作出以下处理:①对不属于自己管辖范围的投诉,应当告知投诉人向有处理权的机关反映;②对应当通过劳动争议处理程序解决的事项或者已经按照劳动争议处理程序申请调解、仲裁或者提起诉讼的事项,告知投诉人依照劳动争议处理和诉讼程序办理;③对违反人力资源社会保障法律、法规或者规章的行为在2年内未被发现的举报、投诉,不再查处;④对违反人力资源社会保障法律、法规或者规章的行为,符合立案条件的,予以立案查处。

做好接受群众投诉和举报工作,有利于保障劳动者的检举和控告权,有利于人力资源和社会保障行政部门及时发现和纠正违法行为,从而有效监督人力资源社会保障法律、法规和规章的实施。

### (四) 专项检查

劳动保障监察专项检查,即为了集中解决人力资源社会保障法律法规在执行过程中存在的突出问题,人力资源社会保障行政部门可以根据工作需要,集中一定时间和人员,对一定范围的用人单位遵守人力资源社会保障法律、法规和规章的情况开展专项检查。专项检查实行经常性检查和突击性检查相结合。经常性检查是针对每年特定时期劳动用工特点而开展的专项检查,如年初外来务工人员就业,开展清理劳动力市场专项检查等。突击性检查是针对一定时期或某类行业、企业违反人力资源社会保障法律、法规和规章的问题比较突出,需要开展专项检查进行集中整治,如对建筑行业拖欠农民工工资问题组织开展农民工工资支付专项检查等。

### (五) 建立守法诚信档案

建立用人单位劳动保障守法诚信档案是指人力资源和社会保障行政部门依法行使国家劳动保障监察权,通过实施监督检查以及其他途径采集用人单位遵守人力资源社会保障法律法规情况的信息,建立档案,并根据国家有关规定,将用人单位分别认定为不同的信用等级,实行分类监管的一项制度。

用人单位劳动保障守法诚信档案内容涉及用人单位依法与劳动者签订劳动合同、遵守工作时间和休息休假、执行工资支付和最低工资标准、履行社会保险登记申报和缴费义务、实施女职工和未成年工特殊保护、建立用人单位劳动保障管理规章制度等执行人力资源社会保障法律法规的一系列情况。建立用人单位劳动保障守法诚信档案的工作包括信息采集和更新、信息评价、信息管理披露、失信惩戒和守信奖励等环节。

## 三、劳动保障监察的程序

### (一) 立案

劳动保障监察立案是人力资源和社会保障行政部门经过初步审查,认为用人单位有违反人力资源社会保障法律、法规和规章的行为,需要进行调查处理的,依法决定案件成立并继续进行处理的活动。

劳动保障监察立案必须具备以下条件:一是发现用人单位可能存在违反人力资源社会保障法律、法规和规章的行为,包括用人单位实施违反人力资源社会保障法律、法规和规章的行为的时间、地点、方式、动机、侵犯对象及后果等事实的总和。例如,检查用人单位工作现场考勤卡可以发现超时加班的情况,检查用人单位的员工名单与社保缴费基数不符可以发现少缴、漏缴情况等,监察执法人员就应及时登记立案。二是需要进行调查处理,即人力资源和社会保障行政部门对初步了解到的用人单位可能存在违反人力资源社会保障法律、法规和规章的行为的线索和材料,经过分析后认为需要进行调查取证,并作出相关处理的。上述两个条件必须同时具备才能立案。

立案应履行法定程序,制作案卷,填写立案审批表,详细载明案件来源(如检查中发现、举报、移送、交办等)、用人单位的主要情况、案情简介、证据材料、立案法律依据等,并由监察员签名、监察机构负责人签署审批意见。

### (二) 调查、检查

《劳动法》第八十六条第一款规定:县级以上各级人民政府劳动行政部门监督检查人员执行公务,有权进入用人单位了解执行劳动法律、法规的情况,查阅必要的资料,并对劳动场所进行检查。这从法律上明确了人力资源社会保障行政部门在实施劳动保障监察时的权限。人力资源社会保障行政部门应当全面、客观、公正地开展调查、检查,依照法律程序收集有关证据,正确行使调查、检查权,及时公正地处理违反人力资源社会保障法律、法规和规章的行为。

(1) 进入用人单位劳动场所进行检查。劳动保障监察人员可随时进入用人单位和劳动场所,对用人单位遵守人力资源社会保障法律法规情况进行检查,用人单位及任何个人不得阻挠拒绝。通过对劳动场所的巡视及与劳动者的交谈,可以了解用人单位遵守人力资源社会保障法律、法规和规章的情况,发现违法情况可以及时采取措施。

(2) 就调查、检查事项有权询问有关人员,即向有关人员询问用人单位劳动合同签订情况、工资支付情况、工作时间情况、参加社会保险及缴费情况等遵守人力资源社会保障法律法规的情况。被询问的有关人员应当如实回答询问,并协助调查、检查。询问有关人员应当制作笔录,由监察执法人员和被询问人员签名或盖章。

(3) 要求用人单位提供与调查、检查事项相关的文件材料,并作出解释和说明,必要时可以发出调查询问书,用人单位必须履行法定义务,按要求提供材料,并在限定的期限内就有关问题作出解释和说明,不得拒绝或拖延。

如用人单位主要负责人或有关人员不能及时作出解释或提供有关材料,人力资源和社会保障行政部门可以按规定向用人单位发出劳动保障监察调查询问书,要求用人单位在一定期限内,携带规定的有关材料到人力资源和社会保障行政部门监察机构所在地接受调查。

(4) 采取记录、录音、录像、照相和复制等方式收集有关情况和资料。人力资源和社会保障行政部门针对需要了解的事项,有权记录、录音询问有关人员的情况,查阅、记录、拍照、复制被检查用人单位的员工名册、考勤记录、工资发放表、财务报表等有关资料,照相、录像用人单位的劳动场所特别是违反人力资源社会保障法律、法规和规章的现场。通过采取上述措施,形成对监察事项的确凿证据,从而确认用人单位是否存在违反人力资源社会保障法律、法规和规章的行为。

(5) 委托会计师事务所对用人单位工资支付、社会保险费缴纳的情况进行审计。在调查、检查时,根据《劳动保障监察条例》的规定,可以委托会计师事务所对用人单位的工资支付、社会费缴纳情况进行审计。

### (三) 行政处理

《劳动法》第八十五条规定:县级以上各级人民政府劳动行政部门依法对用人单位遵守劳动法律、法规的情况进行监督检查,对违反劳动法律、法规的行为有权制止,并责令改正。对于经调查发现用人单位存在违反人力资源社会保障法律、法规和规章的行为,未主动改正的,由人力资源和社会保障行政部门依法下达限期改正指令书或劳动和社会保障行政处理决定书,责令改正或作出行政处理。

责令改正是指对违反人力资源社会保障法律、法规和规章的用人单位给予的必须纠正其违法行为的一种强制性措施。责令改正其本身是教育性的,而不是惩罚性的。劳动保障监察机构查明用人单位确有违反人力资源社会保障法律、法规和规章行为的,无论对其违法行为是否给予劳动保障行政处理或行政处罚,无论对违法行为人处以何种行政处理或行政处罚,都应首先责令违法行为人及时纠正违法行为。

劳动和社会保障行政处理是指人力资源和社会保障行政部门通过劳动保障监察执法活动对劳动保障行政相对人违反人力资源社会保障法律法规,拒不履行劳动保障法定义务的行为,下达行政处理决定书,责令其履行劳动保障法定义务的具体行政行为。

人力资源和社会保障行政部门作出行政处理决定必须制作劳动保障行政处理决定书。劳动保障行政处理决定书的内容包括被处理单位名称,人力资源和社会保障行政部门认定的违法事实,适用的人力资源社会保障法律、法规和规章,处理决定的履行方式和期限,被处理单位依法享有申请行政复议或提起行政诉讼的权利,作出行政处理决定的行政机关名称及日期。

### (四) 行政处罚决定

劳动保障行政处罚是人力资源和社会保障行政部门依法对违反人力资源社会保障法律、法规和规章的劳动保障行政相对人给予法律制裁的具体行政行为。

1. 劳动保障行政处罚的基本原则

(1) 法定原则。行政处罚由于直接涉及公民、法人或者其他组织的权利、义务,必须实行法定原则。这具体有如下三层意思:①对违反劳动保障行政管理秩序的公民、法人或者其他组织给予行政处罚,必须有法定依据,也就是要有人力资源社会保障法律、行政法规、地方性法规或者规章的规定作依据。法无明文依据的,不得处罚。②劳动保障行政处罚由劳动保障行政部门实施。③劳动保障行政处罚必须遵守法定程序。

(2) 公正、公开、过罚相当原则。公正性原则要求劳动保障行政部门在实施行政处罚时,不但要合法,即在法定的处罚种类和幅度内实施处罚,而且应当公平、合理、适当。公开性原则要求对劳动保障违法行为给予行政处罚的规定必须公布,未经公布的,不得作为劳动保障行政处罚依据;劳动保障行政部门对当事人进行处罚时,必须事先告知当事人违法事实、证据和处罚依据,不得"不告而罚";要允许当事人陈述、申辩,对重大处罚还须应当事人要求举行听证会,公开听取当事人意见。过罚相当原则要求劳动保障行政处罚的设定和实施要与违法行为的事实、性质、情节以及社会危害程度相当。

(3) 行政处罚与教育相结合原则。劳动保障行政部门对违法行为的处罚目的在于使人们更好地遵守法律,不是为罚而罚,也不得以罚代管、以罚代教。在处罚过程中,仍然要贯彻说服教育原则,广泛开展法律、法规的宣传,提高社会公众劳动保障法治意识,告知其吸取教训,自觉守法。

2. 劳动保障行政处罚的种类

根据《行政处罚法》所规定的处罚种类,以及人力资源社会保障法律、法规和规章的有关规定,劳动保障行政处罚的种类包括警告、罚款、没收违法所得、暂扣或吊销许可证等。

(1) 警告。警告是人力资源和社会保障行政部门对有违反人力资源社会保障法律、法规和规章行为的公民、法人或者其他组织提出谴责和警告,使其认识本身的违法行为并主动纠正的一种处罚。这是对违反人力资源社会保障法律、法规和规章的公民、法人或其他组织所使用的一种精神上的谴责和警戒的处罚方法。警告主要适用于违反人力资源社会保障法律、法规和规章规定情节显著轻微,并未造成实际危害后果的行为。

(2) 罚款。在劳动保障领域,罚款是指人力资源和社会保障行政部门依法强制违反人力资源社会保障法律、法规和规章的公民、法人或其他组织在一定期限内缴纳一定数量货币的处罚形式,是一种经济制裁性质的行政处罚。

罚款属于财产罚,通过强迫行为人缴纳金钱,使当事人经济上受到损失,达到惩罚目的,警示其今后不再发生违反人力资源社会保障法律、法规和规章的行为。

(3)没收违法所得。没收违法所得是人力资源和社会保障行政部门依法将违反人力资源社会保障法律、法规和规章的当事人的违法所得和非法财物强制无偿收归国有的行政处罚。违法所得是指违法行为人因劳动保障违法行为所获得的金钱或其他财物,如从事非法职业介绍、从事非法职业培训所获得的钱款。

(4)暂扣或者吊销许可证、暂扣或者吊销执照。作为《行政处罚法》规定的较为严重的处罚种类之一,暂扣或者吊销许可证或执照指行政主体对违法当事人取消许可证或执照,或者在一定期限内扣留许可证或执照的处罚形式。

暂扣或者吊销许可证是人力资源和社会保障行政部门依法实施的限制或禁止违反人力资源社会保障法律、法规规章的行政相对人从事某种活动或限制、取消其某种资格的处罚。在劳动保障监察中,暂扣、吊销许可证涉及劳动就业、劳动力管理、职业介绍、职业培训等多个方面。例如,职业中介机构从事了违法职业中介行为,劳动保障部门可视情节,给予吊销许可证的处罚。

(五)撤销立案

撤销立案是指劳动保障监察机构对已经立案的案件出现法定事由后撤销案件的活动。

撤销立案的情形主要是:情节轻微且已经改正的,予以撤销立案。用人单位确实存在违反人力资源社会保障法律、法规和规章的行为,但是情节轻微,具体包括没有对劳动者造成实际损害的、社会危害较小等法律、法规和规章规定的情节轻微案件,并且已经改正的,劳动保障监察机构经过审查,确实符合撤销条件的,予以撤销立案,或者向有关部门和司法机关移送。

# 参考文献

[1] 马克思.资本论(第一卷)[M].上海:人民出版社,2004.
[2] 赵领娣,付秀梅.劳动经济学[M].北京:企业管理出版社,2004.
[3] 何承金.劳动经济学[M].5版.辽宁:东北财经大学出版社,2017.
[4] 吴忠培.劳动力市场学[M].北京:科学出版社,2015.
[5] 杨爱元.劳动经济学[M].北京:人民邮电出版社,2014.
[6] 周施恩.人力资源管理高级教程[M].北京:清华大学出版社,2017.
[7] 罗帆,孙泽厚.人力资源管理与开发[M].北京:科学出版社,2018.
[8] 孙泽厚,张光磊.人力资源管理理论与实务[M].湖北:武汉理工大学出版社,2016.
[9] 杨志明.劳动人事争议调解仲裁[M].北京:中国劳动社会保障出版社,2012.
[10] 李建,阎宝卿.劳动保障监察条例释义[M].北京:中国工人出版社,2004.